《招标投标典型案例评析（二）》编委会 编

招标投标典型案例评析

（二）

中国电力出版社
CHINA ELECTRIC POWER PRESS

图书在版编目（CIP）数据

招标投标典型案例评析. 二/《招标投标典型案例评析（二）》编委会编. —北京：中国电力出版社，2023.3
ISBN 978-7-5198-7425-4

Ⅰ. ①招… Ⅱ. ①招… Ⅲ. ①招标投标法－案例－中国 Ⅳ. ①D922.297.5

中国国家版本馆 CIP 数据核字（2023）第 004597 号

出版发行：中国电力出版社
地　　址：北京市东城区北京站西街 19 号（邮政编码 100005）
网　　址：http://www.cepp.sgcc.com.cn
责任编辑：赵　鹏（010-63412555）
责任校对：黄　蓓　于　维
装帧设计：赵姗姗
责任印制：钱兴根

印　　刷：三河市航远印刷有限公司
版　　次：2023 年 3 月第一版
印　　次：2023 年 3 月北京第一次印刷
开　　本：787 毫米×1092 毫米　16 开本
印　　张：15.5
字　　数：346 千字
定　　价：60.00 元

编 委 会

主　编：白如银

副主编：章德君　　吴振全　　谢先明

成　员：王　赟　　蔡　锟　　林　新　　曲志强

　　　　储成鹏　　赵凤仪　　殷珊珊　　谢灵玉

　　　　叶继宏　　余丽英　　黄盛宏　　陈　婕

　　　　林奕方　　杨瑞英　　陈　怡　　陈　洁

　　　　贺　川　　刘　敏　　唐诗怡　　蔡冰青

　　　　辛　洁　　殷　娇　　林　英　　陈梦婕

　　　　张　薇　　郑怀能　　夏　乐　　林　罡

前言

2017年4月，《招标投标典型案例评析》在中国电力出版社出版，广大读者对这本小书非常青睐，五年间修订一次、印刷11次、销售过万册，俨然成了招标投标案例类的"畅销书"。这几年，招标投标法律制度又有新的变化，管理实践有创新的做法，行政监督和司法界涌现出一些新的观点，投诉、行政处罚、司法也出现了一些新的案件类型，笔者决定在第一本案例评析的基础上，笃行不怠、接续奋斗，收集了新的案例，增添新的知识点，编写了这本《招标投标典型案例评析（二）》。

本书坚持问题导向，针对招投标实践中常见的突出问题，精心选择典型案例，依据《招标投标法》《政府采购法》深入分析，以案释法、以法析案、以评述理，对招标投标关键环节具有代表性的法律合规风险进行梳理分析，提出风险防范、合规管理对策方案，力争做到理论研究和实务操作融合并举，突出实践性、操作性和实用性。

本书选取人民法院对外公布的裁判案例、行政机关作出的投诉处理决定和行政处罚案例及笔者在实践中遇到的实务案例，依据《民法典》《招标投标法》《政府采购法》《行政处罚法》及相关行政法规、部门规章、规范性文件，简述案情要点、判案观点和争议焦点，分析法律关系、揭示法律风险，并结合实践经验，对招投标合规管理提出措施建议。

全书100篇案例评析，根据案例涉及的关键知识点分布，分为招标、投标、开标、评标、定标、合同、投诉处理等七部分编排。每篇案例统一按照"案情"—"分析"—"启示"的体例编写。首先，展示案情发展、主要观点或裁判结果，使读者对案例脉络有清晰的认识；其次，阐释案例的争议焦点和主要法律关系，结合案例解读涉及的主要法条，使读者理解重点法条，掌握运用法律来分析、解决实务问题

的思维方法；最后，结合招投标实践，就工作中需要重点关注、改进完善或管控风险的关键环节提出对策建议，指导招标人、投标人和招标代理机构推进合规招标。

　　本书与《招标投标典型案例评析》为同一套系，今后还会出（三）、（四）……，讲解不同案例、分析不同知识点、提出不同实务要点，尽量对《招标投标法》《政府采购法》进行全景式、深层次解读和细致性、实操性阐述。这套书主要供招标投标、政府采购管理人员、监督人员、评标专家、招标代理机构工作人员，从事招标采购的法律顾问和律师，从事招标采购法律法规研究、培训的人员以及政府部门、司法机关、仲裁机构从事执法、司法、仲裁工作的人员阅读。

　　书中错漏在所难免，欢迎各位读者对本书提出意见建议，可反馈至编者邮箱：449076137@qq.com，特此致谢！

编　者

2022 年 12 月

目录

第一部分　招标

1 招标方式选择与规避招标

案 情

某国有大型工程咨询企业近期针对所租赁两单体办公大楼实施装修及弱电系统升级改造。拟在办公楼装修工程中投入自有资金约 600 万元，其中各类分项工程控制性金额为：室内精装部分约为 300 万元，室外装修部分约为 300 万元。该工程弱电系统投资费用约为 500 万元，其中分摊到每单体的弱电改造费用约为 250 万元。考虑到项目建设工期紧迫，招标人决定将装修工程划分为室外和室内两个标段同步进行施工招标，由于室外和室内装修工程造价均小于 400 万元，故为了节约时间，建设单位拟采用邀请招标方式确定施工单位。考虑到每单体楼宇弱电工程投资额不足 400 万元，拟对弱电系统参照政府采购竞争性谈判方式并以货物类型方式组织采购。

建设单位聘请了专业的招标代理机构。招标代理机构认为，本项目将装修与弱电拆分为两标段分别实施，并采用非招标方式，有规避招标的情形。建议建设单位将装修工程和弱电系统合并，并进行公开招标，依法履行招标程序，将有利于降低合规风险。最终，建设单位听从了招标代理机构的建议，顺利地完成了招标项目。

分 析

1. 关于案涉项目招标方式的分析

根据《招标投标法》第三条及《必须招标的工程项目规定》（国家发展和改革委员会令第 16 号）第二条、第五条规定，全部或部分使用国有资金投资或者国家融资的工程建设项目（含使用国有企业事业单位资金，并且该资金占控股或者主导地位的项目），施工单项合同额估算价在 400 万元人民币以上的，依法必须招标。照此标准，本案例涉及的办公楼装修工程项目建设单位为国有企业，其投入项目的资金属于国有资金性质，且工程投资 600 万元，已经达到依法必须招标项目规模。

根据《招标投标法实施条例》第八条中"国有资金占控股或者主导地位的依法必须进行招标的项目，应当公开招标"的规定，本案例中装修工程及弱电系统改造很难证明有"技术复杂、有特殊要求或者受自然环境限制，只有少量潜在投标人可供选择"或"采用公开招标方式的费用占项目合同金额的比例过大"的特殊情况，不符合邀请招标的适用条件，故均应采用公开招标方式采购。

建设单位将装修与弱电工程分别划分为两标段，造成每个标段的实际造价均小于必须招标规模标准的法定限额 400 万元，这是典型的规避招标情形，涉嫌违反《招标投标法》第四条"任何单位和个人不得将依法必须进行招标的项目化整为零或者以其他任何方式规避招标"的规定。

综上，本案例涉及的工程建设项目无论是装修还是弱电施工招标，均需采用公开招标方式，招标代理机构的建议是合理的，采用公开招标方式也是合法的。需要指出的是，案涉项目虽然工期要求紧迫，但也不能以此为由违反法律规定规避招标或采用邀请招标方式。

2. 关于本案例项目招标管理策划方案的分析

本案例涉及的工程项目可划分为装修工程和弱电工程两项专业工程分别采购。对于装修工程而言，室内精装部分和室外装修部分不得肢解为两部分进行采购，应当合并为一个合同段进行采购。对于弱电工程而言，由于其涉及多类子系统，系统涉及采购的材料、设备类型繁多，在性质上属于专业工程。从弱电工程总体看，是多系统的集成过程，其中既包括对实施内容的深化设计，也包括对子系统建设的管理。因此，对于系统涉及的各类材料、设备，可由承担专业工程的集成单位根据需要采购。本案在建设单位项下的招标活动中，针对弱电工程采用材料或设备的货物招标类型是不科学的，应包含在弱电工程中以专业工程承包方式进行采购。

进一步讲，即便是划分为两个合同段，且不采用公开招标方式，总体招标采购的周期也比较长，而且与合并为单一标段招标相比，分多标段招标，缔约的复杂性和协调管理的难度也显著加大。更为重要的是，由于招标采购标的投资规模降低、竞争性不足，优选中标人的品质也必将会受到一定影响。因此，可将装修及弱电工程分别合并为单一合同段，采用公开招标方式，采用资格后审，从而缩短招标周期、增强竞争性，对于后期建设单位对履约过程的管理也将相对简便，消除了两标段间的相互协调难度，增强了工程过程管理的同一性。

再进一步看，本案例项目装修与弱电工程虽属于不同专业工程，但由于工程项目实施过程中，两专业工程在施工组织上有交叉，有必要将弱电工程纳入装修改造工程一体考虑，以单一标段方式采购，并接受联合体投标，由具备相应资质的有实力的投标人或联合体同步实施，则应是更加优化、方便管理的采购方案。合并后招标项目资金规模达到了1100万元，所引起的投标竞争性也将更加激烈。

由此，不论项目规模大小，招标管理策划都十分重要，只有在项目前期管理方案最优的情况下，招标活动组织才能高效推进、提质增效。

⚖ 启　示

招标人或招标代理机构组织招标活动时，首先应科学制定招标管理策划方案，通过分析和掌握招标项目的技术、经济、管理方面的特征，以及招标项目的功能、规模、质量、价格、进度、服务等需求目标，依据有关法律法规，结合市场竞争状况，对招标组织实施总体策划，包括合理确定招标组织形式、依法确定招标内容范围、科学合理划分标段、依法选择招标方式等，这是科学、规范、有效地组织招标的必要基础。

2　代建制模式下招标活动组织与管理

⚒ 案　情

某高等院校新址迁建工程项目，学校方为项目的建设单位，资金来源为全额政府固定资产投资。当地发展改革部门批复了《项目建议书》及《可行性研究报告》。项目前期阶段，学校方作为招标人已组织完成了该工程勘察、设计的招标活动，确定了勘察、设计项目的中标单位。

此后不久，该项目建设转为采用代建制模式，由地方教育行政主管部门作为代建模式的委托人，由专业化的项目管理咨询机构作为代建受托人，学校方的身份由建设单位转为使用单位。教育行政主管部门、项目管理咨询机构以及学校方三方共同签订了项目代建委托合同，具体委托形式是：地方教育行政主管部门会同使用单位共同委托代建人负责工程建设管理。

在后期项目施工总承包与监理招标活动中，作为使用单位的学校方指出，既然项目采用代建制模式，理应由代建人即项目管理咨询机构作为实际施工总承包及监理招标活动的"招标人"组织招标活动，既然学校方角色已转变为使用单位，不宜再承担招标人主体责任，也不再享受招标人权利，不应再履行招标人义务。但代建人认为：在该工程项目立项批复文件中，学校方是建设单位，根据我国现行法律规定，既然是建设单位，学校方就应继续作为"招标人"，履行建设主体责任，而项目管理咨询机构作为"代建人"仅仅是代其履行建设管理职责，但招标人主体角色不应随着代建委托合同关系而发生变更。由此，双方产生了分歧。

✍ 分　析

本案例学校方和代建人关于招标人角色的观点中，代建人的观点更为合理。

《招标投标法实施条例》第七条规定："按照国家有关规定需要履行项目审批、核准手续的依法必须进行招标的项目，其招标范围、招标方式、招标组织形式应当报项目审批、核准部门审批、核准。项目审批、核准部门应当及时将审批、核准确定的招标范围、招标方式、招标组织形式通报有关行政监督部门。"案涉工程建设项目由学校方发起立项，经发展改革部门批复，立项批复文件也载明学校方是建设单位，标志着项目建设管理角色及主体责任已经锁定，不应随着项目实施模式改变而发生任何变化。

《招标投标法》第八条规定，"招标人是依照本法规定提出招标项目、进行招标的法人或者其他组织"，这里所谓的"招标项目"，即采用招标方式进行采购的工程、货物或服务项目。工程建设项目发包的招标人，通常为该项建设工程的投资人即项目业主；国家投资的工程建设项目，招标人通常为依法设立的项目法人（就经营性的建设项目而言）或者项目的建设单位（就非经营性建设项目而言）。项目建设单位与招标人角色往往是同一人，一经确定，就不能变更或转换。本案例中，因为本项目在本质上提出招标项目的是学校方，作为项目实际的立项单位，其也就是当然的招标人。如将项目的代建人确定为项目的招标人，明显缺乏法律依据。

在代建制模式下，代建人可在一些必要环节上代替招标人履行义务、行使权利并承担责任，但并非所有责任、义务和权利均可由代建单位行使，需要结合实际情形分析法律所规定的程序或行为性质来决定是否可以委托代建人。如根据《招标投标法》第三十七条规定，评标由招标人依法组建的评标委员会负责；依法必须进行招标的项目的评标委员会由招标人代表和评标专家组成，评标委员会由招标人自行组建，评标委员会中的招标人代表也是由招标人委派，当然这一权利也可以由招标人委托代建人来办理。但有关招标活动中涉及的相关法律文件均应由招标人签章。

综上，代建人作为接受项目建设单位也就是真正的"招标人"的委托，而实际组织项目建设的管理单位，并非项目立项单位，更不是项目建设单位，其只能在建设单位授权范围内组织开展相应项目建设管理服务。

启 示

工程建设项目立项完成，则建设管理主体、招标主体就确定了下来。无论项目后续采用什么建设管理模式，代建人都无法取代建设单位角色，只能在委托人项目建设单位的授权范围内代替招标人组织招标活动、管理项目建设。

3 工程项目前置条件不完善终止招标的程序

案 情

某大学校园新址建设项目所需的外电源需从距离新建校址约两千米处的变电站接驳，故该项目外电源工程主要包括两千米新建管沟与线缆敷设工程。该项目于2021年9月向供电部门申请办理了报装手续，但项目未及时办理建设工程规划许可手续。外电源工程在设计前须进行测绘，加之其他原因，该项目直至2021年12月才完成设计招标工作，并于2022年3月正式通过了供电部门的设计成果审核。

在外电源工程未取得规划许可情况下，建设单位便发布了招标公告，启动了外电源施工招标工作。2022年3月30日，该项目资格预审完成，同年4月15日，开始发售招标文件。在招标人组织投标人进行现场踏勘之际，发现项目外电源路由正处于某附近地铁站区间施工红线内。建设单位随即就这一情况向规划主管部门核实。经核实后发现项目外电源路由与该在建地铁站区间规划路由确有重合。考虑到后期外电源与施工必须为地铁站施工避让，故此建设单位当即决定向招标投标行政监督部门申请终止本次外电源招标活动，其理由正是外电源路由变化导致项目前置条件变化，项目施工工程量清单及招标文件被迫需做出重大调整。行政主管部门经调查核实后，准予招标人关于终止招标的申请。

招标人随即重新发布招标公告，启动了重新招标的程序。招标人在外电源工程规划许可办理完成后，按照规划许可的路由重新调整了设计成果，并据此对招标文件、工程量清单和控制价文件进行了修正，同时以招标文件补充修改方式发送给各投标人，最终顺利完成了外电源工程招标活动。

📝 **分　析**

1. 工程建设项目施工招标必须履行相关审批、核准前置程序

本案例中，建设单位的主要失误是未能及时办理项目建设工程规划许可证，这是导致外电源路由与地铁施工冲突的直接原因，或者说是造成外电源设计成果被迫调整、招标人不得不在终止招标后重新组织招标活动的直接原因。《招标投标法》第九条明确规定："招标项目按照国家有关规定需要履行项目审批手续的，应当先履行审批手续，取得批准。"《工程建设项目施工招标投标办法》第八条也明确规定："依法必须招标的工程建设项目，应当具备下列条件才能进行施工招标：（一）招标人已经依法成立；（二）初步设计及概算应当履行审批手续的，已经批准；（三）有相应资金或资金来源已经落实；（四）有招标所需的设计图纸及技术资料。"本案例中，招标人在项目尚未完全履行审批手续的情况下就启动了招标工作，从程序上是不合规的，从而导致招标活动组织上的被动。由此，招标人以项目不具备招标前置条件为由申请终止招标的理由也是不充分的。

2. 招标人终止招标应当具有合法事由

只有遇到非招标人原因无法继续招标的特殊情形，招标人才可以依法终止招标活动。这种情形一般包括两类：一是招标项目前置条件发生了变化，即包括国家产业政策调整、规划变化、用地性质变更等非招标人原因导致的；另一类是因不可抗力，《工程建设项目施工招标投标办法》第十五条第四款也明确规定："……除不可抗力原因外，招标人在发布招标公告、发出投标邀请书后或者售出招标文件或资格预审文件后不得终止招标。"上述情形下，因招标人以外的客观原因导致招标活动不能正常进行，可以终止招标；否则招标人擅自终止招标的，违反诚信原则，可能承担缔约过失责任。本案例中地铁施工与外电源路由冲突并非规划调整原因，而完全是由于建设单位未事前及时办理外电源工程规划许可手续，本质上是由于主观原因引起的招标前置条件缺失，从而影响了招标活动的顺利开展。

3. 招标人终止招标、重新招标应当规范履行法定程序

本案例中，招标人在未完成第一次招标的情况下，即重新发布招标公告、启动第二次招标也是不合规的。《招标投标法实施条例》第三十一条规定："招标人终止招标的，应当及时发布公告，或者以书面形式通知被邀请的或者已经获取资格预审文件、招标文件的潜在投标人。已经发售资格预审文件、招标文件或者已经收取投标保证金的，招标人应当及时退还所收取的资格预审文件、招标文件的费用，以及所收取的投标保证金及银行同期存款利息。"故招标人应当按照上述规定发布终止招标公告、退还投标保证金及相关费用，终止第一次招标程序后，根据实际情况修改招标公告、招标文件后重新组织招标活动。

⚖️ **启　示**

（1）本案例强调了招标活动前置条件的必要性，以及及时办理项目招标前期审批手续的重要性。对于确实无法履行审批手续，先行启动招标活动的，应事前评估负面影响，

抓紧时间补办手续，规范开展招标活动，以免因前置条件不满足而导致停工，于己于人都是不利的。

（2）实践中，很多项目在正式启动招标前，尤其是施工招标前，并不具备完备的前置条件，或者说准备工作不成熟，这将直接影响招标活动正常开展及成效，也为项目履约管理埋下隐患。更不用说，当项目招标准备工作存在问题或前置事项存在错误等情形，将可能直接导致招标活动被迫终止。招标人终止招标，应当慎重履行法定程序，如公告通知、退还投标保证金及相关投标费用，由于招标人自身失误造成招标终止的，可能因此承担相应缔约过失责任。

4　邀请招标项目如何确定投标邀请人名单

案　情

某国有企业新建办公楼项目，资金来源为"自筹"。保密行政主管部门将该项目列为保密工程，项目中勘察、设计、施工及监理工作采购方式被发展改革部门核准为邀请招标。建设单位随即委托了招标代理机构 A 公司。但建设单位却困惑于如何确定投标邀请人名单及应确定多少数量的投标邀请人。

该项目招标启动前，建设单位与 A 公司沟通，提出拟邀请三家投标人。但 A 公司认为，在只邀请三家投标人的条件下，若有一家投标人未参与投标，则势必造成竞争性不足，从而很可能导致招标失败而重新招标。于是，A 公司向建设单位提议在项目所有招标活动中均至少邀请四家投标人，并建议针对具体投标邀请人名单确定事宜，可先行建立投标邀请人短名单，然后再从短名单中随机抽取确定四家投标邀请人。

建设单位听取了 A 公司建议，并在 A 公司协助下分别建立了勘察、设计、施工总承包及监理项目的投标人邀请人短名单，并最终以随机抽取方式确定了参加招标项目的投标邀请人名单。为了确保公平、公正，建设单位对投标邀请人名单随机抽取过程进行周密安排，并请纪检监察部门全程监督，最终顺利完成了邀请招标。

分　析

1. 现行法律对邀请招标项目规定了严格的适用情形

招标方式分为公开招标和邀请招标。对于依法必须招标的项目，以公开招标为原则，如果采取邀请招标方式，《招标投标法》《政府采购法》等现行法律严格规定了适用情形和具体要求。《招标投标法》第十一条规定："国务院发展计划部门确定的国家重点项目和省、自治区、直辖市人民政府确定的地方重点项目不适宜公开招标的，经国务院发展计划部门或者省、自治区、直辖市人民政府批准，可以进行邀请招标。"《招标投标法实施条例》第八条规定："国有资金占控股或者主导地位的依法必须进行招标的项目，应当公开招标；但有下列情形之一的，可以邀请招标：（一）技术复杂、有特殊要求或者受自然环境限制，只有少量潜在投标人可供选择；（二）采用公开招标方式的费用占项目合同金额的比例过大。有前款第二项所列情形，属于本条例第七条规定的项目，由项目审批、核准部门在审批、核准项目时作出认定；其他项目由招标人申请有关行政监督部门作出认定。"《政府采购法》第二十九条规定："符合下列情形之一的货物或者服务，可以依照本法采用邀请招标方式采购：（一）具有特殊性，只能从有限范围的供应商处采购的；（二）采用公开招标方式的费用占政府采购项目总价值比例过大的。"此外，《工程建设项目施工招标投标办法》第十一条还补充规定，"涉及国家安全、国家秘密或者抢险救灾，适宜招标但不宜公开招标"的项目，可以采取邀请招标。与公开招标相比，邀请招标允许招标人或采购人向有限数目的特定法人或者其他组织发出投标邀请书，可以大大节省交易成本、提高缔约效率。实践中，串通投标等违法情形时有发生，原因之一就是招标人可能故意邀请一些投标人作为内定中标人的陪标单位。

2. 邀请的潜在投标人数量为三个以上，具体数量由招标人决定

在邀请招标条件下，现行法律对于投标邀请人名单数量并没有作出明确规定，只是原则性规定为"三个以上"，实践中通常邀请三家以上投标人。但如果招标人邀请的数量较少，则可能出现其中一家潜在投标人放弃投标，有效投标人不足三家则不能开标而导致流标的风险。更重要的是，投标人数量过少也会削弱竞争性，导致交易竞争无法充分实现。反之，如果邀请的潜在投标人数量过多，增加招标活动组织工作量，尤其是评审强度，从而增加市场交易成本。实践中，邀请名单数量规定为四至七家是较为常见的。

3. 确定投标邀请人的方式也由招标人决定

在合法、合规前提下，确定投标邀请人是招标人的权利。但现行法律对投标邀请人的确定方式尚无详细规定。《招标投标法》第十七条原则上规定："招标人采用邀请招标方式的，应当向三个以上具备承担招标项目的能力、资信良好的特定的法人或者其他组织发出投标邀请书。投标邀请书应当载明本法第十六条第二款规定的事项。"《政府采购法》第三十四条也原则上规定："货物或者服务项目采取邀请招标方式采购的，采购人应当从符合相应资格条件的供应商中，通过随机方式选择三家以上供应商，并向其发出投标邀请书。"《政府采购货物和服务招标投标管理办法》具体规定了三种邀请方式，一是发布资格预审公告征集；二是从省级以上人民政府财政部门建立的供应商库中选取；三是采购人书面推荐。采用第一种方式产生符合资格条件供应商名单的，采购人或者采购代理机构应当按照资格预审文件载明的标准和方法，对潜在投标人进行资格预审。采用后两种方式产生符合资格条件供应商名单的，备选的符合资格条件供应商总数不得少于拟随机抽取供应商总数的两倍。

实践中，对非政府采购项目，招标人确定投标邀请人方式多种多样。比较常见的是，在一定范围内对优秀的潜在投标人经过考察和比较后择优确定投标邀请人名单。还有些项目，建设单位会通过团体组织或权威机构发布排名信息，从排名靠前的潜在投标人中择优选择一定数量的投标邀请人，这些都是可取的方式。

需要注意的是：第一，《招标投标法实施条例》第三十四条还规定，"与招标人存在利害关系可能影响招标公正性的法人、其他组织或者个人，不得参加投标。单位负责人

为同一人或者存在控股、管理关系的不同单位，不得参加同一标段投标或者未划分标段的同一招标项目投标"，在邀请投标人时须遵守该规定。第二，对于政府采购货物或者服务项目，需要注意采购人应当依照《政府采购货物和服务招标投标管理办法》第十四条规定的三种方式进行资格预审或从符合相应资格条件的供应商中通过随机抽取方式选择受邀请的供应商，而不能直接指定。

⚖ 启 示

（1）当前，我国正全面推进市场化改革，在市场交易领域，特别是针对招投标活动，必须贯彻落实优化营商环境相关法规及政策要求，可以通过考察方式圈定投标邀请人范围，或者以短名单方式锁定投标邀请人范围，甚至通过行业组织发布的有关市场主体排名信息确定投标邀请人。

（2）对于保密项目而言，有关投标邀请人名单的确定值得深入研究，既要做到相对公开、公平、公正，又要与法规政策相吻合，这就需要因地制宜提出科学确定投标邀请人名单的方法。

5 邀请的投标人的投标资格并不必然合格

⚒ 案 情

某土石方工程项目（依法必须招标）采取邀请招标方式采购，A 公司接受招标人 B 公司的邀请参加投标并中标。某区住建局接到投诉后查明，A 公司被法院列入失信被执行人名单，遂认定 A 公司的投标无效。A 公司不服，向某区政府申请行政复议，某区政府维持住建局作出的《招投标投诉处理决定书》，A 公司不服向法院提起行政诉讼。

一审法院撤销某区住建局作出的《投诉处理决定书》和某区人民政府作出的《行政复议决定书》。理由如下：①A 公司是受邀参加招投标活动，招标文件中既未约定失信被执行人不得参与招标，也未对失信被执行人参与投标作任何限制，包括未要求参与投标人需说明自己是否是失信被执行人，A 公司符合招标文件规定的投标人资格。②《招标投标法》没有对失信被执行人不得参与招投标作出规定，《最高人民法院关于公布失信被执行人名单信息的若干规定》不能直接作为住建局认定 A 公司不具有投标资格而确认 A 公司投标无效的法律依据。③根据信赖保护原则，A 公司应邀参加招标依法应予以保护。综上，某区住建局作出的《招投标投诉处理决定书》认定 A 公司投标无效的行政行为没有法律依据，应予以撤销。

某区住建局提起上诉。二审法院认为，首先，邀请招标并不意味着可以放松条件，亦必须遵守法律法规，基于失信惩戒的立法目的，《最高人民法院关于公布失信被执行人名单信息的若干规定》及最高人民法院、国家发展改革委等单位联合印发的《关于在招标投标活动中对失信被执行人实施联合惩戒的通知》（法〔2016〕285 号）应当适用；其次，A 公司在受邀招标活动中没有过错，并不能成为其失信行为受到惩罚的抗辩理由。故判决维持某区住建局作出的《招投标投诉处理决定书》和某区人民政府作出的《行政复议决定书》。

某区住建局提起再审申请。再审法院认为，某区住建局的再审申请理由不能成立。首先，案涉招标活动虽然采取邀请招标的方式，但邀请招标并不意味着受邀标的单位即可不经审核，自动具备投标资格。其次，关于"在招标投标中对失信被执行人予以限制"如何理解，虽然仅就"限制"一词的文义理解，不能限定在"禁止"这一含义上，但结合招投标活动的特点以及国家制定惩戒违法失信行为的制度本意，在招标投标中对失信被执行人予以限制应为禁止失信被执行人参加投标，故某区住建局以 A 公司系失信被执行人为由作出投标无效的决定并无不当。综上，法院驳回其再审请求。

分　析

本案争议的焦点为在招标文件未作限制的情况下，失信被执行人接受邀请参与投标是否有效，对此一审法院和二审、再审法院观点不一，笔者支持失信被执行人投标无效的观点。

首先，《招标投标法》对投标人的资信情况有明确要求。

根据《招标投标法》第十七条规定，招标人采用邀请招标方式的，应当向三个以上具备承担招标项目的能力、资信良好的特定的法人或者其他组织发出投标邀请书。就字面含义而言，对"资信"的通常理解应为资质和信用。最高人民法院《关于公布失信被执行人名单信息的若干规定》及最高人民法院、国家发展和改革委员会、工业和信息化部等《关于在招标投标活动中对失信被执行人实施联合惩戒的通知》等是惩戒失信被执行人这一信用领域的专门规定，是对《招标投标法》的解释与延伸。根据最高人民法院《关于公布失信被执行人名单信息的若干规定》，被执行人未履行生效法律文书确定的义务，并具有下列情形之一的，人民法院应当将其纳入失信被执行人名单，依法对其进行信用惩戒：（一）有履行能力而拒不履行生效法律文书确定义务的；（二）以伪造证据、暴力、威胁等方法妨碍、抗拒执行的；（三）以虚假诉讼、虚假仲裁或者以隐匿、转移财产等方法规避执行的；（四）违反财产报告制度的；（五）违反限制消费令的；（六）无正当理由拒不履行执行和解协议的。具有上述情形的人列为"失信被执行人"，作为信用惩戒对象，确实难谓其为信用良好的潜在投标人，故可在招标投标活动中亦实施联合惩戒，依据《招标投标法》第十七条、第二十六条将此情形列为否决性投标人资格条件。

其次，《关于在招标投标活动中对失信被执行人实施联合惩戒的通知》规定的限制失信被执行人招标投标活动中的"限制"应作"禁止"理解。

就"限制"含义而言，结合《招标投标法》第十七条、第二十六条的规定，失信被执行人为不适格的投标人，因此，对其投标应持否定态度，不得允许其参与投标。从立法目的和实践现状来看，限制失信被执行人参与投标的目的是通过惩戒督促其履行债务，优化营商环境，"限制"作"禁止"理解更能发挥惩戒和督促作用。在目前实践中，招标人普遍以限制失信被执行人参与投标的相关规定为依据，在招标文件中明确拒绝失信被执行人投标，已形成了"限制"作"禁止"理解的共识。正如本案再审法院的观点：虽然仅就"限制"一词的文义理解，不能限定在"禁止"这一含义上，但结合招投标活动的特点以及国家制定惩戒违法失信行为的制度本意，在招标投标中对失信被执行人予以限制应为禁止失信被执行人参加投标。

最后，被邀请的投标人并不必然代表其投标人资格合格。

《招标投标法》第十七条规定，招标人采用邀请招标方式的，应当向三个以上具备承担招标项目的能力、资信良好的特定的法人或者其他组织发出投标邀请书。这是对招标人的要求，邀请合格的投标人参加投标是招标人应当遵循的基本规则，也是其主观愿望；但并不代表着招标人邀请的投标人必然具备承担招标项目的能力、资信良好等条件，往往因招标人掌握情况不全面、潜在投标人的客观情况随时可能变化等原因，一些受邀请的投标人资格条件并不合格，这有赖于按照《招标投标法》第十八条规定进行资格审查，该条规定："招标人可以根据招标项目本身的要求，在招标公告或者投标邀请书中，要求潜在投标人提供有关资质证明文件和业绩情况，并对潜在投标人进行资格审查；国家对投标人的资格条件有规定的，依照其规定。"根据该条规定，邀请招标项目也需对投标人进行资格审查，受邀请的投标人也存在资格条件不合格被否决投标的可能性。这也正如再审法院的观点：邀请招标并不意味着受邀投标的单位即可不经审核，自动具备投标资格。

启　示

（1）招标人应根据《企业信息公示暂行条例》第十八条规定，在政府采购、工程招投标等工作中，将企业信息作为重要考量因素，对被列入经营异常名录或者严重违法企业名单的企业依法予以限制或者禁入。

（2）邀请招标的，招标人应尽量对拟邀请的潜在投标人进行事先调查，避免邀请不合格的投标人参加投标，造成多方成本浪费，降低招标活动的效率和质量。

6　资格审查委员会可以复审投标申请人业绩材料

案　情

某新建办公楼施工总承包项目招标活动中，资格预审进展顺利，建设单位作为招标人未派出资格预审评审代表，资格预审结束共计产生了7家合格投标人。招标代理机构将资格预审报告报送招标人确认，招标人仔细审阅了资格评审报告，并详细查看了排名靠前的各投标申请人资格预审申请文件。随后，其约谈了招标代理机构，质疑投标申请人A和投标申请人B的业绩涉嫌造假。为此，招标人对资格预审结果不予确认，并向招标代理机构提出了三点要求：一是要求招标代理机构立即通知资格预审评审委员会进行资格预审复审；二是要求招标代理机构立即联系投标申请人A和B，要求他们进一步提交能够证明业绩真实性的书面材料；三是要求招标代理机构协助招标人亲自对投标申请人 A 和 B 所提供证明自身业绩真实性的材料进行核查。

于是，招标代理机构立即向当地公共资源交易中心及行政监管部门申请对项目资格预审进行复审，并联系了本项目的资格预审评审委员会委员。但评审委员会以评审合法为由，拒绝了招标人关于资格预审复审的请求，并坚持认为，资格预审过程是针对投标申请人所提供材料的评审，评审依据是资格预审申请文件。对于招标人提出的，关于投标申请人 A 和 B 业绩涉嫌造假问题，评审委员会认为，评审专家没有核实投标申请人业绩材料真实性的义务，更不应该对投标申请人在评审后所提供的额外资料进行复审。

最终招标代理机构与评审委员会专家沟通无果，考虑项目工期紧迫，招标人不得不认可了资格预审结果，并在资格预审评审报告上盖章。

分　析

本案例涉及的焦点问题是招标人对资格预审评审报告有质疑时可否要求资格审查委员会组织资格预审的复审。

《招标投标法实施条例》第十八条规定："资格预审应当按照资格预审文件载明的标准和方法进行。国有资金占控股或者主导地位的依法必须进行招标的项目，招标人应当组建资格审查委员会审查资格预审申请文件。资格审查委员会及其成员应当遵守招标投标法和本条例有关评标委员会及其成员的规定。"第十九条第一款规定："资格预审结束后，招标人应当及时向资格预审申请人发出资格预审结果通知书。未通过资格预审的申请人不具有投标资格。"由此可知：资格预审申请文件由招标人组建的资格审查委员会负责审查。资格审查委员会根据招标文件规定的审查方法和审查标准，对所有已受理的资格预审申请文件进行审查。资格审查结束，资格审查委员会应当向招标人提交书面资格审查报告和合格投标人名单。资格审查报告应当由资格审查委员会全体成员签字。招标人在收到资格审查报告之后应当尽快进行审核；审核同意的，应以书面形式将资格预审结果通知投标申请人，并向通过资格预审的申请人发出投标邀请书。招标人对资格审查报告存疑的，可以要求资格审查委员会说明或者补充进行审查。

本案例招标人对投标申请人业绩的真实性存有质疑，要求招标代理机构通知资格预审评审委员会进行资格预审复审的主张是常规做法。招标人对于资格预审报告的确认是法律赋予的权利，其可以就评审报告存在的疑虑与资格审查委员会进行沟通。

但招标人要求招标代理机构收集投标申请人 A 和 B 的证明材料，并希望亲自对投标申请人 A 和 B 所提供材料真实性核查的做法是不妥的。对材料的质疑与核查应回到资格审查委员会对资格预审申请文件评审程序上来，并委托资格审查委员会做出判定。这是因为，一方面在资格预审机制中，招标人是全权授权委托资格审查委员会对投标申请人资格条件予以评审把关。另一方面，无论是资格预审还是评标环节，招投标相关法律设计了资格审查、评审工作由资格审查委员会或评标委员会独立进行，而且资格审查委员会或评标委员会认为有必要澄清的，可以要求投标申请人另行提交相关材料予以澄清说明。

综上，资格审查委员会受招标人委托对投标申请文件予以评审，就评审的过程或结果向招标人负责，当招标人质疑评审过程或结果时，资格审查委员会应正面给予必要解释。对于招标人的疑虑，资格审查委员会应予以理解并积极配合解决，对于资格审查委员会无法判别投标申请文件内容真实性的，有义务启动澄清程序，并要求投标申请人证明其材料真实性或通过向第三方进行调查核实后，做出真实与否的评审结论。

⚖ 启 示

《招标投标法实施条例》第七十八条规定："国家建立招标投标信用制度。有关行政监督部门应当依法公告对招标人、招标代理机构、投标人、评标委员会成员等当事人违法行为的行政处理决定。"有关资格预审申请材料或投标文件的真实性涉及投标行为的诚信问题，有必要从招标人、投标人、代理机构及行政主管部门各方面集中发力，从招标投标各个环节的制度设计上做好相关材料真实与否的管控机制，如核实业绩材料原件、请求第三方核查、将弄虚作假行为进行公告，并作为不良行为实施否决性惩戒措施等。

7 资格预审项目投标申请人能否递补为正式投标人

⚖ 案 情

某地区中医医院迁建工程项目监理招标采用电子方式。该电子招投标活动遵守当地招投标管理相关规定，并进行资格预审。资格预审采取有限数量制方式，招标人按预审程序确定资格预审评审得分排名前七的投标申请人为正式投标人，而后依据《招标投标法实施条例》第十九条"资格预审结束后，招标人应当及时向资格预审申请人发出资格预审结果通知书。未通过资格预审的申请人不具有投标资格"的规定，招标代理机构履行及时告知义务，向这 7 名通过资格预审的投标人发出了投标邀请书。本项目电子招投标交易系统中有关资格预审结果告知一栏均显示"已告知资格预审结果"，资格预审结果确认时间设定为 72 小时，也符合结果告知时间必须为工作日的规定。

但资格预审结果确认时间截止之前，有三家投标人仍未在电子招投标交易系统上点击"接受投标邀请"操作，而是在此时间段内，向招标人书面致函表示不再参与后续投标。这三家单位分别为资格预审结果得分第一的投标人 A、第三的投标人 B 和第六的投标人 C。为增加投标竞争性，当招标人询问招标代理机构可否顺位递补资格预审结果排名分别为第八、九、十的投标人申请人 X、Y、Z 为正式投标人时，招标代理机构表示可以递补，但当招标人进一步追问顺位递补投标人的法律依据时，招标代理机构一时无法给出答案。最终，招标人坚持顺位递补投标人，招标代理机构根据招标人确认的资格预审结果，分别向投标人 X、Y、Z 也发出了投标邀请书。

分析

1. **资格审查的两种方式**

资格审查是指招标人对资格预审申请人或投标人的经营资格、专业资质、财务状况、技术能力、管理能力、业绩、信誉等方面评估审查，以判定其是否具有参与投标和履行合同的资格及能力的过程。资格审查方式包括资格预审和资格后审。所谓资格预审，是指在投标前对潜在投标人进行的资格审查，具体而言，是招标人通过发布资格预审公告，向不特定的潜在投标人发出投标邀请，并由招标人或招标代理机构组织的资格审查委员会或专家按照资格预审公告和资格预审文件确定的资格审查条件、标准和方法，对有意参加投标的供应商资格条件进行评审，确定合格的潜在投标人。资格后审是指在开标后对投标人进行的资格审查，具体而言，是开标后由评标委员会按照招标文件规定的评标标准和方法对投标资格进行审查，确定其投标是否合格。

2. **资格预审的方法**

资格预审有合格制和有限数量制。所谓合格制，就是按照资格预审文件规定的审查标准对投标申请人的资格条件进行审查，凡通过资格审查认定为合格的投标申请人均有资格获得招标文件并参与投标竞争。所谓有限数量制，就是招标人或审查委员会依据资格预审文件规定的审查标准和程序，对通过初步审查和详细审查的资格预审申请文件进行量化打分，按得分由高到低的顺序择优确定通过资格预审的投标申请人。资格预审文件都会事前设定潜在投标人数量，比如 10 家、15 家，通过资格预审的申请人不超过资格审查办法规定的数量。通过资格审查的申请人不少于 3 个，且没有超过资格审查文件规定数量的，均通过资格预审，不再进行评分。通过资格审查的申请人数量超过资格审查文件规定数量的，审查委员会依据资格审查文件规定的评分标准进行评分，并按得分由高到低的顺序进行排序择优确定通过资格审查的投标申请人。通过详细审查申请人的数量不足 3 个的，招标人重新组织资格预审或不再组织资格预审而直接招标。

3. **资格预审项目投标申请人能否递补为正式投标人**

在本案例中，招标活动的资格预审采用有限数量制，当投标人 A、B、C 未能确认参加投标的情况下，招标人对于是否能够应依次递补投标申请人 X、Y、Z 为合格的投标人，应严格按照资格预审文件相关约定执行。在招标活动中，有关"有限数量制资格预审过程""确定正式投标人的数量"以及"投标申请人顺位递补"等问题，在现行《招标投标法》中并没有详细的规定。但《招标投标法实施条例》第十八条指出：资格预审应当按照资格预审文件载明的标准和方法进行。我国各地区分别就不同专业领域招投标如何选择所谓一定数量的投标人分别做出了具体安排。在招标代理机构代招标人编制资格预审文件时，就有限数量制、投标申请人递补投标人问题应做出明确而细致的规定。招标文件可以规定递补规则、如：当通过资格预审的投标人申明放弃投标资格不再参与投标，投标人数量不满足原定投标人数量时，招标人可以从原有通过合格性审查的申请人中择优选择相应数量的投标人递补为合格投标人。

需指出，虽然顺位递补是为了确保有限数量条件下，足够数量投标人参加投标的保障性措施。然而，本案例同时有三个投标人退出投标的原因值得分析，从招标活动实践看，资格预审环节中，多个投标人同时向招标人致函退出投标的情况并不常见。

启 示

（1）由于有限数量制涉及按评分高低顺序递补投标人问题，资格预审评审的分值结果十分重要。这就需要对投标人所具备的资格条件予以更加科学的把握。唯有如此，评分结果高低才具有真正的意义。

（2）对于投标金额较大的招标活动，其竞争性强，实行有限数量制是比较适宜的，但在标的金额小的弱竞争条件下，在资格预审中采用同等投标数量限制则不够合理。因此，对竞争性强的招标项目，可设定合格投标人的数量多一些，相反则采用相对较小数量限制或采用合格制，以增强竞争性。

8 如何界定政府采购项目属性

案 情

某县春风学校"智慧校园设备采购项目"（简称本项目），投资规模约2000万元，资金来源为财政性资金，招标文件载明项目属性为工程类，采购方式为公开招标，评标办法为综合评分法，采用分散采购模式。本项目在某县公共资源交易中心开标，经评标委员会评审，A公司被确定为中标供应商。

投标人B公司向采购人和招标代理机构提出质疑。B公司称：本项目评标委员会组成人数为5人，价格分采用"取不低于平均价80%有效投标人报价的平均价作为评标基准价"，违反了政府采购法律法规的强制性规定。理由是：本项目属于政府采购货物类项目，采购预算金额超过1000万元，依据《政府采购货物和服务招标投标管理办法》第二十七条和第五十五条之规定，评标委员会成员应为7人以上单数，综合评分法中"价格分应当采用低价优先法计算，即满足招标文件要求且投标价格最低的投标报价为评标基准价，其价格分为满分"。质疑人要求修改招标文件后重新招标。

采购人和招标代理机构对B公司的质疑事项进行了答复。采购人和招标代理机构称：本项目包括智慧校园13个子系统及安装等内容，依据财政部《政府采购品目分类目录》（财库〔2013〕189号）关于工程、货物和服务的分类标准，本项目属于工程—建筑安装工程—智能化安装工程。采购人根据工程类项目编制招标文件，且招标文件中规定评标委员会组成人数为5人，价格分采用"取不低于平均价80%有效投标人报价的平均价作为评标基准价"，符合《招标投标法》及其实施条例的规定，并未违反政府采购法律法规强制性规定，质疑人的质疑事项不成立。

B公司因对采购人关于质疑的答复不满意，向政府采购监督部门提起投诉。政府采购监督部门依据《政府采购质疑和投诉办法》向采购人、招标代理机构和中标供应商等当事人发出了投诉答复通知书及投诉书副本。各当事人进行了书面答复，均认为本项目属于工程类项目，评标委员会组成和价格分计算方式符合《招标投标法》及其实施条例的规定，未违反政府采购法律法规强制性规定，质疑人要求修改招标文件后重新招标的诉求缺少法律依据。政府采购监督部门对投诉人、被投诉人和相关当事人的投诉材料及证据进行了书面审查，并专门向上级政府采购监督部门进行了请示。政府采购监督部门认为，投诉人的投诉事项缺乏事实根据和法律依据，投诉事项不成立。政府采购监督部门遂作出《投诉处理决定书》，驳回了投诉人的投诉。

B 公司因对政府采购监督部门《投诉处理决定书》不服，向某县人民法院提起行政诉讼。某县人民法院作出《行政判决书》，判决驳回 B 公司的诉讼请求。

分 析

1. 案涉项目属于工程类项目的事实根据

根据工程项目的通常分类，建筑安装工程是工程项目的分支，智能化工程又是建筑安装工程的一个子分支。因而，智能化工程归属于工程类项目。智能化工程通常包含门禁系统、对讲系统、远程控制系统、监控系统、网络信息服务系统、智能照明系统、楼宇自动化系统等。根据《建筑业企业资质管理规定》《注册建造师执业管理办法（试行）》（建市〔2008〕48 号）和《注册建造师执业工程规模标准（试行）》（建市〔2007〕171 号）等规定，智能化安装工程项目要求施工企业应具有相应等级的电子与智能化工程专业承包资质及安全生产许可证，且项目经理（项目负责人）应具有相应等级的机电工程专业注册建造师资质。

本项目招标文件、技术规范书、工程量清单及施工设计图纸等资料证实：①本项目招标内容为某县春风学校"智慧校园设备采购及安装"，包含 13 个子系统及安装，如一卡通管理系统、智慧图书馆系统、校园广播系统、多媒体会议系统、云办公系统、电子班牌系统等。②本项目招标公告中关于供应商资格要求包含"投标人应具有电子与智能化工程专业承包二级及以上或有效期内的建筑智能化工程设计与施工一体化二级及以上资质；具备有效期内的安全生产许可证"和"项目经理（项目负责人）应具有机电工程专业二级及以上注册建造师资质，B 类安全生产考核合格证"等内容。

据此，从本项目招标所包含的内容和招标公告所要求的投标人资质及项目经理资格两方面来看，本项目属于工程—建筑安装工程—智能化安装工程，具有事实根据。

2. 案涉项目属于工程类项目的法律依据

《政府采购货物和服务招标投标管理办法》第七条规定："采购人应当按照财政部制定的《政府采购品目分类目录》确定采购项目属性。按照《政府采购品目分类目录》无法确定的，按照有利于采购项目实施的原则确定。"从本条规定可以看出，政府采购项目属性的认定主体是采购人；认定的依据是《政府采购品目分类目录》；按照《政府采购品目分类目录》无法认定的，应按照有利于政府采购项目实施的原则进行认定。

《政府采购品目分类目录》（财库〔2013〕189 号）将政府采购项目分为三大类：货物、工程和服务。其中工程类包括：建筑物施工、构筑物施工、工程准备、预制构件组装和装配、专业施工、建筑安装工程、装修工程、修缮工程、工程设备租赁和其他建筑工程。建筑安装工程包括：电子工程安装、智能化安装工程、电力系统安装、供水管道工程和下水道铺设、供暖设备安装、通风和空调设备安装、燃气设备安装、大型设备安装和其他安装。智能化安装工程包括：楼宇设备自控系统工程、保安监控和防盗报警系统工程、智能卡系统工程、通信系统工程、卫星和共用电视系统工程、计算机网络系统工程、广播系统工程、火灾报警系统工程和其他智能化安装工程。2022 年 9 月 2 日，财政部印发了 2022 年版的《政府采购品目分类目录》（财库〔2022〕31 号）。

根据《政府采购法》第四条和《政府采购法实施条例》第七条的规定，政府采购工程项目以及与工程项目有关的货物、服务，采用招标方式（公开招标、邀请招标），适用招标投标法及其实施条例；而采用非招标方式采购的，则适用政府采购法及其实施条例。

据此，采购人根据本项目的招标内容，依据《政府采购品目分类目录》（财库〔2013〕189 号）认定本项目的属性为工程—建筑安装工程—智能化安装工程具有法律依据。

通过上述事实根据和法律依据的分析，可以得出结论：采购人根据本项目工程类的属性编制招标文件，其招标文件中规定评标委员会组成人数为 5 人，价格分采用"取不低于平均价 80% 的有效投标人报价的平均价作为评标基准价"，符合《招标投标法》及其实施条例等法律法规关于评标委员会组成和价格分计算方式的规定，并未违反政府采购法律法规的强制性规定。

另外，本项目招标采购流程存在瑕疵。因本项目属于工程建设项目并采用了公开招标方式，依据规定适用《招标投标法》及其实施条例，因而应采用工程建设项目的招标采购流程，如项目的立项、招标公告的发布、投标人资格的要求、招标文件的编制、评标办法的设定、招投标过程的监督、中标候选人的公示、异议和投诉的处理等均应遵守《工程建设项目施工招标投标办法》、《国务院办公厅关于推进公共资源配置领域政府信息公开的意见》（国办发〔2017〕97 号）和《工程建设项目招标投标活动投诉处理办法》等工程建设项目招投标的具体规定。通过梳理发现，本项目招标文件规定的实质性内容虽然符合《招标投标法》及其实施条例等相关规定，但是招标采购流程却直接套用了《政府采购货物和服务招标投标管理办法》的规定，与上述工程建设项目招投标的具体规定存在一定冲突。

启 示

（1）在政府采购操作实务中要特别注意不同属性和采购方式的项目适用法律法规和办理流程均不相同，如通过招标方式和非招标方式采购的工程建设项目不相同，通过招标方式和非招标方式采购的货物和服务类项目也不相同，故应注意区分适用《招标投标法》和《政府采购法》。

（2）界定政府采购项目属性必须要坚持合法、合理原则，减少不必要的质疑和投诉，从而提高项目实施效率。所谓合法原则，首先是要依据《政府采购法》及其实施条例、《招标投标法》及其实施条例进行界定；其次要依据《政府采购货物和服务招标投标管理办法》《政府采购非招标采购方式管理办法》和《政府采购品目分类目录》等政府采购部门规章的细化规定进行界定。特别是《政府采购品目分类目录》对政府采购货物、工程、服务进行了详细分类，绝大部分政府采购项目的属性都可据此界定。所谓合理原则，这是依据法律法规规章及《政府采购品目分类目录》仍无法界定时应遵循的原则，主要是指"有利于采购项目实施的原则"。这一原则的本质是还权于采购人，但采购人不能任性行使此项权力，特别是在项目本身包含工程、货物或服务中两种以上属性的内容的情形下，采购人要认真分析、综合研判，不能孤立地、教条地界定项目的属性，否则不利于采购项目的有效实施。也就是说，采购人既要考虑工程、货物和服务内容之间的关联性，还要考虑工程、货物和服务内容本身的扩张性。

9 招标人依法修改招标文件无需承担缔约过失责任

案　情

Z 公司受 J 公司委托，就某家具采购项目进行招标，向 Y 公司和 C 公司等七家供货商发出投标邀请。投标邀请书载明：投标截止及开标时间为 2022 年 4 月 20 日上午 9 时 30 分。招标文件载明："投标人对招标文件如有疑点，可要求澄清，应在投标截止日 3 天前按投标邀请中载明的地址以书面形式通知到招标代理机构，招标代理机构将视情况确定采用适当方式予以澄清或以书面形式予以答复"；"在投标截止时间前，招标代理机构和采购人可主动或依投标人要求澄清的问题修改招标文件，并以书面形式通知所有购买招标文件的每一投标人，对方在收到该通知后应立即以书面的形式予以确认"。

C 公司向 Z 公司和 J 公司发出《质疑函》，认为招标文件部分评分标准不合理。开标开始前，Z 公司通知到场投标方截止及开标时间已变更，并按照 J 公司的委托发出《补充通知》，包括变更投标截止及开标时间，对招标文件中"评标方法与详细评审"章节进行调整等内容。

Y 公司认为，Z 公司、J 公司修改招标文件的理由是潜在投标人的《质疑函》，并非经过咨询专家后谨慎作出的，其修改招标文件的行为不合理，违背了诚信原则，故诉至法院，要求 Z 公司、J 公司赔偿经济损失。

法院认为，Y 公司提交的证据不足以证明 Z 公司、J 公司在案涉家具项目招标过程有违背诚信义务、违反招投标法律规定以及招标文件约定的行为，故判决驳回 Y 公司的诉讼请求。

分　析

本案争议焦点在于，招标人依照潜在投标人的《质疑函》在开标当天原定开标时间之前修改招标文件并延迟开标时间是否符合法律以及招标文件规定，以及是否应当承担缔约过失责任。

1. 关于招标人因潜在投标人的《质疑函》修改招标文件是否合法

根据《招标投标法实施条例》第二十一条规定，"招标人可以对已发出的资格预审文件或者招标文件进行必要的澄清或者修改。澄清或者修改的内容可能影响……投标文件编制的，招标人应当在……投标截止时间至少15日前，以书面形式通知所有获取资格预审文件或者招标文件的潜在投标人；不足……15日的，招标人应当顺延提交……投标文件的截止时间"。因此，只要在投标截止时间之前，无论是否有异议或者质疑，招标人均可以对招标文件进行修改。回到本案，招标人先前已在招标文件中载明了"在投标截止时间前，招标代理机构和采购人可主动或依投标人要求澄清的问题修改招标文件"，故招标人在开标前修改招标文件的行为符合法律法规以及招标文件的规定。并且，招标人在修改招标文件后将投标截止时间往后延长了超过15日，也符合《招标投标法实施条例》第二十一条的规定。因此，该案中招标人修改招标文件的行为合法。

2. 招标人依照招标文件规定修改招标文件不承担缔约过失责任

是否承担缔约过失责任，主要看当事人是否违反诚信原则。根据《民法典》第五百条规定，"当事人在订立合同过程中有下列情形之一，造成对方损失的，应当承担赔偿责任：……（三）有其他违背诚信原则的行为"。回到本案，招标人修改招标文件的根本原因是潜在投标人的《质疑函》，即因为招标文件存在不合理的地方。如果招标人未修改招标文件而使项目进入评标阶段，极有可能影响评标结果的公正性，并且招标人在修改招标文件后也相应延长了投标截止日期。因此，从招标人修改招标文件的整个过程来看，并不存在违背诚信原则的行为，故招标人不应承担缔约过失责任。

⚖ 启 示

招标人、招标代理机构发布、修改招标文件需审慎。若招标文件存在不合理或不合法的内容，潜在投标人或者其他利害关系人提出异议的，招标人在作出答复前，应当根据《招标投标法实施条例》第二十二条规定暂停招标投标活动；需要对招标文件进行澄清或者修改，澄清或者修改的内容可能影响投标文件编制，且距离投标截止时间不足15日的，还应当根据《招标投标法实施条例》第二十一条规定将提交投标文件的截止时间往后顺延至少于15日。

10 招标文件违法的应修改后重新招标

⚒ 案 情

某县教科体局对某县农村义务教育阶段学生营养餐原辅料采购项目进行公开招标。某县监察局接到有关信访函件，书面建议某县财政局核实处理。某县财政局经调查作出处理意见书载明：

一、招标文件第五章"招标项目技术、商务要求"中第5条第5项设置"投标人提供有符合招标文件要求和国家包装标签标准的包装且批量印刷清楚的大米、菜籽油二种样品。不提供样品或提供不齐或在包装上粘贴更改标签字样的作无效投标处理。投标人中标后，供货期内提供的货物须与投标货物样品的质量一致"的条件。但是招标文件第五章第 5 条第 4 项已经对采购货物的要求作了准确的描述，不再需要提供样品。此项设置违反了《政府采购货物和服务招标投标管理办法》第二十二条第一款"采购人、采购代理机构一般不得要求投标人提供样品，仅凭书面方式不能准确描述采购需求或者需要对样品进行主观判断以确认是否满足采购需求等特殊情况除外"的规定。

二、招标文件第六章第 4 条综合评分明细表设置了"人员保障（共 1 分）：投标人的配送人员具有 12 人及以上且全部具有有效的健康证的得 1 分，缺 1 人或有 1 人没有健康证的此项不得分"的条件。此项设置违反了《政府采购货物和服务招标投标管理办法》第十七条"采购人、采购代理机构不得将投标人的注册资本、资产总额、营业收入、从业人员、利润、纳税额等规模条件作为资格要求或者评审因素……，对投标人实行差别待遇或者歧视待遇"的规定。

三、招标文件第六章第 4 条综合评分明细表设置了财务状况得 2 分的条件。财务状况是《政府采购法》第二十二条第二款和《政府采购法实施条例》第十七条第二款规定的供应商资格条件。用供应商资格条件作为评审因素违反了《政府采购货物和服务招标投标管理办法》第五十五条第二款"评审因素的设定应当与投标人所提供货物服务的质量相关，包括投标报价、技术或者服务水平、履约能力、售后服务等。资格条件不得作为评审因素。评审因素应当在招标文件中规定"的规定。

综上，根据《政府采购货物和服务招标投标管理办法》第二十五条的规定，某县财政局作出责令某县教科体局修改招标文件后重新招标的处理决定。

分　析

1. 政府采购项目采购文件内容应当具有法律依据

本案例中，采购文件将供应商的配送人员数量作为评分项，违反了《政府采购货物和服务招标投标管理办法》第十七条关于不得将从业人员等规模因素作为资格要求或评审因素的规定；将财务状况这一法定的供应商资格条件作为评分项，违反了《政府采购货物和服务招标投标管理办法》第五十五条关于"资格条件不得作为评审因素"的规定；在采购文件已对货物要求做了准确描述，不需要提供样品的情况下仍要求供应商提供样品，违反了《政府采购货物和服务招标投标管理办法》第二十二条关于"采购人、采购代理机构一般不得要求投标人提供样品，仅凭书面方式不能准确描述采购需求或者需要对样品进行主观判断以确认是否满足采购需求等特殊情况除外"的规定。因此，上述三项要求均违反法律规定，导致采购文件违法。

2. 对违法采购文件可以依法提出质疑

《政府采购法》第五十二条规定，供应商认为采购文件、采购过程和中标、成交结果使自己的权益受到损害的，可以在知道或者应当知道其权益受到损害之日起七个工作日内，以书面形式向采购人提出质疑。本案例中，采购文件有关内容没有法律依据，可能损害供应商利益，根据《政府采购质疑和投诉办法》第十条规定，供应商可以在收到采购文件之日或者采购文件公告期限届满之日起七个工作日内，向采购人或采购代理机构提出质疑，促使采购人删除采购文件中违法的内容；如供应商对采购人、采购代理机构的答复不满意或者采购人、采购代理机构未在规定的时间内作出答复，还可以向同级政府采购监督管理部门投诉，以争取在开评标前删除采购文件中的违法内容，避免根据存在违法情形的采购文件开展后续采购活动，影响中标结果的公正性。

3. 采购文件违法的应当修改后重新招标

根据《政府采购货物和服务招标投标管理办法》第二十五条规定，招标文件、资格预审文件的内容不得违反法律、行政法规、强制性标准、政府采购政策，或者违反公开透明、公平竞争、公正和诚实信用原则；如有此类情形，影响潜在投标人投标或者资格预审结果的，采购人或者采购代理机构应当修改招标文件或者资格预审文件后重新招标。本项目采购文件存在前述三点违法情形，采购人应当修改后重新招标。

启 示

（1）政府采购文件中关于供应商资格条件、评标标准、应提供资料等方面的要求，均应当具有法律依据，不得提出超出或违反法律规定的要求。供应商在收到采购文件后，应注意检查采购文件是否存在违法情形，如有则应通过行使法律赋予的质疑权，要求采购人或采购代理机构删除或修改违法的内容，避免开评标阶段依据违法的采购文件评审，形成既成事实再要求纠正给各方面带来更大的损失。

（2）政府采购文件存在违法情形，如在开标前发现，采购人应修改采购文件，并根据法律规定重新确定获取采购文件时间和开标时间；如在评审结束、成交结果确定后发现且对成交结果公平公正性产生影响，采购人应当取消采购结果，修改采购文件后重新组织采购。

11 如何设置投标人的资格条件

案 情

某县海塘加固工程硖礁塘标段招投标过程中，招标人某县水利基础设施投资有限公司提起投诉，投诉事项：评标委员会在投标文件符合性审查过程中，不符合招标文件要求的有 9 家单位，但由于评标委员会成员评标系统操作不到位，未对其否决投标。请求行政监督部门责令原评标委员会改正错误。

省发展改革委查明：

招标文件第一章招标公告"投标人资格要求"："投标人具有水利水电工程施工总承包二级及以上资质。不接受联合体投标。投标人自 2015 年 1 月 1 日至投标截止日完成过单个合同金额 500 万元及以上的国内海塘工程的施工业绩，或完成过国内水利工程施工业绩且施工业绩内容中包括合同金额 500 万元及以上的海塘工程"。

对于拟派项目负责人的投标资格要求："自 2015 年 1 月 1 日至投标截止日以项目负

责人身份完成过国内单个合同金额 500 万元及以上的海塘工程的施工业绩，或完成过国内水利工程施工业绩，且施工业绩内容中包括合同金额 500 万元及以上的海塘工程"。对于技术负责人的资质要求："应持有水利水电工程专业二级及以上建造师注册执业资格（不含临时建造师）和水利类高级及以上技术职称证书"。

招标文件要求投标人及拟派项目负责人近 3 年（2018 年 1 月 1 日以来）无行贿犯罪记录，且未被项目所在地区（县级或市级或省级）水利建设市场限制投标；拟派项目负责人不得存在在建工程。

询标记录显示，Q 水利水电工程局有限责任公司、H 水利建设有限公司等 5 家投标单位不符合招标文件规定的投标人资格要求；H 生态建设股份有限公司的投标人业绩和拟派项目负责人业绩不符合招标文件要求；W 建设有限公司、B 建设工程有限公司两家投标单位拟派技术负责人无高工资格证书；Y 水力资源发展有限公司投标单位承诺书对象不正确。评标报告显示：上述 9 家公司均未被否决投标。

省发展改革委认为：本项目评标委员会在评标过程中未按照招标文件评标办法的规定进行评审，应予否决投标而未否决 9 家投标单位，违反了《招标投标法实施条例》第四十九条之规定，投诉情况属实。根据《招标投标法实施条例》第七十一条"评标委员会成员有下列行为之一的，由有关行政监督部门责令改正……（三）不按照招标文件规定的评标标准和方法评标"的规定，决定：责令评标委员会改正。

分　析

1. 设定投标人资格条件的基本要求

投标人资格是指投标人参与具体项目投标所需具备的条件，是招标文件的必备、核心内容，决定投标人参与投标竞争的"门槛"。《招标投标法》第十八条规定："招标人可以根据招标项目本身的要求，在招标公告或者投标邀请书中，要求潜在投标人提供有关资质证明文件和业绩情况，并对潜在投标人进行资格审查；国家对投标人的资格条件有规定的，依照其规定……"第二十六条规定："投标人应当具备承担招标项目的能力；国家有关规定对投标人资格条件或者招标文件对投标人资格条件有规定的，投标人应当具备规定的资格条件。"因此，投标人资格条件可分为法定资格条件和约定资格条件。

法定资格条件，指法律规定的投标人参与具体项目投标，所必须具备的条件，主要为资质要求，就是国家为了保障生产安全、人民健康和交易秩序，对特定行业授予的经营资格、资质等行政许可。比如工程勘察设计、施工、监理项目都需要建筑业企业资质，货物有工业产品生产许可证、安全生产许可证等生产许可、强制认证，律师、注册会计师等服务行业也有执业许可证等行政许可证书。对于法定条件，即使招标文件没有规定，如果投标人不满足这些条件，仍需依据法律规定拒绝其投标。

约定资格条件，是招标人根据招标项目实际需求，在不违反国家法律法规的前提下设置的资格条件，比如关于业绩、财务等资格条件，由招标人自主决定，但是必须与招标项目相关，且不违反法律规定。

2. 投标人资格条件基本框架

（1）资质要求。资质是市场"门槛"。建筑业企业资质是工程建设项目比较常见的资质，如本案招标文件要"投标人具有水利水电工程施工总承包二级及以上资质"。有一些招标项目，不但对投标人的资格应当提出要求，而且对关键技术人员、项目经理也应当提出资质要求。如常见的建设工程项目施工、勘察设计、监理等项目，可以对项目经理、总监理师、主设计师的资格（职业资格、业绩条件）提出具体要求。本案要求"技术负责人应持有水利水电工程专业二级及以上建造师注册执业资格（不含临时建造师）"即是。

（2）财务要求。财务要求反映投标人的经济实力。施工需要投标人投入大量的人力、物力、财力来完成，可以考察投标人的财务指标。货物招标中一般没有必要关注投标人的财务指标，除非是供货期较长的大宗货物、定制的货物，供货期长、有风险，可考虑财务指标要求。设计招标竞争的核心是方案的优劣，财务指标一般没有必要特别考虑。有的勘察项目施工场地需要开挖勘测，相当于施工，也可以考察投标人财务指标。

（3）业绩要求。业绩要求体现投标人的履约能力。具体业绩要求，在满足国家相关法律法规前提下，招标人根据招标项目具体特点和实际情况，在招标文件中自主确定，但不得设置过高的业绩条件。并不是所有的招标项目都要考察投标人的业绩，技术简单的项目不需要，只有技术复杂项目才需要。原则上，投标人应当用经过验收合格的，已经完成的业绩来证明履约能力、履约经验；正在承揽、建设中的项目不能客观反映投标人的实际履约能力，因此不能作为业绩评审。如本案招标文件对投标人单位业绩和拟派项目负责人业绩均提出明确要求。

（4）信誉要求。信誉要求证明企业诚信度。一般根据法律和招标人的供应商管理规定制定负面清单，对违法、失信行为人约定限制投标的惩戒措施，一是因违法行为被限制投标，如因违法行为被行政监督部门依法暂停或者取消投标资格。二是失信记录，常见的有全国企业信用信息公示系统列入严重违法失信企业名单、"信用中国"网站列入失信被执行人名单等。三是招标人自建"黑名单"，对以往履约严重失信的供应商进行投标限制，如《河北雄安新区标准设备采购招标文件（2020 年版）》"信誉要求"规定招标人可以选择对近 3 年内曾被本项目招标人评价为履约不合格的投标人，近 2 年内在本项目招标人实施的项目中存在无正当理由放弃中标资格、拒不签订合同、拒不提供履约担保情形的投标人进行否决性惩戒，禁止投标。本案招标文件也要求：投标人及拟派项目负责人近 3 年无行贿犯罪记录，且未被项目所在地区（县级或市级或省级）水利建设市场限制投标。

（5）其他要求。根据项目不同适当设置。如规定是否接受联合体、代理商投标，对投标人的必要施工机具、生产设备、人力资源等提出要求，只要符合合法性、必要性、合理性三要件即可。如本案招标文件提出以下资格要求：本次招标不接受联合体投标，拟派项目负责人不得存在在建工程、技术负责人应持有水利类高级及以上技术职称证书。

本案例中，9 家投标人的实际资格条件不满足招标文件要求，评标委员会应当否决投标，但由于工作疏忽未予否决，应当依法纠正。

启 示

招标文件规定的投标人资格条件必须合法合规、符合招标项目实际，基本原则就是这些资格条件不具有倾向性、歧视性，对所有潜在投标人是公平的，这是"底线"。设置投标资格条件应坚持以下三点：

一是具有合法性。只能将法律允许设置的资格条件，作为投标人的资格条件，招标文件设定的资格条件不违反相关法规的禁止性规定。如国家已经明令取消的物业服务管理等资质，不得设置为投标人的资格条件。招标文件中不得将经营范围作为投标人的资格条件，否则视为歧视投标人。

二是具有合理性。设置的资格条件门槛应与本招标项目的规模相适应，比如 6 层高的房屋建筑项目，要求必须是一级施工资质的企业方可投标，这个限制性条件就不具有合理性。

三是具有必要性。也就是设置的资格条件为完成该招标项目所必需，或者具备该条件后，其履约能力才能得到保障，就是"非此不可"，也就是与招标采购项目的特殊要求存在实质上的关联性。如果不具有必要的关联性，比如印刷、物业、维修等服务，要求必须具有铁路行业业绩，没有必要性，就属于与招标项目无关，构成歧视性。

12 招标文件可根据采购项目特殊要求设定投标人资格条件

案 情

某市政府采购中心发布《市中级人民法院两庭建设电梯公开招标采购公告》，该公告包括以下内容："供应商为生产厂家的，必须具备特种设备电梯制造许可证曳引式客梯 A 级以上资质和特种设备电梯安装维修许可证 B 级以上资质；供应商为经销商的，必须提供生产厂家的特种设备电梯制造许可证曳引式客梯 A 级证明和本单位安装维修许可证 B 级以上资质证明。本项目不接受联合体投标。"根据该省质量技术监督局公开的名单，省内获得 B 级以上电梯安装维修许可证的单位共有 144 家。

A 公司认为该公告上述内容使其权益受到损害，遂向市政府采购中心提交《质疑书》。市中级人民法院与市政府采购中心联合对该公司的质疑作出《质疑答复书》，认为采购人根据本项目的特殊要求设定相应的资格条件、明确不接受联合体投标，符合相关法律、行政法规的规定，依据充分，不存在以不合理的条件对供应商实行差别待遇或者歧视待遇的问题，质疑人的质疑缺乏事实依据和法律依据，予以驳回。

A 公司收到答复书后，又向市财政局发出《投诉书》，请求纠正该采购项目招标公告。

A公司认为，不管是电梯生产厂家还是电梯安装维修单位或者电梯销售商，只要是具备《政府采购法》第二十二条规定条件的供应商，均可参加该项目公开招标采购活动，且本项目可以组成联合体投标。市财政局作出《投诉处理决定书》，认为项目招标公告合法合规，无需纠正。

A公司提起行政复议，复议机关维持《投诉处理决定书》处理结果。A公司对该复议决定书不服，诉至法院。法院认为本案招标公告中对合格投标人要求具备相应资质以及不接受联合体投标的规定不属于《政府采购法》第二十二条第二款所称的"以不合理的条件对供应商实行差别待遇或者歧视待遇"，判决驳回A公司的全部诉讼请求。

分　析

1. 采购人可以规定供应商应具备某些特定资格条件

《政府采购法》第二十二条第二款规定："采购人可以根据采购项目的特殊要求，规定供应商的特定条件，但不得以不合理的条件对供应商实行差别待遇或者歧视待遇。"由此可见，只要其采购项目存在特殊要求，采购人有权对供应商规定特定条件，规定的特定条件没有以不合理的条件对供应商实行差别待遇或者歧视待遇即可。

（1）本案的采购项目存在特殊要求。《特种设备安全法》第二条第二款规定，本法所称特种设备，是指对人身和财产安全有较大危险性的锅炉、压力容器（含气瓶）、压力管道、电梯、起重机械、客运索道、大型游乐设施、场（厂）内专用机动车辆，以及法律、行政法规规定适用本法的其他特种设备。第十八条还规定了"国家按照分类监督管理的原则对特种设备生产实行许可制度"。本案采购的电梯按照规定属于特种设备，其能否正常运行涉及人身和财产安全，应符合《特种设备安全法》第二十二条、第四十五条规定，即：电梯的安装、改造、修理，必须由电梯制造单位或者其委托的依照本法取得相应许可的单位进行；电梯的维护保养应当由电梯制造单位或者依照本法取得许可的安装、改造、修理单位进行。这些要求属于法律的强制性规定。而且，本案采购方为市中级人民法院，该项目所采购的电梯涉及刑事审判中安全押运罪犯的问题，故招标公告要求投标人具备电梯制造许可证、电梯安装维修许可证资质，既具有法律依据，也符合采购项目实际需要。

（2）本案招标公告中设置的资格条件不属于"以不合理的条件对供应商实行差别待遇或者歧视待遇"的情形。《政府采购法实施条例》第二十条规定，采购人或者采购代理机构有下列情形之一的，属于以不合理的条件对供应商实行差别待遇或者歧视待遇："（一）就同一采购项目向供应商提供有差别的项目信息；（二）设定的资格、技术、商务条件与采购项目的具体特点和实际需要不相适应或者与合同履行无关；（三）采购需求中的技术、服务等要求指向特定供应商、特定产品；（四）以特定行政区域或者特定行业的业绩、奖项作为加分条件或者中标、成交条件；（五）对供应商采取不同的资格审查或者评审标准；（六）限定或者指定特定的专利、商标、品牌或者供应商；（七）非法限定供应商的所有制形式、组织形式或者所在地；（八）以其他不合理条件限制或者排斥潜在供应商。"本案中对供应商的特定条件限制，明显不属于上述第（一）项至第（七）项规定的情形，也不属于第（八）项"以其他不合理条件限制或者排斥潜在供应商"的情形。本案中仅省内获得 B 级以上电梯安装维修许可证的单位就有 144 家，这还未包括省外进入该省市场的具有同类 B 级以上资质的单位，由此可见具有 B 级以上电梯安装维修资质的潜在供应商数量较多，存在充分的市场竞争。因此，法院最终认定对参与该采购活动的合格投标人设置的资格条件没有违反《政府采购法》第二十二条的规定，不属于以不合理的条件对供应商实行差别待遇或者歧视待遇。

2. 采购人可以对联合体投标进行限制

《政府采购法》第二十四条第一款规定："两个以上的自然人、法人或者其他组织可以组成一个联合体，以一个供应商的身份共同参加政府采购。"据此，符合相应条件的供应商可以组成联合体参加政府采购，但这并没有作出"招标人不得禁止联合体投标"的强制性规定。《政府采购货物和服务招标投标管理办法》第十九条明确规定，采购人或者采购代理机构应当根据采购项目的实施要求，在招标公告、资格预审公告或者投标邀请书中载明是否接受联合体投标；如未载明，不得拒绝联合体投标。这一规定把是否接受联合体投标作为一项权利赋予了采购人，招标文件中可以事前注明采购人接受或拒绝联合体投标。案涉采购项目是独立的政府采购项目，其对外发布的招标公告规定"不接受联合体投标"，这是采购人对供应商作出的资格要求，符合前述法律规定。

启示

（1）政府采购中，采购人根据采购项目的特殊要求，有权对供应商限定特定条件。判断其合法与否，可以结合《政府采购法实施条例》第二十条规定的几项情形，从采购项目的性质入手，重点判断是否存在"以其他不合理条件限制或者排斥潜在供应商"的情形。

（2）招标人应当在资格预审公告、招标公告或者投标邀请书中载明是否接受联合体投标，如未载明，不得拒绝联合体投标。招标人接受联合体投标并进行资格预审的，联合体应当在提交资格预审申请文件前组成，资格预审后联合体增减、更换成员的，其投标无效。联合体各方在同一招标项目中以自己名义单独投标或者参加其他联合体投标的，相关投标均无效。

13　国家设定的资质自然应成为投标人的资格条件

案情

"某学院附属第一医院电子签名项目"中标供应商为 H 网络科技公司。D 电子认证有限公司对该中标结果提出质疑后，因对某省省级政府采购中心的答复不满，向某省财政厅提起投诉称：《国务院关于取消一批行政许可事项的决定》成文日期为 2017 年 9 月

22 日，公布日期为 2017 年 9 月 29 日，而本项目开标日期为 2017 年 9 月 27 日，应当按照旧的法律条款执行，即应要求投标人具备商用密码产品销售许可证，但本项目中标人无此资质，故请求确认中标结果无效。

财政厅经核查认为：①《国务院关于取消一批行政许可事项的决定》（国发〔2017〕46 号）取消了"商用密码产品销售单位许可"等行政许可事项，该公文发布日期为 2017 年 9 月 29 日。②本项目开标日期为 2017 年 9 月 27 日，在上述国发〔2017〕46 号文件公布日期之前，仍应执行《商用密码管理条例》中关于商用密码产品销售的相关规定，即"商用密码产品由国家密码管理机构许可的单位销售。未经许可，任何单位或者个人不得销售商用密码产品"。③该项目"招标文件投标人须知前附表"规定"密码技术设备要求：参与使用密码技术设备政务信息系统的投标、承建及运维服务政府采购项目的供应商，必须具有国家商用密码相关资质"。因此，具有国家商用密码产品销售资质是该项目供应商所应具备的必要资质条件。④该项目中标供应商 H 网络科技公司在投标文件中未提供本公司的商用密码产品销售许可证，根据《商用密码管理条例》和招标文件的规定，应为无效投标，故该项目有效供应商不足 3 家。

财政厅认为投诉事项成立，责令废标，重新开展采购活动。

分　析

1. 供应商应当满足法律对采购项目规定的强制性资格条件

《政府采购法》第二十二条针对参加政府采购的供应商应当具备的条件，将"法律、行政法规规定的其他条件"作为兜底条款。全国人大常委会法制工作委员会编写的《中华人民共和国政府采购法释义》针对该条款解释："本项包含的内容较多，如要符合国家的产业政策，要履行环保义务，要保护妇女和残疾人利益等。凡是不符合国家规定和要求的供应商，一律不得参加政府采购活动。对于特殊行业的供应商，国家还有特别要求。例如，建筑行业的供应商，应当取得建筑资质。"因此，法律法规针对采购项目如规定了资格条件，一般属于强制性规定即使采购文件中未明确该要求，供应商也应当满足该资格条件。《招标投标法》第二十六条规定的"国家有关规定对投标人资格条件或者招标文件对投标人资格条件有规定的，投标人应当具备规定的资格条件"也体现了这一要求。

2. 供应商应当取得从事采购项目依法必须具有的行政许可

根据《行政许可法》规定，行政许可是指行政机关根据公民、法人或者其他组织的申请，经依法审查，准予其从事特定活动的行为；公民、法人或者其他组织未经行政许可，擅自从事依法应当取得行政许可的活动的，行政机关应当依法采取措施予以制止，并依法给予行政处罚；构成犯罪的，依法追究刑事责任。据此，对于国家设置行政许可要求的特定活动，取得相应的行政许可是法律强制性要求。如果采购标的是设有行政许可要求的活动，则投标人取得相应行政许可、具有相关许可证属于必备的投标人资格条件，不能因为采购文件没有明确规定投标人应取得行政许可并提供许可证复印件，就在评标时对该项不予评审。本项目中，采购标的是商用密码产品，根据《商用密码管理条例》规定，销售商用密码产品的单位须取得国家密码管理机构的许可，且在开标前该规定依然有效，因此，承担该项目工作的企业应具备商用密码产品销售许可证，具有该许可证应当作为供应商须满足的资格条件。而且，即使本案中招标文件没有规定"必须具有国家商用密码相关资质"，是否具备商用密码产品销售许可证也是对投标人资格审查必须包含的项目。

3. 国家设立的资质在开标之日未取消的，评标时仍应审查供应商是否具备该资质

近年来，国家推行简政放权，取消了一大批资质，对于供应商是否应具备相关资质，应以开标之日该资质是否取消为准，即如果在开标日前取消该资质的文件已公开发布，则不得再以该资质作为资格审查标准；如在开标日还没有公开发布的文件取消该资质，则即使在评审或定标期间该资质被取消，仍应将该资质作为资格审查标准，否决不具备该资质的供应商投标，否则对于因自认不具备该资质而未参加投标的其他供应商不公平。

4. 如采购文件规定供应商应具备某项资质，开标日前该资质被取消，采购人应重新进行采购

采购公告发出后、开标前国家取消相关资质要求，如果仅仅对采购文件进行澄清修改，删除被取消的资质要求，原本因不满足法定资格条件而未申请获取采购文件，或未准备投标文件的供应商仍无法参加采购，或没有充足时间重新准备投标文件。为保护此类供应商公平参加采购活动的权利，并将国家简政放权政策精神及时落实在采购活动中，此时应当重新发布采购公告、发售采购文件。

启 示

（1）进行招标采购活动时应将国家规定的资格条件作为供应商资格审查标准。招标人和代理机构应全面梳理采购项目涉及的国家规定的资格条件，并在招标采购文件中予以明确规定，避免笼统规定"具备相关资质"等要求，使供应商准确了解参与采购应满足的条件，避免发生争议。

（2）在开标之日前没有被国家公开文件取消的资质，应当作为评标委员会对供应商资格审查的条件，该规则最好也在采购文件中事先明确。

14　经营范围不应作为投标人资格条件

案 情

某船舶公司就所属船厂（经营范围为船舶修造）整体租赁权对外招标，投标人资格为资信状况好、具有同类规模船厂经营 10 年以上业绩、无不良信誉记录的企业法人。评标结果是，某船务公司（经营范围为国内沿海及长江中下游货物运输）排名第一，某船舶修理厂评分排名第二。其后，某船舶公司向某船务公司送达了中标通知书。某船舶修理厂认为某船务公司不符合投标人资格，其中标应为无效，经与某船舶公司交涉未果后，

向法院提起诉讼，请求判决：某船舶公司发出的中标通知无效，应确认其为中标人并按期签订合同。

　　法院认为：某船舶修理厂主张某船务公司作出的中标通知无效缺乏事实和法律依据，不应予以支持。首先，根据最高人民法院《关于适用〈中华人民共和国合同法〉若干问题的解释（一）》相关规定，除违反国家限制经营、特许经营以及法律法规禁止经营规定的以外，当事人超越经营范围订立合同，并不导致合同无效（编者注：该司法解释现已废止。《民法典》第五百零五条规定："当事人超越经营范围订立的合同的效力，应当依照本法第一编第六章第三节和本编的有关规定确定，不得仅以超越经营范围确认合同无效。"）某船务公司虽然不具有船舶修造的经营范围，但在当前情况下，造船业并不属于国家特许经营、限制经营或法律法规禁止经营的情形；某船舶公司在招标文件中也只是载明船厂的经营范围是用于船舶修造，对投标人的经营范围并未提出特别的限制条件。因此，某船务公司不具有船舶修造的经营范围，不构成其对船厂整体租赁权中标无效的理由。其次，某船务公司虽不直接从事修造船舶业务而不具有独立的船厂经营业绩，但其在1996年起与某船厂以合作经营方式修造船舶业务所形成的经营业绩，属于"同类规模船厂的经营业绩"范畴，某船舶修理厂提出某船务公司"不具备同类规模船厂经营10年以上业绩"缺乏依据。退一步讲，本案所涉船厂整体租赁权并不属于"依法必须进行招标的项目"，因此即使某船务公司中标无效，某船舶公司也可以采取通常方式另行选择交易对象签订合同，某船舶修理厂并非唯一选择对象。综上，法院判决驳回某船舶修理厂的全部诉讼请求。

分　析

　　经营范围是营业执照中的必要记载事项，记载企业法人生产和经营的商品类别及服务项目，反映其经营活动内容、方向和业务范围。从法律规定来看，对投标人超越经营范围有无投标资格，法律起先是持严格的否定态度，随着市场经济的发展，又转向肯定的态度。

　　1. 从"否定"到"肯定"的法律制度沿革

　　在计划经济体制下，我国严格管控市场主体经营范围，随商事主体登记一同对其核准审批。经营范围是企业法人业务活动范围的法律界限，是衡量其民事权利能力和民事行为能力的依据之一，企业法人超出营业执照登记的经营范围从事经营活动的，依据当时的法律，属无效民事法律行为。1986年公布的《民法通则》第四十二条规定："企业法人应当在核准登记的经营范围内从事经营。"第四十九条进一步规定"超出登记机关核准登记的经营范围从事非法经营行为的"，"对法定代表人可以给予行政处分、罚款，构成犯罪的，依法追究刑事责任"。1993年颁布的《公司法》第十一条也强调"公司应当在登记的经营范围内从事经营活动"。对于企业法人违反上述规定从事经营活动的效力问题，《最高人民法院经济审判庭关于如何认定企业是否超越经营范围问题的复函》（法经〔1990〕101号）明确规定："企业的经营范围，必须是以工商行政管理机关核准登记的经营范围为准。企业超越经营范围所从事的经营活动，其行为应当认定无效。"据此，企业法人应在其经营范围内参与投标；超越经营范围投标的，其不具有合格的投标人主体资格，投标无效。这些严格规定对于引导企业依法规范经营、稳定社会经济秩序有其必要性，符合当时的法治环境。

随着我国市场经济的不断发展，市场主体经营活动日趋多元化、全球化，原有法律规定越来越难以适应市场主体高效率运营需求和经济快速发展需要。法律积极响应这一趋势，逐步认可超出经营范围从事民事活动。1999 年发布的《最高人民法院关于适用〈中华人民共和国合同法〉若干问题的解释（一）》第十条规定："当事人超出经营范围订立合同的，人民法院不因此认定合同无效，但违反国家限制经营、特许经营以及法律、行政法规禁止经营规定的除外。"照此，只要不违反国家限制经营、特许经营（如烟草专卖、药品特许经营）及禁止经营规定的，企业法人超越经营范围投标竞争、订立合同均为有效。2005 年全面修订后的新《公司法》也取消了 1993 年旧《公司法》第十一条"公司应当在登记的经营范围内从事经营活动"的限制性规定，表明了法律尊重当事人意思自治、促进和保障交易的立场。

2020 年 5 月颁布的《民法典》对市场主体超越经营范围从事经营活动持明确肯定的立场，第五百零五条规定："当事人超越经营范围订立的合同的效力，应当依照本法第一编第六章第三节和本编的有关规定确定，不得仅以超越经营范围确认合同无效。"2020 年 9 月 22 日，国家发展改革委办公厅、市场监管总局办公厅联合印发《关于进一步规范招标投标过程中企业经营资质资格审查工作的通知》（发改办法规〔2020〕727 号）规定"三个不得"（即：不得以营业执照记载的经营范围作为确定投标人经营资质资格的依据，不得将投标人营业执照记载的经营范围采用某种特定表述或者明确记载某个特定经营范围细项作为投标、加分或者中标条件，不得以招标项目超出投标人营业执照记载的经营范围为由认定其投标无效），其核心意思在于投标人可超出经营范围向招标人发出投标要约，该行为一般并不仅因超出经营范围而无效。

综上，经营范围已经不再影响对投标人资格的判定，这样有利于确保民事法律关系的稳定性，进一步优化营商环境。

2. 实践中审查投标人的经营范围既无必要也有操作难度

在计划经济时期，商事主体进行严格的核准登记制，市场监督管理部门对于营业执照登记的注册资金、经营范围等事项，都严格进行审核，而且在商品种类较为单一的历史条件下，经营范围也容易确定，评标委员会容易将经营范围与招标项目是否匹配做出判断。但随着改革发展和法律制度的演变，尤其政府职能调整及实施商事登记制度改革以来，在评标时再审查投标人的经营范围已经达不到考察投标人履约能力的目标，而且评判经营范围是否涵盖招标项目有时有操作难度。

一是依据经营范围并不能客观判断市场主体的履约能力。在竞争性的市场中，商事主体追求利润的本性导致其一旦发现某一行为有利可图时，即便不属自身具有一定特长和竞争优势的业务领域，其也会自甘冒险积极参与以期获利。通过经营范围已经不能完全准确地判定企业在哪些业务领域更专业、是否具有相应履约能力，再将此设置为投标人的准入门槛意义不大。实则，评价企业的专业性、履约能力和项目经验，依据企业的历史履约业绩、主要设备条件等进行衡量更具有说服力、证明力。

二是变更企业法人经营范围便捷容易，再限定投标人的经营范围起不到预定作用。近几年国家开展商事登记改革，企业登记从"审批许可"向"核准登记"转变，经营范围可变性很大，不涉及国家特许经营、限制经营和禁止经营项目的，企业法人可以随时增减、变更经营范围，甚至随时申请、随时受理、随时出证，且几乎无成本，这样会导致投标人虽然不具备相应"经营范围"但可以随时到市场监管部门增减经营范围，使得招标人限定经营范围的目的完全落空。

三是有的地方营业执照登记的经营范围非常宽泛甚至无所不包，个别地方已经不再载明经营范围。如珠海横琴新区营业执照上对于经营范围只注明"一般经营项目自主经营，许可经营项目凭审批部门审批文件或者许可证件经营"。这意味着企业除了国家特许经营、限制经营和禁止经营项目需要取得国家特许经营权或经核准外，原则上什么业务都有权经营，不作限制。

四是经营范围内容与招标项目描述不可能——完全对应，评标专家审查经营范围是否涵盖招标项目有时存在客观困难。营业执照登记的经营范围内容与招标文件中所采购的工程、货物或服务项目并非一一对应关系，除了二者彻底没有关联性外，也可能存在二者具有包含关系，还可能存在交叉关系，将导致评标专家无从评审。即便是核发营业执照的市场监管部门，面对千百种不同行业，也不可能保证对经营范围与招标项目是否匹配能百分之百准确地审核定性。

综上，法律上不再限制投标人的经营范围，实践中也难以将投标人的经营范围与招标项目完全匹配进行审核。因此，本案法院认定"某船务公司不具有船舶修造的经营范围，不构成其对船厂整体租赁权中标无效的理由"，符合法律规定。

启 示

（1）不管营业执照登记的经营范围中是否有与招标项目内容相关的表述，除了国家特许经营、限制经营和禁止经营项目，投标人都可以经营、可以参加投标，不再受法律和招标文件的限制。招标人应取消招标文件中关于"营业执照的经营范围必须涵盖招标要求的货物和服务等，否则投标无效"或者"本项目经营范围应当包括××"等类似的规定。评标过程中，评标委员会不再审核各投标人营业执照记载的经营范围，不再评价营业执照的经营范围是否与招标项目相吻合，也不再将经营范围作为否决投标或加分的条件。

（2）招标项目如果涉及国家限制经营、特许经营和禁止经营项目的，应在招标文件中要求供应商必须取得国家特许经营权或经核准的文件；如果需要具备国家要求的资质证书（如建筑业企业资质）、生产许可证或强制性认证证书的，这些强制性要求均可作为投标人的资格条件。

（3）企业法人作为商事主体，原则上应在其经营范围内从事经营活动。企业法人对外进行经营活动时，经营范围与实际经营项目不一致时，应当及时办理经营范围变更登记为妥。

15　不能将供应商在本地设立售后机构作为评分因素或资格条件

案　情

某市财政局对 F 工程造价事务所代理组织的政府采购活动进行了检查。经检查，某市财政局认为该公司存在如下问题：

（1）未落实对中小微企业（含监狱企业）的政府采购政策。某市公路安全设施维护和增设及农村病险公路修复监理服务项目、某安大桥桥梁特殊检查项目，某市高楼镇防汛物资采购项目，某市农村公路养护工程监理项目，某市第二人民医院二层房建筑项目等五个政府采购项目的政府采购文件未落实对小微企业（含监狱企业）的政府采购政策，违反了《政府采购促进中小企业发展管理办法》第五条以及《财政部、司法部关于政府采购支持监狱企业发展有关问题的通知》（财库〔2014〕68 号）第二条规定。

（2）未落实政府采购强制或优先采购节能、环境标志产品要求等政府采购政策。某市高楼镇防汛物资采购项目，某市第二人民医院二层房建筑项目采购文件未列明政府强制或优先采购节能、环境标志产品要求等政府采购政策，违反了财政部、国家发展和改革委员会《关于印发〈节能产品政府采购实施意见〉的通知》（财库〔2004〕185 号）第七条、财政部、国家环保总局联合印发的《关于环境标志产品政府采购实施的意见》（财库〔2006〕90 号）第七条、《国务院办公厅关于建立政府强制采购节能产品制度的通知》（国办发〔2007〕51 号）第二条规定。

（3）以不合理的条件对供应商实行差别待遇或歧视性待遇。某市高楼镇 2017 年防汛物资采购项目采购文件中存在"所在市设售后机构得 3 分，所在省设售后机构得 1 分，没设置不得分"的评审因素，违反了《政府采购法实施条例》第二十条第四项规定。

根据上述违法违规行为事实，依据《政府采购法》第七十一条、《政府采购法实施条例》第六十八条第三项的规定，某市财政局决定对 F 工程造价事务所处以警告的行政处罚。

分　析

该案例中，F 工程造价事务所被发现存在的第 1 个、第 2 个问题，均是没有落实国家政府采购政策。第 3 个问题中，采购文件将供应商在本地设有售后机构作为评分因素，在结果上可能更有利于选择服务响应更快捷、更便利的供应商，但不符合公平开放统一市场的政策要求，具有歧视性和限制性。

1. 以供应商是否在本地设有售后机构作为评分因素属于歧视性、限制性的不合理要求

实践中企业设立本地售后机构可以采取两种形式，一是在本地投资设立子公司、分公司作为售后机构，二是委托与自身没有资本纽带关系的其他本地企业提供售后服务，如实践中常见的特约维修商、指定维修商等。对于要求供应商以第一种方式设立本地售后机构，相关法律政策均明确规定构成歧视性、限制性条款，如《公平竞争审查制度实施细则》规定："不得将在本地投资或者设立分支机构作为参与本地招标投标、享受补贴和优惠政策等的必要条件。"《财政部关于促进政府采购公平竞争优化营商环境的通知》规定："要求供应商设立分支机构属于妨碍公平竞争的规定和做法。"《工程项目招投标领域营商环境专项整治工作方案》规定："要求投标人在本地注册设立子公司、分公司、分支机构属于不合理限制和壁垒。"对于要求供应商以第二种方式设立本地售后机构，虽然没有直接的禁止性规定，但上述法律和政策规定的立法本意均在于消除地域壁垒，营造公平统一的竞争市场环境，通过评审规则使委托他人作为本地售后机构的供应商具备竞争优势，也不符合立法精神，也应认定为歧视性条款。财政部公布的"2019 年政府采购代理机构监督检查"结果中的两个行政处罚案例（政府采购信息公告第一千一百四十一号、第一千一百四十二号），也认定两家代理机构在采购文件中要求"供应商有本地注册的服务机构或者与本地机构有委托协议"属于不合理要求。

2. 对合理的本地化服务需求，可通过设置服务响应时间要求等方式实现

实践中某些项目，如文件印刷、汽车维修等，供应商必须在本地具有服务机构，才能保证快速响应采购人的现场服务需求。针对此类项目，可以在采购文件中将服务响应时间设置为资格条件或评分因素，如规定供应商须承诺在收到采购人服务需求后，能够在一定时限内到达现场提供服务，或根据供应商承诺的到达现场提供服务的响应时间长短进行评分，对承诺的服务响应时间较短的给予较高分数，通过此种方式实现与明确要求在本地设有售后等服务机构相同的采购需求。

⚖ **启 示**

（1）招标采购中不得将投标人在本地具有子公司、分支机构或委托服务机构等设置为资格条件或评分因素，否则构成歧视性、限制性条款。

（2）因项目特点要求供应商具有较强的本地化服务能力的项目，可在招标文件中对本地现场服务响应时间提出要求，将其作为资格条件或评分因素，以筛选出最合适的供应商。

16　政府采购有重大违法记录的供应商不具有合格的投标资格

⚒ **案 情**

某省直行政事业单位公务用车统一保险采购项目于 2018 年 12 月 25 日发布中标结果公告后，F 财险福建分公司提出质疑：本次采购项目中标候选人 T 财险福建分公司于2018 年 2 月受到原中国保监会的处罚，2018 年 12 月 18 日受到福建银保监局的处罚，属于存在"重大违法记录"，不具备本次采购项目的供应商资格。省公共资源交易中心以"无法具体界定哪些违法违规处罚属于重大违法"为由，仅对该中标候选人作扣 2 分处理，

严重影响该项目招标结果，应依法取消其中标资格。

省财政厅调查认为：根据《中国保险监督管理委员会行政处罚程序规定》第四十七条第（一）项规定，T 财险福建分公司受到原中国保监会作出的《中国保险监督管理委员会行政处罚决定书》、受到福建银保监局作出的《福建银保监局行政处罚决定书》的行政处罚应属于《政府采购法》《政府采购法实施条例》规定的"重大违法记录"。T 财险福建分公司于投标文件中就中国保险监督管理委员会行政处罚决定书作出了声明，因 T 财险福建分公司签收福建银保监局行政处罚决定书的时间为本次采购项目开标当天，故其未在投标文件中就该处罚作出声明的行为，不应认定为未作如实声明。

T 财险福建分公司不具备招标文件规定的资格要求，不符合《政府采购法》第二十二条第一款第（五）项的规定，根据《政府采购货物和服务招标投标管理办法》第六十三条第（三）项规定，其投标无效。本次采购项目资格审查小组未按照招标文件有关资格审查的要求及相关文件规定进行资格审查。投诉人的投诉事项成立。

省财政厅决定，T 财险福建分公司中标无效，由采购人在其他合格的中标候选人中依法确定本次采购项目的中标人。

分　析

1. 参加政府采购活动前三年内在经营活动中存在重大违法记录的，不满足法定资格条件

《政府采购法》第二十二条规定："供应商参加政府采购活动应当具备下列条件：……（五）参加政府采购活动前三年内，在经营活动中没有重大违法记录。"《政府采购法实施条例》第十九条界定了何为"重大违法记录"，是指供应商因违法经营受到刑事处罚或者责令停产停业、吊销许可证或者执照、较大数额罚款等行政处罚。其中，对于"较大数额罚款"，以前一般是以达到当地行政处罚听证的行政罚款数额标准为依据确定的，该标准都比较低，比如《广东省行政处罚听证程序实施办法》规定"较大数额罚款"，是指对公民处以 5000 元以上罚款，对法人或者其他组织处以 10 万元以上罚款。

本案例中，中国保险监督管理委员会行政处罚决定书对 T 财险福建分公司罚款 30 万元，同时责令停止接受商业车险新业务 3 个月；福建银保监局行政处罚决定书对 T 财险福建分公司罚款 60 万元，在当时上述行政处罚均达到《政府采购法实施条例》规定的"重大违法记录"的认定标准，因此 T 财险福建分公司在近 3 年内存在重大违法记录，不应将其确定为中标候选人。但评审时仅对其作出扣分处理，使不满足法定资格条件的供应商成为中标候选人，导致中标无效。

需要说明的是，2022 年 1 月 5 日，《财政部关于〈中华人民共和国政府采购法实施条例〉第十九条第一款"较大数额罚款"具体使用问题的意见》（财库〔2022〕3 号）规定："《中华人民共和国政府采购法实施条例》第十九条第一款规定的'较大数额罚款'认定为 200 万元以上的罚款，法律、行政法规以及国务院有关部门明确规定相关领域'较大数额罚款'标准高于 200 万元的，从其规定。"根据该文件，自 2022 年 2 月 8 日起，对"较大数额罚款"的认定标准执行该规定。

2. 供应商参加政府采购时，对其重大违法记录负有主动如实披露义务

《政府采购法实施条例》第十七条规定供应商提供参加政府采购活动前三年内在经营活动中没有重大违法记录的书面声明；如有重大违法记录仍参加采购活动，应在投标文件中如实披露，否则构成提供虚假情况。根据《政府采购法》第七十七条、《政府采购法实施条例》第七十三条等规定，将受到采购金额千分之五以上千分之十以下的罚款，列入不良行为记录名单，在一至三年内禁止参加政府采购活动，有违法所得的，并处没收违法所得，情节严重的，由市场监督管理机关吊销营业执照等行政处罚，构成犯罪的还会被依法追究刑事责任。

本案例中，T财险福建分公司于投标文件中就中国保险监督管理委员会行政处罚决定书作出了声明，同时因其签收福建银保监局行政处罚决定书的时间为本次采购项目开标当天，客观上不可能在投标文件中进行披露，故其已经履行了对重大违法记录的如实披露义务，不构成提供虚假情况的违法行为。

3. 认定中标无效，但尚未签订合同的，应从合格的其他中标候选人中另行确定中标人，或重新采购

根据《政府采购法实施条例》第七十一条规定，违法行为影响或者可能影响中标、成交结果的，如已确定中标或者成交供应商但尚未签订政府采购合同的，中标或者成交结果无效，从合格的中标或者成交候选人中另行确定中标或者成交供应商；没有合格的中标或者成交候选人的，重新开展政府采购活动。

本案例中，中标人公示后尚未签订合同，行政监督机关根据投诉作出中标无效的决定后，由采购人在其他合格的中标候选人中依法确定本次采购项目的中标人，符合上述规定。

⚖ 启 示

（1）供应商应核实近三年内自身是否存在重大违法记录，确定是否参与采购，不得在投标文件中隐瞒重大违法记录，否则将承担法律责任。

（2）近三年内不存在重大违法记录是法定资格条件，评审时应严格按照《政府采购法实施条例》第十九条界定的标准进行审核，否决近三年内存在重大违法记录的供应商的投标，避免不符合法定资格条件的供应商中标而导致中标无效。

17 投标人有不良行为记录就必然不符合中标条件吗

⚖ 案 情

H市市政处对H市国道改建项目施工监理进行第三次招标，S工程建设咨询公司被确定为中标候选人。评标结果公示期间，H市住建委作出《关于H市工程质量治理两年行动第三次全市督查情况的通报》，对S工程建设咨询公司记不良行为记录一次，期限为

6个月。

随后，案涉项目进行了第四次招标，公示的中标候选人并非 S 工程建设咨询公司。S 工程建设咨询公司以"招标人 H 市市政处未告知该公司任何理由而取消该公司第三次中标资格，即进行第四次招标产生新的中标候选人"为由向 H 市公管局提起投诉，要求 H 市公管局责令招标人按项目第三次招标文件向该公司发出中标通知书。

H 市公管局作出《投诉处理决定》，认定 S 工程建设咨询公司因有不良行为记录，应由招标人按照相关法律法规处理。

S 工程建设咨询公司不服《投诉处理决定》提起行政诉讼，要求撤销该《投诉处理决定》。

法院认为：H 市公管局以 S 工程建设咨询公司作为中标候选人，在开标期间被 H 市住建委记不良行为记录一次，由此认为其存在《招标投标法实施条例》第五十五条规定的情形，并将此不良记录行为作为被查实存在不符合中标条件、影响中标结果的违法行为予以认定显然与法相悖。建设系统的不良行为记录是建设行政主管部门对相关建设系统单位年检和资质评审的主要依据，S 工程建设咨询公司在招投标活动中如果存在法律规定的不符合中标条件、影响中标结果的违法行为，H 市公管局应提供相应的事实及法律依据予以证明并依法允许相对人申辩，但 H 市公管局并未提交相应的依据，其处理决定不能成立。

综上，判决撤销 H 市公管局作出的《投诉处理决定书》。

分　析

1. 投标人被标记有不良行为记录，并不直接等同于该投标人存在影响中标结果的违法行为

本案争议焦点：投标人被标记有不良行为记录，是否直接等同于存在影响中标结果的违法行为而不符合中标条件？该争议焦点其实源于对《招标投标法实施条例》第五十五条规定中关于"投标人被确认为中标候选人后被发现不符合中标条件"内容的适用与理解。

《招标投标法实施条例》第五十五条规定，对国有资金占控股或者主导地位的依法必须进行招标的项目，若排名第一的中标候选人被查实存在影响中标结果的违法行为等情形，不符合中标条件的，招标人可以按照评标委员会提出的中标候选人名单排序依次确定其他中标候选人为中标人，也可以重新招标。

对前述规定予以分解，其适用要素包括以下几点：

第一点要素，投标人存在违法行为。应指有法律法规、规章、规范性文件（简称"法律"）确认投标人的某项行为构成违法行为。当然，这里的构成违法行为，并不意味着该违法行为必须被处以行政处罚。因此，在法律有明确规定的情况下，被标记为不良行为记录，或者纳入黑名单等，也是违法行为成立的一种表现。

第二点要素，该违法行为被查证属实。应注意区分行政程序中有权确认违法行为成立的主体和招标投标程序中有权确认是否符合中标条件的主体。因此，该点中的"查

实"应包括两方面：其一是违法行为应被法律规定的查处机关确认成立；其二是前述违法行为被确认成立的事实，在招标投标过程中，被评标委员会或招投标监督部门机关确认属实。

第三点要素"该违法行为影响中标结果"与第四点要素"该违法行为对中标结果的影响表现为使得中标人不符合中标条件"需要结合来看，也就是说被查证属实的违法行为，应当以一定形式被确立为投标人的负面中标条件，即只要该行为存在，投标人就失去中标资格。

从投标人的资格要件来看，《招标投标法》第十八条明确了意定条件和法定条件两类。意定条件系指允许招标人可以根据招标项目本身的需要，自行要求投标人提供有关资质证明文件以进行资格审查。法定条件则是指国家对投标人的资格条件有规定的，依照其规定。因此，在意定条件层面，结合《招标投标法实施条例》第三十二条的规定可知，只要与招标项目的具体特点和实际需要相适应或者与合同履行有关，招标人即可将"投标人不得存在某项违法行为"设置为资格条件。显而易见，这样的资格条件其实若转换一种说法，就是投标人的负面中标条件。而在法定条件层面，只要法律法规、规章、规范性文件明确规定投标人存在某种违法行为时即失去参加招投标活动的资格，则该违法行为成立的事实也将直接成为投标人的负面中标条件。

综上，基于前述 4 点要素的分析，《招标投标法实施条例》第五十五条中关于"投标人被确认为中标候选人后被发现不符合中标条件"的内容应指：在法律规定投标人存在某种违法行为时将失去投标资格，或者法律虽仅规定投标人的某项行为属于违法行为，但招标文件中明确将投标人不存在该项违法行为列为投标人的资格要件或实质性响应要求的情况下，投标人被确认为中标候选人后，被发现其确实存在前述违法行为。

结合本案来看，虽然 S 工程建设咨询公司被 H 市住建委以通报的形式记不良行为记录一次，但无论是该通报所依据的法律规定还是该通报自身的内容，均未认为 S 工程建设咨询公司在被记不良行为记录后即失去了案涉项目的投标资格。同时，案涉项目的招标文件中，亦未将"投标人不得存在 H 市住建委的不良行为记录"列为投标人应具备的资格要件或实质性响应要求，因此，案涉 S 工程建设咨询公司的情况并不满足前述第 3 点及第 4 点要素，不应适用《招标投标法实施条例》第五十五条的规定。而这也正是法院认为 H 市公管局作出的《投诉处理决定》认定事实不清，应予撤销的原因。

2. **本案情况下的后续处理方式分析**

分析本案情况下的投标人有以下几种救济手段：

（1）S 工程建设咨询公司应有权以招标人 H 市市政处"在评标委员会依法推荐的中标候选人以外确定中标人"或"不按照规定确定中标人"为由提起投诉或举报。

《招标投标法》第五十七条规定，招标人在评标委员会依法推荐的中标候选人以外确定中标人的，中标无效，责令改正，并可处罚款。《招标投标法实施条例》第七十三条第二项也有类似规定。

本案例中，招标人 H 市市政处在案涉项目第三次招投标活动中已经确认 S 工程建设咨询公司为中标候选人的情况下，错误认为该公司不符合中标条件而重新进行了第四次招投标活动并确定了该公司以外的其他中标候选人，属于宽泛意义上的"在评标委员会依法推荐的中标候选人以外确定中标人"或"不按照规定确定中标人"。为保障在先的中标候选人的合法权益，应当允许在先中标候选人对此提起投诉或举报。

（2）S 工程建设咨询公司系案涉项目第四次招投标活动的利害关系人，亦应有权对实质导致其中标资格丧失的第四次招投标活动的整个过程及中标结果进行投诉及举报。

根据《招标投标法实施条例》第六十条及《工程建设项目招标投标活动投诉处理办法》第三条第一款的规定，投标人或其他利害关系人认为招投标活动不符合法律、法规和规章规定时，有权进行投诉。

本案例中，虽然 S 工程建设咨询公司未实际参与第四次招投标活动，但是在招标人并未对其中标资格已丧失作出相应决定或通知的情况下，因为第四次招投标活动的存在，其中标候选人及中标人的资格已实质被否定。因此，若此时不予认可 S 工程建设咨询公司针对第四次招投标活动的投诉或举报权利，等于实质阻却了该公司的维权渠道，亦在一定程度上默许了招标人可以随时通过重新招标的方法更换已确定的中标候选人或中标人。

据此，S 工程建设咨询公司属于第四次招投标活动的利害关系人，应有权对导致其实质失去中标资格的第四次招投标活动的整个过程和中标结果进行投诉或举报。

（3）在错误否定 S 工程建设咨询公司中标资格的情况下，招标人 H 市市政处应对第四次招投标活动的中标候选人承担相应的赔偿责任。

相比于一般情况下的招投标活动违法行为，本案具有明显的特殊性，即虽然招标人 H 市市政处错误否定了 S 工程建设咨询公司的中标资格并错误开展了第四次招投标活动，但是第四次招投标活动本身的过程却并不存在违法性，第四次招投标活动的中标候选人或中标人亦不存在过错，反而可能因为第四次招投标启动的违法而面临该次招投标活动及其中标资格均被确认无效的情况。

因此，基于招投标效率的考量，在第四次招投标活动的中标人尚未与中标人签订合同并实际履行的情况下，S 工程建设咨询公司的中标资格应当恢复，第四次招投标活动应参照《招标投标法实施条例》第八十一条规定确认无效，同时应参照《招标投标法实施条例》第七十三条规定，由招标人对第四次招投标活动的各投标人按照其实际损失予以赔偿。

⚖ 启　示

（1）供应商有不良行为记录并非必然导致其丧失投标资格，只有招标人在招标文件中明确将其作为投标人资格的否决性条件时，才可以据此否定具有不良行为记录的供应商的投标资格。

（2）招标人终止招标后重新组织招标活动的，应先公告通知投标人后再启动新的招标程序。

18 特定荣誉能否作为加分项

案　情

ZJ 物业管理有限公司参加了某医院后勤社会化购买服务项目投标，认为招标文件中以特定荣誉作为评分项目属于以不合理条件限制、排斥潜在投标人的情况，特向某医院、交易中心（招标代理机构）提出质疑。

交易中心就 ZJ 物业管理有限公司对评分项目的质疑进行了审查，将原公告中关于安保、消防荣誉评分项目进行了调整变更，并针对更改后的评分项目组织了专家论证，专家一致认为该事项未违反有关法律规定，不构成差别或歧视待遇。交易中心根据上述审查结果，发布了澄清变更公告，并向 ZJ 物业管理有限公司作出质疑回复函。

ZJ 物业管理有限公司认为澄清变更后的招标文件依然存在以不合理条件限制、排斥潜在投标人的情形，向 H 区财政局投诉。H 区财政局作出了驳回 ZJ 物业管理有限公司投诉的处理决定书。ZJ 物业管理有限公司遂将 H 区财政局诉至法院。其诉称，澄清变更后的招标文件依旧存在不合理限制潜在投标人的违法情形，具体为：本项目评标标准 2.1.4 之安保、消防荣誉："1. 投标人或投标人正在服务的项目获得市级或以上公安部门颁发的'先进保安组织奖'得 4 分。2. 投标人获得县区级或以上消防安全委员会'消防安全工作优秀'表彰荣誉证书得 4 分；无则不得分。提供一个证书得 4 分，满分得 8 分；无则不得分。"ZJ 物业管理有限公司认为上述评分项目属于以不合理条件限制潜在投标人，具有明显倾向性或歧视性，对 ZJ 物业管理有限公司或其他潜在供应商合法权益造成或可能造成损害。

法院经审理认为，某医院担负着保护医务工作人员及病人人身安全及财产安全的义务，根据其自身需求和特点，在招标文件中将"先进保安组织奖"以及"消防安全工作优秀奖"作为加分项，不违反相关法律规定。H 区财政局认定该评分项不构成以不合理条件对供应商实行差别或歧视待遇，事实清楚、证据充分。法院判决驳回 ZJ 物业管理有限公司的诉讼请求。

分　析

1. 招标人不得以不合理条件限制、排斥潜在投标人

《政府采购法》第二十二条第二款规定："采购人可以根据采购项目的特殊要求，规定供应商的特定条件，但不得以不合理的条件对供应商实行差别待遇或者歧视待遇。"根据上述规定可知，招标人应本着公平原则，根据客观需求编制招标文件，不得设置不合理的条件限制潜在投标人，或具有明显倾向性或歧视性的条款。《政府采购法实施条例》第二十条规定："采购人或者采购代理机构有下列情形之一的，属于以不合理的条件对供应商实行差别待遇或者歧视待遇：（一）就同一采购项目向供应商提供有差别的项目信

息；（二）设定的资格、技术、商务条件与采购项目的具体特点和实际需要不相适应或者与合同履行无关；（三）采购需求中的技术、服务等要求指向特定供应商、特定产品；（四）以特定行政区域或者特定行业的业绩、奖项作为加分条件或者中标、成交条件；（五）对供应商采取不同的资格审查或者评审标准；（六）限定或者指定特定的专利、商标、品牌或者供应商；（七）非法限定供应商的所有制形式、组织形式或者所在地；（八）以其他不合理条件限制或者排斥潜在供应商。"

2. 以特定荣誉作为加分项，是否属于不合理限制潜在投标人的行为

如上所述，"以特定行政区域或者特定行业的业绩、奖项作为加分条件或者中标、成交条件"构成"以不合理的条件对供应商实行差别待遇或者歧视待遇"的违法行为。那么，本案例中，医院将"先进保安组织奖""消防安全工作优秀奖"作为加分项，是否属于前述法条所列举的违法行为？

根据《政府采购法》第二十二条第二款规定，采购人可以根据采购项目的技术管理特点和客观需要，对供应商提出特定要求或条件作为评审加分标准，但不得以不合理的条件对供应商实行差别待遇或者歧视待遇。"供应商的特定条件"合法、合理与否，需要考察设定的该条件是否为实施该项目所必需，也就是采购项目是否确实需要此"特殊要求"，是否根据自身需求和特点设置该"特定条件"。

本案例中，经查，招标人并未将"先进保安组织奖"及"消防安全工作优秀奖"设置为★不可偏离项作为实质性条款，未获奖单位依旧可以参与招标，不会因此被判定投标无效。此外，招标人并未限制"先进保安组织奖"及"消防安全工作优秀奖"为特定区域内的奖项，而仅要求市级以上或县级以上单位颁发的即可加分。经调查显示，全国范围内存在多家物业管理类公司获得过公安部门颁发的保安（或安保）方面的先进类或优秀类奖项，或者获得过消防安全委员会颁发的消防安全方面的先进类或优秀类奖项，具有充分的竞争性。更为重要的是，正如本案法院所述，医院担负着保护医务工作人员及病人人身安全及财产安全的重要义务，人员密集、安全性要求高，根据其自身需求和特点，在招标文件中将"先进保安组织奖""消防安全工作优秀奖"作为加分项，体现同等条件下采购履约稳定、信誉优秀的供应商的采购目的，该特定条件符合项目特点和客观需求，符合政府采购相关法律规定。

综上，本案例中设置"先进保安组织奖""消防安全工作优秀奖"为加分项，属于招标人根据采购项目的特点和客观需要，对供应商提出的必要的评审加分标准，不属于"以不合理的条件对供应商实行差别待遇或者歧视待遇"的情形。

⚖ 启 示

招标文件应当根据招标项目的需求和特点进行编制。在设置投标人资格条件、业绩要求、商务条件或技术参数、资质时，应当合理设置门槛，不得加重或者有倾向性地设置资格条件，不得提出与招标项目需求不相关、不合理的附加条件，确保能够满足项目基本需求的供应商都能公平地参与项目竞争，维护公平竞争的市场环境。

19　外地投标人的资格条件能否高于本地投标人

案　情

某县体育中心发布的某县体育场膜结构整修工程项目招标文件规定：投标人须具备有效的不低于三级钢结构工程专业承包资质和《施工企业安全生产许可证》；投标人为省外建筑施工企业的，须具备住建部核准的资质，并注明这是指"截标时该资质的核准权限在住建部且各省级住建部门无核准权限"。

某膜结构公司参加投标，提供了上海市住房和城乡建设管理委员会核发的建筑装修装饰工程专业承包二级、钢结构工程专业承包三级资质证书。评标结束，本项目招标代理机构公示评标结果，确定包括某膜结构公司、A建设公司、B建设公司三家企业分别作为第一、二、三中标候选人。

评标结果公示期间，第二中标候选人A建设公司以某膜结构公司三级钢结构施工资质发证机关是上海市住房和城乡建设管理委员会而不是国家住建部为由，对某膜结构公司的投标资格提出书面质疑。某县体育中心核实后发出通知：某膜结构公司为省外建筑施工企业，不具备国家住建部核准的资质，不符合招标文件中的要求，故取消其第一中标候选人资格。之后某县体育中心确定A建设公司为工程中标单位并发出中标通知书。

某膜结构公司与某县体育中心交涉无果后，向法院起诉，主张某县体育中心实行歧视待遇，强制要求其提供不可能存在的资质证书，并要求某县体育中心赔偿其缔约不成造成的中标后可实现利润及参加投标的差旅费等各项经济损失。

法院认为，《招标投标法》明确规定，"招标投标活动应当遵循公开、公平、公正和诚实信用原则"，"依法必须进行招标的项目，其招标和投标活动不受地区限制，任何单位和个人不得违法限制或者排斥本地区、本系统以外的法人和其他组织参加投标，不得以任何方式非法干涉招标投标活动。"本案所涉的工程为关系社会公共利益、公共安全的项目，必须公开招标，招标活动必须符合法律规定。而案涉招标文件要求"投标人须具备有效的不低于三级钢结构工程专业承包资质和《施工企业安全生产许可证》；投标人为省外建筑施工企业的，须具备住建部核准的资质"，违反法律规定。某膜结构公司的起诉理由予以采纳，某县体育中心依法应当承担赔偿责任；但是某膜结构公司没有提供任何证据证明其可得利益损失，主张参照税金确定亦没有依据，故不能予以支持。综上，法院判决：某县体育中心应赔偿某膜结构公司损失4278.5元；驳回某膜结构公司其他诉讼请求。

分　析

1. 对本地和外地投标人设置不同的资格审查标准违反法律规定

《招标投标法实施条例》第三十二条明确规定，对潜在投标人或者投标人采取不同的资格审查或者评标标准属于不合理的限制、排斥投标的条件。《公平竞争审查制度实施细则》也规定对外地经营者设定明显高于本地经营者的资质要求或者评审标准，构成排斥或者限制外地经营者参加本地招标投标活动的违法行为。本案例中，招标文件对投标人资质的最低要求为三级钢结构工程专业承包资质，根据《建筑业企业资质管理规定》，该资质由企业工商注册所在地设区的市人民政府住房城乡建设主管部门许可；但本案招标人对省外建筑企业要求具备住建部核准的资质，而住建部只许可下列建筑业企业资质：一是施工总承包资质序列特级资质、一级资质及铁路工程施工总承包二级资质；二是专业承包资质序列公路、水运、水利、铁路、民航方面的专业承包一级资质及铁路、民航方面的专业承包二级资质；涉及多个专业的专业承包一级资质。因此，招标文件实际上要求省外企业具有高于本地企业的资质，违反了上述法律规定，构成资质审查标准不同的歧视性条款。

2. 对存在歧视性规定的招标文件，投标人可在规定时间内提出质疑或异议

政府采购、招标投标相关法律法规均规定了投标人对招标文件侵犯其合法权益的维权救济途径。如《政府采购法》第五十二条规定，供应商认为采购文件、采购过程和中标、成交结果使自己的权益受到损害的，可以在知道或者应知其权益受到损害之日起七个工作日内，以书面形式向采购人提出质疑；《政府采购法实施条例》第五十三条规定，对可以质疑的采购文件提出质疑的，供应商应知其权益受到损害之日是指收到采购文件之日或者采购文件公告期限届满之日。《招标投标法实施条例》第二十二条规定，潜在投标人或者其他利害关系人对招标文件有异议的，应当在投标截止时间 10 日前提出。招标人应当自收到异议之日起 3 日内作出答复；作出答复前，应当暂停招标投标活动。招标文件存在歧视、排斥潜在投标人的情况，就是提出质疑或异议的主要事由。根据《政府采购法》第四条规定，本案所涉项目属于政府采购工程进行招标投标，适用《招标投标法》。某膜结构公司的最佳做法是在《招标投标法实施条例》第二十二条规定时间内向招标人提出异议，如招标人拒不纠正的还可以提起投诉，要求删除招标文件中的歧视性规定，避免后期出现争议。

⚖ 启 示

（1）招标文件对所有投标人应当一视同仁，不得设定歧视性资格条件，不得因投标人的注册地、所有制形式、组织形式等不同实行不同的审查标准。

（2）供应商应注意招标采购文件中是否存在歧视性规定，如有应在法律规定时间内提出质疑或异议，促使招标人删除或修改，避免评审阶段按照歧视性规定进行评审，影响评标结果的公平、公正。

20 违背政府采购政策采购外国产品构成歧视待遇

⚒ 案 情

某县政府采购中心对高频 X 线摄片机设备政府采购项目组织招标。A 公司、B 公

司等四家企业参与投标，招标文件中有"欧美一线品牌""近2年最新机型"等具体要求。

B公司中标后，A公司以B公司投标设备为国产品牌，不属于招标文件所要求的"欧美一线品牌"为由提出质疑。后县政府采购中心经复评，对此次投标作流标处置。B公司遂向县财政局投诉。县财政局经审查后作出投诉处理决定，认定招标文件中设定产品为欧美品牌，且作为实质性条款加以限制，具有明显歧视性。根据《政府采购质疑和投诉办法》第三十一条之规定，决定确认案涉的政府采购活动违法、责令重新开展采购活动。

B公司不服诉至法院，认为参加本次项目的合格供应商共有四家，但他们均未对"欧美一线品牌"的要求提出异议，表明竞争充分且公平，不存在县财政局所认为的具有明显歧视供应商的情形。且根据《政府采购法》第二十二条第二款规定"采购人可以根据采购项目的特殊要求，规定供应商的特定条件，但不得以不合理的条件对供应商实行差别待遇或者歧视待遇"，本案中招标文件中规定的"欧美一线品牌"可以认为是采购人对供应商提出的特定条件，而不是县财政局认定的所谓歧视性条款，请求法院依法撤销县财政局作出的投诉处理决定。

法院经审理驳回B公司全部诉讼请求。理由是：本案政府采购中心发布的招标文件中《货物需求一览表及技术规格》设定了"欧美一线品牌""近2年最新机型"等条件，应认定为歧视性条款，本次政府采购违反了公平竞争原则。县财政局作为政府采购的监督管理部门，依法履行对政府采购活动的监管职责，有权受理投诉、作出处理决定，其在本案中作出的处理决定事实认定清楚、程序合法、法律适用正确。

分 析

1. 是否构成歧视待遇

《政府采购法》第三条规定，政府采购应当遵循公开透明原则、公平竞争原则、公正原则和诚实信用原则。公平竞争是指给予每一个有兴趣参加竞争的供应商平等公正的机会，让他们享有同等的权利并履行相应的义务，不得歧视任何一方。因此采购人发布的招标文件对所有供应商应当平等对待，不得带有明显的歧视性或倾向性。《政府采购法实施条例》第二十条就此专门规定："采购人或者采购代理机构有下列情形之一的，属于以不合理的条件对供应商实行差别待遇或者歧视待遇：（一）就同一采购项目向供应商提供有差别的项目信息；（二）设定的资格、技术、商务条件与采购项目的具体特点和实际需要不相适应或者与合同履行无关；（三）采购需求中的技术、服务等要求指向特定供应商、特定产品；（四）以特定行政区域或者特定行业的业绩、奖项作为加分条件或者中标、成交条件；（五）对供应商采取不同的资格审查或者评审标准；（六）限定或者指定特定的专利、商标、品牌或者供应商；（七）非法限定供应商的所有制形式、组织形式或者所在地；（八）以其他不合理条件限制或者排斥潜在供应商。"

本案招标文件中《货物需求一览表及技术规格》设定的"欧美一线品牌""近2年最

新机型"等具体要求是否属于歧视性条款，是判断招标活动是否违反了公平竞争原则的重要前提。

B公司认为，A公司仅以B公司投标设备为国产品牌、不属于招标文件所要求的"欧美一线品牌"提出投诉，而就"欧美一线品牌""近2年最新机型"等具体要求而言，包括A公司在内参加投标的四家供应商均未提出异议，且这是采购人根据《政府采购法》第二十二条第二款的规定可以对供应商规定的特定条件，对参加投标的供应商一视同仁，不存在歧视。

笔者不认同B公司的观点。对歧视待遇的审查认定需要把握以下两点：首先看采购项目是否存在特殊要求，需要规定特定条件；其次看在同一条件下，招标文件是否设定不合理条件排除适格供应商。本案政府采购产品的招标文件中将品牌条件限定为"欧美一线品牌"，且并无证据证实该品牌限定属于高频X线摄片机设备采购项目的特殊要求或特定条件。再者，通过公告发布的招标文件系向不特定的社会对象公示，其受众并不仅仅针对已经投标的四家供应商，对品牌条件的限定事实上已经排斥了非欧美品牌产品供应商参加投标，未平等地给予所有潜在供应商公平竞争的机会，显然有失公允。鉴于采购文件本身存在明显倾向性和歧视性问题，可能对潜在供应商合法权益造成损害，影响中标结果且采购活动尚未完成，县财政局根据《政府采购法》第七十一条、第七十三条之规定，"确认采购活动违法、责令政府采购中心重新开展采购活动"适用法律正确。

2. 是否违背采购本国货物的政府采购政策

政府采购项目必须执行优先采购国货等政府采购政策。根据《政府采购法》第十条规定，除需要采购的货物、工程或者服务在中国境内无法获取或者无法以合理的商业条件获取，或为在中国境外使用而进行采购的，或其他法律、行政法规另有规定这三种特定情形外，政府采购应当优先采购本国货物、工程和服务。对于采购本国货物的审查，重点在于政府采购是否存在特定例外情形需要采购国外产品，在确定采购本国产品无法获取或者无法以合理的商业条件获取，或为在中国境外使用而进行采购的，即采购国货不具有操作性之后，再考虑应否采购国外产品。案涉招标文件中载明"本项目不允许进口产品的报价"，可以判断此次政府采购中并不存在三种例外情形，应采购本国货物，但其招标文件中对产品须为"欧美一线品牌"的限定显然又不符合这一规定。

⚖ 启 示

（1）除《政府采购法》规定的可进行国际采购的三种特定情形外，政府采购应当优先采购本国货物、工程和服务。确需采购进口产品的，需向财政部门申请核准同意后，才可以开展政府采购活动。

（2）采购人可以根据采购项目的特殊要求，规定供应商的特定条件，但不得以不合理的条件对供应商实行差别待遇或者歧视待遇，招标文件不能设定不合理条件排除潜在的供应商，应给予各供应商平等公正的竞争机会。

21 不属于法定概念的"业绩承继"能否适用

招标人 L 交通建设开发公司与招标代理人 Z 工程项目管理公司共同在省公共资源交易中心电子招投标交易平台发布了某国道公路改建工程施工项目的招标公告及招标文件，招标文件规定了业绩的资格审查标准和要求：①类似业绩应为"自 2013 年 7 月 1 日（以实际交工日期为准）以来，按一个标段成功完成过一级及以上新建（或改建）公路工程的施工，完成过一座隧道单洞长度不小于 500 米（含）的二级及以上公路隧道的施工"；②类似业绩资料中的施工单位名称必须与投标人名称一致（施工单位名称发生合法变更的除外，但需提供合法变更的有效文件），否则业绩不予认可。

Y 建设公司被评定为中标候选人，该公司提交的材料中，作为类似项目业绩的为"某省道延伸线工程第 1 标段"，该业绩《中标通知书》中的中标人和《合同协议书》中的承包人均为"S 集团有限公司"。

投标人 Z 路桥工程公司提交《举报信》。省发展改革委作出举报处理意见，认为案涉项目评标委员会"不按照招标文件规定的评标标准和方法评标"，责令其改正。评标委员会复评认为，所有投标人投标文件超过投标有效期、Y 建设公司投标业绩不满足招标文件要求，否决所有投标，没有产生中标候选人。L 交通建设开发公司据此公示复评结果：本项目否决所有投标人投标。

Y 建设公司不服上述结果，提起投诉。省发展改革委作出《投诉事项处理意见》，以"Y 建设公司与 S 集团有限公司并非同一法人，不满足招标文件'按一个标段成功完成过'的要求；案涉业绩'某省道延伸线工程第 1 标段'施工单位由 S 集团有限公司变更为 Y 建设公司并非单位名称变更；Y 建设公司投标文件未提供其合法变更或重组的有效证明文件"为由，认定 Y 建设公司的投诉缺乏事实与法律依据，并据此驳回投诉。

Y 建设公司不服提起诉讼。法院认为：

首先，Y 建设公司关于"复评程序上不合法"的主张不能成立。程序方面，该复评系评标委员会根据省发展改革委作出的举报处理意见（责令评标委员会改正）而进行的复评。虽然 Y 建设公司之前已就举报处理意见提起行政诉讼，但行政处理意见在未被撤销之前均具有效力，评标委员会据此进行复评并不违法。

其次，Y 建设公司关于"复评实体上认定错误"的主张不能成立。实体方面，《招标投标法》第四十条规定："评标委员会应当按照招标文件确定的评标标准和方法，对投标文件进行评审和比较。"根据本案招标文件，投标人提供的类似项目业绩的中标通知书、合同协议书中的施工单位名称必须与投标人名称一致（施工单位名称发生合法变更的除外，但需提供合法变更的有效文件），否则业绩不予认可；投标人提供的任一项类似项目《主要业绩信息一览表》与投标文件所附的业绩证明材料不一致的，资格审查不予通过。

而 Y 建设公司提交的类似项目业绩证明材料中，《中标通知书》中的中标人（施工单位）和《合同协议书》中的承包人（施工单位）均为 S 集团有限公司而非 Y 建设公司。S 集团有限公司与 Y 建设公司是不同的法人，不是名称变更关系，并不属于招标文件中"施工单位名称发生合法变更的除外"的情形。因此，Y 建设公司提供的类似项目业绩不符合招标文件要求。Y 建设公司主张其承继 S 集团有限公司业绩等，不能改变本案处理结果，本案的招标文件规定非常明确，只有"施工单位名称发生合法变更的"这一除外情形，无需讨论业绩是否承继问题。

综上，省发展改革委作出《投诉事项处理意见》，认为评标委员会复评实体认定正确，并无不当。法院判决驳回 Y 建设公司的诉讼请求。

分　析

1. "类似业绩"原则上应指投标人以自身名义实施或完成的业绩

《招标投标法》第十八条规定，招标人可以根据招标项目本身的要求，在招标公告或者投标邀请书中，要求潜在投标人提供有关资质证明文件和业绩情况，并对潜在投标人进行资格审查。该条规定，一方面确定了在建设工程项目招投标中，类似业绩情况可以作为资格条件，另一方面也侧面体现了类似业绩情况的作用和目的，即通过展示投标人曾经从事或完成过类似项目或活动的事实，进而向招标人证明，投标人具有满足招标项目本身要求的能力和经验。

由此可见，虽然法条未直接限定类似业绩的实施主体，但是从立法目的和制度效果来看，无论是购买货物、服务的政府采购，还是进行工程建设的招标投标，供应商或投标人所提供的类似业绩原则上都应为其以自身名义实施或完成的业绩。

2. 一般理解下的"业绩承继"适用于业绩实施人与投标人非同一法律主体的情形

首先需要明确的是，招投标中的"业绩承继"并非一个法定概念。无论是在《招标投标法》还是《政府采购法》中，均没有"业绩承继"这个概念，亦没有涉及"业绩承继"认定标准和适用范围的规定。因此，对"业绩承继"的理解一般依托于对"承继"概念的理解。

"承继"一词，从文义看，有承受继续之意，常指一个对象直接使用另一对象的属性和方法，与"继承"的含义极为接近。因此，在法律概念中，"承继"往往与"继承"混用，其适用对象一般指向债权债务等权利义务关系，即后一主体对前一主体的包括债权债务关系等在内的权利义务予以承受继续。

根据上述理解可见，发生权利义务的"承继"或"继承"时，作为权利义务关系载体的主体已经发生了变更，即"承继人"与"被承继人"应系两个相互独立的不同主体。在建设工程项目的招标投标活动中，"业绩承继"一般发生于业绩实施人（施工人/设计人/监理人等）与投标人非同一法律主体的情形。

3. 在主体延续仅名称变更的情况下，业绩实施人与投标人名称上的差异不构成"业绩承继"

如前所述，非同一法律主体之间方可构成"业绩承继"关系，因此，在业绩实施人与投标人实际仍系同一主体（同一法人或自然人），而仅是名称发生变化的情况下，以变更前的名称（业绩实施人名称）实施或完成的业绩，仍属于变更名称后的投标人的业绩，而不构成"业绩承继"。

在立法及实务中，主体延续仅名称发生变更的情况主要有以下两种：一是单纯主体名称的变更，如自然人姓名的变更，法人字号的变更等；二是主体因身份属性的变化导致主体名称的变更，如公司性质由有限责任公司变为股份有限公司而导致的公司名称变化。

4. 特殊情况下需要适用"业绩承继"时，需要有招标文件的明确规定

综上论述，"类似业绩"原则上不应包括"业绩承继"的情形。但是，也恰恰因为没有法律明确的限制性规定，所以基于项目的特殊要求，招标人也并非不可以对类似业绩进行扩张性解释，而将"业绩承继"纳入类似业绩的范畴。但此时，招标人应当在招标文件中，明确说明"业绩承继"能否适用并详细记载"业绩承继"的认定标准。

对此，《浙江省公路工程施工招标文件范本》给我们提供了参考。在该范本2021年的修订版中，已经在"评标办法2.1.2资格审查标准"中，将2020年4月30日修订时刚刚加入的"施工单位业绩发生合法承继的，需提供业绩合法承继的有效证明，相关业绩信息在浙江省交通运输厅建设市场诚信信息系统完成公开的可认定为合法承继"内容删除，其删除理由为："由于目前无任何法律法规规章对'业绩承继'作出界定，范本中不再直接允许使用继承业绩。如招标人同意认可继承业绩的，应自行说明认定标准和证明材料要求。"

启　示

招标人应当在招标文件中明确"业绩承继"及"业绩承继"的认定标准。因为"业绩承继"可能引发的诸如竞争效果下降、能力证明缩水等负面影响，在适用"业绩承继"时应当严格遵守三个要求：其一，招标项目必须存在特殊要求；其二，业绩的承继主体与被承继主体之间应当存在能力上的延续性；其三，不得构成"以不合理的条件限制或者排斥潜在投标人"或"对潜在投标人实行歧视待遇"。

22　投标人"类似项目业绩"如何认定

案　情

某县教育体育局作为招标人，对某县高级中学整体搬迁异地新建工程进行招标，投资额为6298.6361万元。该工程的招标文件第一章"投标人须知"载明招标工程特征为房屋建筑工程；投标人资格条件要求为近三年类似业绩不少于1个，类似项目指合同金额及结构类似；对《标准施工招标文件》不加修改地引用；招标人自行编写的内容由招标人（招标代理机构）解释；对招标人自行编写的内容理解有争议的，由备案的行政监督部门按照招标文件所使用的词句、招标文件的有关条款、招标目的、习惯以及诚实信用原则，确定该条款的真实意思；有两种以上解释的，作出不利于招标人一方的解释。

经评标，本项目确定 A 公司、B 公司、C 公司分别为排名第一、第二、第三的中标候选人。中标候选人公示后，投标人 D 公司对该评标结果提出异议，在招标人作出答复后，又向某县住建局进行投诉。投诉称：A 公司投标文件中近年完成的类似业绩是市政道路工程，合同金额仅有 200 多万元，而招标项目是房屋建筑工程，建设投资额是 6000 多万元，根据招标文件投标人须知前附表的要求，该公司不满足该招标文件中类似业绩的要求，应按投标无效处理。公示的第二名 B 公司的投标文件中企业业绩合同金额仅有 100 多万元，与招标项目投资金额 6000 多万元有天壤之别，不符合招标文件中类似业绩要求的规定，应按投标无效处理。公示的第三名 C 公司近年来完成的类似业绩在投标文件中没有中标通知书和工程竣工验收证书，不响应招标文件类似业绩项目情况表的格式要求，投标文件中业绩合同金额仅有 200 多万元，不能满足招标文件中合同金额类似的项目要求，应按投标无效处理。某县住建局受理后，依据五位评委重新评定结果作出招标投标投诉处理决定书，对 D 公司投诉不予支持，D 公司不服提起行政诉讼。

法院认为，本案中争议焦点是对投标人类似项目业绩的认定问题。招标人在招标文件中设置该投标条件，其目的应为考查投标人是否具有与本招标项目相应的施工能力和经验，因此，应主要根据此目的来理解该招标文件中类似项目业绩的真实意思。招标文件投标人须知前附表规定类似项目是指合同金额及结构相似，也即投标人提交的类似项目业绩工程合同金额与本招标项目相近，工程结构与本招标项目相近。招标文件对业绩合同金额虽未明确是单位工程的合同金额或者是群体工程的合同金额，也没有明确上下限额，但不能理解为无论业绩项目合同金额多少均认定为类似业绩，这样理解就与招标人在招标文件中设置该要求的目的相违背。根据招标文件投标人须知前附表规定，招标人自行编写的内容由招标人（招标代理机构）解释，有争议的，由备案的行政监督部门来确定该条款的真实意思。而被告在受理本案原告投诉后，未向招标人（招标代理机构）调查招标人对争议条款的解释，也未自己确定该条款的真实意思，仅仅依据评标委员会五位原评委的解释和重新评定结果即对原告投诉作出处理，明显不当。综上所述，被告处理原告投诉过程中没有对原告投诉事项进行全面调查，其作出的处理决定主要证据不足，应依法予以撤销。判决如下：一、撤销被告某县住建局对原告 D 公司投诉作出的招标投标投诉处理决定书。二、责令被告某县住建局对原告 D 公司的投诉重新作出处理决定。三、驳回原告的其他诉讼请求。

分　析

本案例中，招标文件明确要求投标人提供合同金额及结构与本招标项目类似的业绩，该招标项目是房屋建筑工程,建设投资额是 6000 多万元,而三名中标候选人中有的提供的是市政道路工程业绩,与"房屋建筑工程"的结构显然不具有可比性;提供的业绩仅为 100 多万元或 200 多万元,与建设投资额也相去甚远,引发了其他投标人对"类似业绩"界定的质疑。

招标文件使用"类似业绩"的表述确实具有一定的含糊性,虽然招标文件后续解释"类似"为"合同金额及结构类似",但依旧缺乏定量的客观描述,引发投标人的争议在所难免,需要对其含义进行明确解释,规定具体量化的判定标准。在各方就此认识不一致时,其不应超出对相应条款的通常理解范畴进行解释。

在本案例中,D 公司投诉内容的核心为对"类似业绩"的解释认定问题。招标文件规定:"招标人自行编写的内容由招标人(招标代理机构)解释;对招标人自行编写的内容理解有争议的,由备案的行政监督部门按照招标文件所使用的词句、招标文件的有关条款、招标目的、习惯以及诚实信用原则,确定该条款的真实意思;有两种以上解释的,作出不利于招标人一方的解释。"因此,被告某县住建局应征求招标人的解释作为参考,若投标人之间或招标人与投标人之间对内容理解不一的,某住建局作为行政监督部门应结合招标人解释、招标文件表述和相关法律规定,并根据招标目的与行业习惯作出符合通常理解的解释。而被告既未询问招标人解释,又未自己对招标文件作出解释,违反了招标文件的相应规定。同时,就其处理结果而言,本案中三位中标候选人提供的业绩均为百万元级业绩,招标项目六千多万元的建设投资额是其数十倍之多;并且其中 A 公司的业绩为市政道路工程,而招标项目是房屋建筑工程,根据《建筑业企业资质标准》二者对应的建筑业企业资质等级标准分属不同类别,已超出对"类似"的通常理解,亦不符合招标文件旨在通过类似业绩判断投标人资质能力的目的,被告维持原评定结果的结论缺乏合理理由。因此被告作出的招标投标投诉处理决定书明显不当,构成了《行政诉讼法》第七十条规定的行政行为应予撤销的情形。

启 示

(1)招标文件是评标委员会评审和投标人编制投标文件的依据,应当客观、翔实、合法,对投标人的资质、业绩等实质性要求条款不宜使用"类似"等模糊易引发理解争议的表述,而是应尽量兼具定性描述与定量描述。以本案为例,招标文件应对"类似业绩"条款明确要求投标人的业绩性质与金额数目,有利于投标人准确把握、评标委员会准确评标。

(2)若招标文件中使用了"类似"等含义不清的表述,作为投标人应及时请求招标人对该表述含义进行澄清解释。若招标人在投标截止时间前未对相应表述进行澄清、修改,则评标委员会、受理投诉的行政机关等相关主体应结合招标目的与行业通常理解对相应表述进行理解适用,既不可无条件地扩大解释,亦应注意对其理解不应构成法律上的不合理限制。

23　招标人不能擅自终止招标

案　情

A 公司就某大厦 1—3 层租赁公开招标，招标文件规定根据投标人的有效报价进行评标，在不低于招标底价的前提下，报价最高者中标，经公司批准后为中标人，招标人将在 30 个工作日内签订租赁合同；对于本次招标现场宣布的拟中标人，招标人有权在招标活动结束后、发布正式中标通知书前，根据内部最终评审意见，取消其拟中标资格并不作任何解释。由于 B 公司出价最高，按照招标文件规定，经评标并当场宣布 B 公司为第一中标候选人。原定开标后 30 个工作日内与中标人签订租赁合同，但 A 公司在没有书面告知 B 公司情况下，在当地日报刊登公告称，经研究决定本招标项目按废标处理。B 公司向 A 公司发出律师函要求按照招标文件继续履行合同，但 A 公司未予答复。B 公司认为在符合法定招投标程序下，A 公司擅自决定废标，侵害其合法权益，故起诉要求判令 A 公司依照招投标文件继续履行合同并赔偿相关损失 60000 元。

法院认为：B 公司按招标文件约定投标，并经评标被当场宣布其为第一中标候选人，但事后 A 公司在报纸上刊登公告，将该招标项目按废标处理，且未向投标人作出任何解释和说明，同时也不履行按招标文件将中标候选人经公司批准后作为中标人及在 30 日内和中标方签订租赁合同的义务，致使 B 公司不能与 A 公司签订租赁合同。A 公司提出其在招标中违反《招标投标法》第二十四条规定，未给足投标人编制投标文件所需要的合理时间，即至少 20 天，故决定废标具有合理理由，但由于此项目为非依法必须招标的项目，编制投标文件时间可以少于 20 天，故 A 公司的主张不予认可，应视为招投标行为合法。A 公司在招投标文件中规定，对于本次招标现场宣布的拟中标人，招标人有权在招标活动结束后、发布正式中标通知书前，根据内部最终评审意见，取消其拟中标资格并不作任何解释，但拟中标人不得以任何理由放弃中标资格，该条款显失公平，应认定为无效条款。因此，B 公司在投标过程中无任何过错和过失行为，A 公司无正当理由且未作任何解释将本次招标按废标处理，违背了诚实信用原则，已构成缔约过失，应承担相应的赔偿责任。关于 B 公司对 A 公司招标承诺具有信赖利益以及造成的损失应由 A 公司承担，损失计算可以按照 B 公司与 A 公司拟签订的租赁合同给 B 公司造成的损失酌定处理。据此，法院判决 A 公司赔偿 B 公司 60000 元。

分　析

1. 招投标活动应遵循公平和诚信原则

《民法典》第六条规定："民事主体从事民事活动，应当遵循公平原则，合理确定各方的权利和义务。"民事主体从事民事活动，应当遵循公平原则，合理确定各方的权利和义务。第七条规定："民事主体从事民事活动，应当遵循诚信原则，秉持诚实，恪守承诺。"

招标投标属于民事活动，应当遵循公平原则和诚信原则，公正、公平、合理地确定各方权利义务。招投标双方当事人在行使权利、履行义务的过程中，也要秉持诚实、善意，信守自己的承诺。本案例中，招标人 A 公司在已经现场宣布 B 公司为中标候选人的情况下，又无正当理由取消其中标资格，违反了公平和诚信原则。

2. 招标人启动招标程序后不得擅自终止招标

本案中招标人 A 公司的行为实质上是在发出中标通知书前单方面终止招标。《招标投标法实施条例》第三十一条规定："招标人终止招标的，应当及时发布公告，或者以书面形式通知被邀请的或者已经获取资格预审文件、招标文件的潜在投标人。已经发售资格预审文件、招标文件或者已经收取投标保证金的，招标人应当及时退还所收取的资格预审文件、招标文件的费用，以及所收取的投标保证金及银行同期存款利息。"国家发展改革委组织编写的《中华人民共和国招标投标法实施条例释义》强调，除非有正当理由，招标人启动招标程序后不得擅自终止招标，因为这不符合诚信原则，也难以保障招投标活动的公正和公平。实践中，"正当理由"主要是指出现了非招标人原因导致无法继续进行招标的特殊情况，如因国家产业政策调整、规划改变、用地性质变更等原因导致招标所需的审批、核准等条件发生变化，以及自然灾害，颁布新的法律、政策、行政措施等不可抗力等。此外，从《招标投标法实施条例》的规定来看，招标人在发出招标文件、启动招标程序后不得擅自终止招标，以免损害已经为投标做了相关准备工作、支出一定成本的投标人的信赖利益。违反该规定的，应对投标人的信赖利益予以赔偿。

3. 招标文件应公平设置招投标双方权利义务

招标文件属于招标人单方制定的格式条款。《民法典》第四百九十六条、第四百九十七条规定，提供格式条款的一方应当遵循公平原则确定当事人之间的权利和义务，提供格式条款一方不合理地免除或者减轻其责任、加重对方责任、限制对方主要权利，或排除对方主要权利，该格式条款无效。本案中，招标文件规定招标人可以在发出中标通知书前取消中标候选人中标资格且不作任何解释，但中标人不得以任何理由放弃中标资格，既赋予招标人无正当理由任意终止招标的权利，又限制或排除了中标人因合理原因（如招标人提出新的附加条件、要求在合同中变更招投标文件实质性内容）放弃中标资格的权利，双方权利义务明显失衡，应当认定该内容无效。

4. 非依法必须招标项目，提交投标文件的时限可以短于 20 天

《招标投标法》第二十四条规定，依法必须进行招标的项目，自招标文件开始发出之日起至投标人提交投标文件截止之日止，最短不得少于 20 日。本案情况为采取招标方式出租办公用房，不属于依法必须招标项目，因此提交投标文件的时间可以少于 20 日。且 A 公司作为招标人，确定了提交投标文件少于 20 天的期限，之后为了取消中标人中标资格，又主张该期限不满足法定时限要求，不符合法律规定，以此为由试图否定招标投标活动的效力，违背诚信原则，自不应得到法院支持。

启　示

（1）招标程序启动后，招标人不得擅自终止招标。如没有正当理由终止招标给潜在

投标人或投标人造成损失的，须承担缔约过失责任，赔偿潜在投标人或投标人的信赖利益损失。

（2）招标文件应按照公平原则确定招投标双方当事人的权利义务。没有法律法规依据，招标文件不得减损投标人的合法权利；同时，针对同一事项，不能赋予招标人完全的自由处置权，也不能剥夺投标人的合理抗辩权利。

（3）非依法必须招标项目可以将提交投标文件的时限定为少于 20 日，但仍应保证编制投标文件的合理时间。如果非依法必须招标项目较为复杂，则提交投标文件的时限少于 20 天仍有可能不符合"合理时间"的要求，故需要根据实际情况合理确定提交投标文件的时间。

24　招标人擅自终止招标的应承担缔约过失责任

案　情

某村民委员会委托招标代理公司对该村安置区项目工程施工进行国内公开招标。某建筑安装公司交纳了保证金 40 万元、招标文件费 1000 元。为交纳本次投标保证金，某建筑安装公司与借款人辛某某签订借款合同一份，约定借款金额 40 万元，月利率 1.5%；聘请了具有建筑装饰专业资质的焦某某，为其进行预算编制、制作标书，支付预算编制费用共计 114000 元，支付打印装订标书费用 3960 元。

后来，招标代理公司发布了终止招标公告，退回某建筑安装公司的投标保证金。某建筑安装公司起诉至法院，请求处理。

法院认为，招标人进行招标，投标人参加投标，直到最后中标人确定前，整个招标投标活动都处于合同的缔约阶段。缔约过程中的赔偿责任应适用《民法典》第五百条关于缔约过失责任的规定，招标人在缔约阶段虽依《招标投标法》的强制性规定必须以招标投标的形式确定中标人，但在合同的缔约过程中招标人与投标人地位是平等的、缔约活动是自由的权利义务关系。某村民委员会以该村安置区项目工程施工进行公开招标，某建筑安装公司按照招标文件规定交纳了投标保证金，在规定期限内向招标人递交投标文件，并基于对某村民委员会的信任，在投标中进行了大量的工作，投入了人力物力，而某村民委员会却未在合理的开标时间内开标，终止招投标，其行为实属违约，理应承担缔约过失责任，并承担给某建筑安装公司造成损失的赔偿责任。故此，某建筑安装公司因某村民委员会终止招标支出的招标文件费 1000 元，某村民委员会应予以退还。某建筑安装公司因投标已支出的预算编制标书费用 114000 元、制作标书材料费 3960 元，均为某建筑安装公司在缔约过程中的直接损失，招标人某村民委员会应予以赔偿。关于某建筑安装公司要求某村民委员会赔偿 40 万元保证金的利息（按 1.5% 计算）之请求，由于某村民委员会在缔约过程中未按时开标，造成某建筑安装公司所交保证金的借款 40 万元利息损失客观存在，且某建筑安装公司为招投标与辛某某签订了借款合同，约定月息 1.5%，并已将利息支付，故某建筑安装公司的该项请求，予以支持。据此法院判决某村民委员会返还某建筑安装公司招标文件费 1000 元，赔偿某建筑安装公司经济损失 117960 元，支付投标保证金 40 万元的利息。

分　析

终止招标是在资格预审公告或招标公告发布后，中标通知书发出之前，招标人结束招标投标活动的行为。实践中，经常发生招标人在启动招标工作后因为各种原因未能将招标流程进行到底，终止招标或者形成终止招标的事实状态（如开标后既不明示终止招标也不见公布定标结果）。对于终止招标的，应区分招标人终止招标是否有法定事由而承担不同的法律后果。

1. 招标人可以终止招标

《招标投标法实施条例》第三十一条规定："招标人终止招标的，应当及时发布公告，或者以书面形式通知被邀请的或者已经获取资格预审文件、招标文件的潜在投标人。已经发售资格预审文件、招标文件或者已经收取投标保证金的，招标人应当及时退还所收取的资格预审文件、招标文件的费用，以及所收取的投标保证金及银行同期存款利息。"虽然仅规定了在投标文件提交前招标人可以终止招标，事实上，招标开始后的任何阶段招标人都可能终止招标。

除非有正当理由，招标人启动招标程序后不得擅自终止招标。其理由在于：一是招标人终止招标的行为违反《招标投标法》规定的诚实信用原则；二是若允许招标人能够擅自终止招标，会影响招投标活动的公正与公平，可能会出现先定后招、虚假招标、排斥潜在投标人的情况；三是招标人擅自终止招标会打击投标人参与投标的积极性。但是，如果招标过程中出现了非招标人原因而无法继续招标的特殊情况，招标人又不得不终止招标，也能防范造成更大损失。

合法终止招标主要包括以下情形：①因不可抗力原因终止招标，包括自然因素（如地震、洪水、海啸、火灾等）和社会因素（如颁布新的法律、政策、行政措施以及罢工、骚乱等）。②因投标人不足三家而终止招标。③因有效投标不足三家，缺乏竞争性而终止招标。④因排名第一的中标候选人放弃中标或不提交履约保证金，招标人终止招标。⑤依法必须进行招标的项目因招标投标活动违反法律规定而终止招标。⑥招标项目所必需的客观条件发生了变化，例如招标项目启动所需的一些先决条件（如审批和核准手续、所需资金、规划许可证等）因国家产业政策调整、规划改变、用地性质变更等非招标人原因而发生变化，导致招标工作不得不终止。这些情形下，招标人并未违反诚信原则，无需承担责任。

《工程建设项目施工招标投标办法》《工程建设项目货物招标投标办法》《工程建设项目勘察设计招标投标办法》也均规定，除不可抗力原因外，招标人在发布招标公告、发出投标邀请书后或者售出招标文件或资格预审文件后不得终止招标。

2. 招标人擅自终止招标应承担缔约过失责任

如果招标人在招标过程中不具有合法理由擅自终止招标，如招标人在投标人提交投标文件后无正当理由不按照法律和招标文件规定发送中标通知书，在确定中标人后无正当理由不与中标人签订合同，都明显违背诚实信用原则，给潜在投标人或投标人造成损失的，应适用《民法典》第五百条关于当事人在订立合同过程中有违背诚实信用原则的行为，给对方造成损失的，应当承担缔约过失责任的规定予以赔偿。实践中，司法机关认定的投标人损失一般包括投标人编制投标文件和参加投标的费用。

《工程建设项目施工招标投标办法》第七十二条也规定，如果擅自终止招标，给潜在投标人或者投标人造成损失的，应当赔偿损失。

本案例中，招标人就案涉项目进行招标，投标人基于对招标人的信任，按招标文件要求投标、交纳投标保证金，投入了人力物力，但招标人未开标、评标而是直接通知终止招标，且未给出合理理由，其行为违反诚信原则，理应承担缔约过失责任，向潜在投标人或投标人赔偿信赖利益损失，该损失为投标人因招标人终止招标支出的招标文件费、制作投标文件的费用及本案例中为交保证金的借款利息损失、预算编制费用等在缔约过程中的直接损失。

启 示

（1）实践中，招标人常常因为自身原因不得不中途终止招标。比如，投标报价超出预算、招标文件技术要求不够准确导致投标产品无法满足实际需要等。这些情况主要是由于招标准备工作不充分所导致的，责任在招标人。因此，招标人应当充分重视招标准备工作（比如设置合理的投标限价、编制具体明确的技术要求等），尽量避免出现因自身原因而不得不终止招标的情况。

（2）招标人为了规避终止招标的法律风险，经常在招标文件中规定以下类似内容："招标人有权在授标之前拒绝任何投标或终止招标程序，不承担由于招标终止而产生的任何责任。"该规定并不能达到招标人的预期目的，因为该规定违反《民法典》第四百九十七条的规定，是无效的。

25　招标投标活动中的诚信原则适用

案 情

HC 房地产公司将其公寓（公租房）项目发包给 ZT 集团有限公司，并与其协商签订《建筑施工合作框架协议书》。后来，HC 房地产公司又就该项目进行招标，决定 ZT 集团有限公司中标，双方又签订《建设工程施工合同》。

合同履行过程中，双方因工程价款支付等问题发生纠纷导致停工。ZT 集团有限公司起诉至法院，请求判令解除《建设工程施工合同》，并由 HC 房地产公司支付剩余工程款及其利息等主张。

就案涉《建设工程施工合同》是否有效的问题，法院认为，诚实信用原则既是民商事活动的基本准则，亦是民事诉讼活动应当遵循的基本准则。在建设工程项目中，设立招投标程序是为了保护国家利益、社会公共利益和招投标活动当事人的合法权益，提高经济效益，保证项目质量；是为了通过法定的强制的公开竞价的方式为建设单位发包工程建设项目提供平台服务，为发包人的工程建设项目选定施工人。在招投标过程中，较承包人而言，发包人掌握一定主动权。本案中，HC 房地产公司作为招标人，明知其与 ZT 集团有限公司于招投标之前就合同实质性内容进行谈判的行为可能导致双方其后签订的《建设工程施工合同》因违反《招标投标法》的相关规定而被认定为无效，仍然积极追求或放任该法律后果的发生，经招投标程序后与 ZT 集团有限公司签订了案涉《建设工程施工合同》，HC 房地产公司对该违法行为具有明显过错，应负主要责任。ZT 集团有限公司明知违法而参与竞标，最终中标并签订案涉《建设工程施工合同》，亦存在过错，应负次要责任。综上，HC 房地产公司与 ZT 集团有限公司在案涉项目招投标过程中皆有违诚信原则。在案涉工程施工过程中，HC 房地产公司始终未对《建设工程施工合同》的效力问题提出异议，但在案件审理过程中提出案涉《建设工程施工合同》无效的主张，是认为案涉《建设工程施工合同》有效将为其带来不利，或者所带来的利益小于合同无效所带来的利益，其目的是规避应承担的付款义务，免除或者减轻由其承担的民事责任。本院认为，合同约定应当严守，诚信观念应当强化。HC 房地产公司作为案涉建设工程的招标人、甲方，主导签订了案涉《建设工程施工合同》，在合同相对方 ZT 集团有限公司按约履行合同而其并未按约支付工程款后，HC 房地产公司以其自身的招标行为存在违法违规为由，主张合同无效，其行为不仅违反诚实信用基本原则，而且不利于民事法律关系的稳定，属于不讲诚信、为追求自身利益最大化而置他人利益于不顾的恶意抗辩行为。合同无效制度设立的重要目的在于防止因为无效合同的履行给国家、社会以及第三人利益带来损失，维护社会的法治秩序和公共道德。而本案中，HC 房地产公司作为违法行为人恶意主动请求确认合同无效，如支持其诉求，意味着体现双方真实意愿的合同约定不仅对其没有约束力，甚至可能使其获得不正当的利益，这将违背合同无效制度设立的宗旨，也将纵容违法行为人从事违法行为，使合同无效制度沦为违法行为人追求不正当甚至非法利益的手段。

综上，HC 房地产公司关于其与 ZT 集团有限公司于招投标前就合同实质性内容进行谈判的行为违反了《招标投标法》的规定，导致案涉《建设工程施工合同》无效的主张，有违诚信原则，法院予以驳回，并据此做出了判决。

分　析

1. 招标投标中的诚信原则

《招标投标法》第五条规定："招标投标活动应当遵循公开、公平、公正和诚实信用的原则。"该"三公一诚信"原则贯穿于招标投标活动全部环节，是招标人、投标人的行为准则。

诚信原则在《招标投标法》中具有重要的、特殊的意义，招标投标是竞争性缔约行为，是市场经济普遍采用的交易方式，要求交易各方秉持诚实、恪守承诺、严守契约、公平竞争，要求招标人和投标人都必须严格以诚实、善意的态度依法行使权利，履行义务，不得有欺诈、背信的行为，不得损害对方、第三人和社会利益。从这一原则出发，《招标投标法》规定了招标投标当事人不得规避招标、串通投标、弄虚作假、骗取中标、转包、违法分包等诸多义务。如：招标人不得以任何形式搞虚假招标；投标人递交的投标资格证明材料和投标文件的各项内容都要真实、可信；订立合同后，各方都应依法全面履行合同。违反诚实信用原则，实施串通投标、虚假投标、贿赂中标等违法行为的，《民法典》《招标投标法》等规定了法律责任，招标人、投标人也可以根据招标文件的规定追究对方责任。《招标投标法实施条例》第七十九条也规定"国家建立招标投标信用制度"，通过建立招标投标违法行为记录公告制度、失信联合惩戒机制等，加快推进社会信用体系建设，进一步促进招标投标市场健康有序发展。

2. 对违约方恶意抗辩违背诚信原则的处理

在建设工程施工合同纠纷中，经常出现违约方，依据《最高人民法院关于审理建设工程施工合同纠纷案件适用法律问题的解释（一）》第一条"建设工程必须进行招标而未招标或者中标无效"、《招标投标法》第五十五条"依法必须进行招标的项目，招标人违反本法规定，与投标人就投标价格、投标方案等实质性内容进行谈判……影响中标结果的，中标无效"等为由，恶意抗辩提出合同无效的情形。

对于司法裁判中存在大量的此类型案件，当事人"借违法无效之名违约"，通过恶意抗辩逃避承担违约责任。此时违约一方明明存在违约情形，并对合同目的的实现产生了严重不利影响，守约方遭受了严重损失，但是违约方却可以通过主张合同无效进而承担损失较小的责任，这是严重违反诚实信用原则的。

法院如支持违约方关于合同无效的主张，则不利于保护守约方追究违约责任等合法的主张。对此类情况，很多法院适用诚实信用原则修正无效合同进行裁判，认定其为有效合同，也可以从恶意抗辩属于诚实信用原则所涵盖的禁止滥用抗辩权利、恶意诉讼的角度，驳回当事人合同无效的抗辩。这是从诉讼法的角度对违背诚实信用原则的违法行为予以禁止。如在（2019）最高法民申3315号民事裁定书中，最高人民法院就明确阐述：民事主体从事民事活动，应当遵循诚信原则，秉持诚实，恪守承诺。发包方对其所建设工程是否需要招投标应当是明知的，工程建设项目是否启动招标程序亦由其主导和决定，现其以工程建设项目未进行招投标为由，主张案涉《建设工程施工合同》无效，有违诚信原则，最终未支持发包人关于合同无效的主张。

3. 关于本案的评述

本案中，案涉建设工程的招标人主导签订了《建设工程施工合同》，在合同相对方按约履行合同而其并未按约支付工程款被对方起诉后，以其自身的招标行为存在违法违规为由主张合同无效。若法院支持了确认合同无效的请求，则"将纵容违法行为人从事违法行为，使合同无效制度沦为违法行为人追求不正当甚至非法利益的手段"，守约方主张的合法权益就丧失了保护的依据。此时，对于违约方的恶意抗辩，为了维护守约方的利益，法院就发挥了诚信原则的修正法律功能，提出该违约方主张案涉《建设工程施工合同》有违诚信原则，驳回该主张。

启 示

（1）招标人和投标人都应恪守诚信依法行使权利，履行义务，不得有欺诈、背信的行为，不得损害对方、第三人和社会公共利益。招标人不得搞虚假招标，投标人不得串通投标、弄虚作假、骗取中标、贿赂中标、转包、违法分包。

（2）加强招标投标活动中的信用管理，建立完善守信联合激励和失信联合惩戒制度，对失信企业实行"一处失信，处处受限"联合惩戒机制，依法依规对严重失信行为采取联合惩戒措施，如将出借和借用资质投标、围标串标等严重失信行为作为投标人资格审查、评标、定标和合同签订的重要依据，限制失信企业投标，只要被纳入失信被执行人、重大税收案件当事人、拖欠农民工工资等"黑名单"的单位和个人，在投标时将被限制。

第二部分　投标

26 分公司能否参加联合体投标

案 情

某公司招标采购某一种设备，并负责安装工程。经考察市场了解到，有的厂家只负责设备供应，或只负责设备安装；也有的厂家既供应设备也负责该设备安装，但这类数量都不是太多。某公司为了扩大供应商竞争，确保招标顺利进行，在招标文件中规定："本项目允许设备供应商和安装企业组成联合体投标"。某商贸公司的分公司和另一家安装公司组成联合体投标，有评标专家认为分公司不能与其他公司法人组成联合体投标，该联合体不具备合格的投标人资格，应当予以否决投标；也有评标专家提出法律并没有禁止分公司参加到联合体中投标，不应当否决投标。就此问题，在评标委员会中产生争议。

分 析

联合体投标是一种能充分体现市场竞争者之间取长补短、优势互补，资源合理优化配置，体现市场经济既有竞争又有合作的运行机制的投标组织形式，多见于工程施工招标中，货物招标和服务招标采用较少。《招标投标法》第三十一条规定了联合体投标制度，为联合体投标确立了行为规范、准则。其中，分公司作为联合体成员参与投标具有法律依据，招标人和投标人应依据法律规定处理好其中的一些特殊问题。

1. 分公司依法可以作为联合体成员参与投标

《招标投标法》第三十一条规定："两个以上法人或者其他组织可以组成一个联合体，以一个投标人的身份共同投标。……联合体各方应当签订共同投标协议，明确约定各方拟承担的工作和责任，并将共同投标协议连同投标文件一并提交给招标人。联合体中标的，联合体各方应当共同与招标人签订合同，就中标项目向招标人承担连带责任。……"由此条款可知，联合体的基本特点是，由多个法人或其他组织组成，联合体内部按照联合体协议约定职责进行任务分工，并且共同对外承担连带责任。因此，在联合体的组成形式上，可以是两个以上法人组成的联合体、两个以上其他组织组成的联合体，或者是法人与其他组织组成的联合体。根据《最高人民法院关于适用〈中华人民共和国民事诉讼法〉的解释》第五十二条规定，其他组织是指合法成立、有一定的组织机构和财产，但又不具备法人资格的组织，包括公司法人依法设立并领取营业执照的分公司，其虽然不具有法人资格，但作为其他组织，可以与法人组成联合体，也可以与其他分公司组成联合体参与投标。《政府采购法》第二十四条也允许两个以上的自然人、法人或者其他组织组成一个联合体，以一个供应商的身份共同参加政府采购，明确了分公司可以作为联合体成员参与政府采购项目的投标活动。因此，分公司参加联合体参与投标在法律上是有明确的依据的，这一点毋庸置疑。

2021年1月1日起实施的《民法典》赋予了法人的分支机构民事法律主体资格，该法第七十四条规定："法人可以依法设立分支机构。法律、行政法规规定分支机构应当登记的，依照其规定。分支机构以自己的名义从事民事活动，产生的民事责任由法人承担；也可以先以该分支机构管理的财产承担，不足以承担的，由法人承担。"《公司法》也对分公司的法律地位进行了明确。这些规定都从法律层面确定了分公司依法设立并领取营业执照后，无需经过其所属法人的授权，即可依法以自己的名义从事经营活动，以自己的名义独立参与投标或者自愿与法人、其他组织组成联合体参加投标，该民事行为在法律上是允许的。

2. 招标文件能否限定联合体组成成员的组织形式，比如可否要求投标联合体必须由法人组成，不接受有分公司参与的联合体投标

对于投标人资格条件而言，《招标投标法实施条例》第三十二条规定，依法必须进行招标的项目非法限定潜在投标人或者投标人的所有制形式或者组织形式的，属于以不合理条件限制、排斥潜在投标人的情形。从这条规定来看，并没有完全禁止对投标人的组织形式进行限定，只是禁止非法限定投标人的组织形式，而且这只针对依法必须进行招标的项目。这里的"非法限定"，是指法律并未规定某项工作必须由特定组织形式的单位来承担，但招标人要求必须由特定组织形式的单位完成。比如，对于某些设备，法人企业可以生产，合伙企业、分支机构等非法人企业也可以生产，招标人就不能要求投标人必须是法人企业。当法律规定相关工作必须由特定组织形式的单位实施的，招标人可以明确投标人的具体组织形式要求。比如，根据建筑业企业资质管理规定，建设工程勘察设计、施工、监理企业必须具有法人资格。那么，在进行工程建设项目勘察设计、施工、监理招标时，招标人当然可以要求投标人必须为企业法人。

招标人也不能违法限制联合体组成成员的组织形式。一是，对于非依法必须招标的项目，招标人可以对联合体的组成成员的组织形式进行限制，比如在招标文件中规定不接受分公司参与的联合体投标，该规定并不违反法律规定。二是，对于依法必须招标的项目，招标人一般不得限制联合体组成成员的组织形式，如不得限制分公司与其他法人或分支机构共同组成联合体参与投标。三是，不管是上述哪类招标项目，法律规定相关工作必须由法人实施的，招标人就可以依法限制联合体组成成员的组织形式。正如上面所讲，建设工程施工招标时，因为分公司不具有施工企业资质，故投标人只能是法人或法人组成的联合体，分公司不具有相应资质，就不得参加联合体参与投标，那么此时招标人当然可以在招标文件中明确规定不接受有分公司参加的联合体投标。

启　示

（1）对于分公司来说，以自己名义进行投标，中标后，直接与招标人签订中标合同，并成为实际履约主体，那么分公司就应提供自己的业绩作为评标委员会评审其履约能力的证据，方能向招标人证明分公司具有相应的合同执行和履约能力。

（2）对于分公司来说，既然其参加联合体，那么依法与其他成员应向招标人承担连带

责任。当然，结合《民法典》第七十四条及《公司法》第十四条"分公司不具有法人资格，其民事责任由公司承担"的规定，该连带责任实际上最终也是由所隶属的公司法人来承担的。

（3）分公司参加联合体后，其所隶属的公司法人或者该法人所属的其他分公司都不得单独或者参加其他联合体参与同一招标项目的投标。

27 对邀请招标项目联合体投标的思考

案情

某民营企业的工程建设项目（不属于依法必须招标项目）决定采取邀请招标方式采购。由于该项目规模大，需要不同专业的配合，而且对于承包人的实力也有一定要求。考虑到这些因素，该民营企业工程项目管理部经讨论，允许施工企业组成联合体投标。但是也有人提出"邀请招标项目被邀请的供应商不能组成联合体投标"，其理由是：被邀请的供应商在邀请时应当是确定的，但是法律又不允许招标人指定联合体成员，所以招标人在邀请时如果明确联合体的组成成员，则违反上述规定；如果不明确联合体组成成员，则邀请的投标人因部分成员不明确，实则该邀请的投标人也不明确，不符合被邀请的供应商应是"特定的法人或者其他组织"的特征。就"邀请招标项目被邀请的供应商能否组成联合体投标"产生了争议。

分析

1. 邀请招标项目可以接受联合体投标

（1）《招标投标法》并不禁止邀请招标项目接受联合体投标。关于邀请招标项目的投标人主体资格，《招标投标法》第十条第三款规定："邀请招标，是指招标人以投标邀请书的方式邀请特定的法人或者其他组织投标。"第二十五条规定："投标人是响应招标、参加投标竞争的法人或者其他组织。依法招标的科研项目允许个人参加投标的，投标的个人适用本法有关投标人的规定。"第三十一条第一款规定："两个以上法人或者其他组织可以组成一个联合体，以一个投标人的身份共同投标。"由此，第十条、第二十五条规定了"投标人"的一般情形，也与《民法典》中民商事法律主体（法人、非法人组织、自然人）的意思一致，只是称谓不同。在此基础上，第三十一条又针对招投标法律行为规定了一种特殊主体"联合体"，其在《民法典》中没有规定，但本质上还是法人或其他组织通过协议合作参与市场竞争。应结合上述三个法条来系统理解，投标人可能是法人、其他组织或者它们组成的联合体，依法招标的科研项目允许个人投标，这也符合体系解释。而且，未见限制联合体参与邀请招标项目投标的法律规定。再者，《招标投标法》第十条第二款针对公开招标项目也未提及"联合体"，但大家并不质疑联合体可以参加公开招标项目的投标，那么对邀请招标项目也没道理区别对待。因此，联合体投标在邀请招标活动中有适用的空间。

（2）《招标投标法实施条例》允许联合体参与邀请招标项目的投标。《招标投标法实施条例》第三十七条第一款规定："招标人应当在资格预审公告、招标公告或者投标邀请书中载明是否接受联合体投标。"依据该条文的意思，从法律制度设计上承认了邀请招标项目允许联合体投标。

（3）从法律解释的角度分析，也不能得出邀请招标项目排斥联合体投标的结论。法律条文语言简约、原则，且各条文形式上是孤立的，但实际上它们之间有一定的并列、包含或相互补充的内在逻辑关系，这就需要运用法律解释工具来探寻文字背后的立法真意，正所谓"法律非经解释不能适用"。可能有人提出，根据《招标投标法》第十条第三款规定，被邀请的供应商是"特定的法人或者其他组织"，那么，第一，邀请招标项目的投标人只能是"法人或者其他组织"，不包括联合体。第二，"法人或者其他组织"必须是"特定的"，也就是应直接明确具体的供应商名称。因《招标投标法》第三十一条第四款要求"招标人不得强制投标人组成联合体共同投标"，则招标人在投标邀请书中就不得指定联合体组成成员（如 A＋B 还是 A＋B＋C），这种情况下邀请的联合体成员不明确，即违背前述法条中的"特定的"要求。初看这种观点有一定道理，实则不然。

首先，如前所述，根据体系解释，邀请招标项目的投标人除了"法人或者其他组织"，也包括"联合体"，不再赘述。

其次，前面这种理解只是片面的字面解释。查词典，"特定"一词有两种解释，本文语境下指"具体的某一种或某一个"，除了具体的某一个人或物，也可以是某一种人或物。从前者理解，被邀请的供应商是某一个具体的法人或其他组织；若从后者理解，词典中"一种"是指"一个种类"，"种类"又指"根据事物本身的性质或特点而分成的门类"，即两个以上具有相同性质或特征的人或物才可组成为"一种""种类"或"门类"，那么"某一种人或物"可理解为若干法人或其他组织组成的非组织型机构，也就是被邀请的法人或其他组织可以负责牵头组成联合体，这也是依据文义解释得出的字面意思。

再次，依据目的解释，《招标投标法》第三十一条规定的联合体投标制度，其目的是对技术特别复杂的大型项目，组成联合体能够增强投标竞争力和中标后的履约能力，弥补联合体有关成员技术力量的相对不足，达到强强联合和优势互补的效果；对招标人而言，能够吸引更多有实力的投标人参与投标，提高招投标活动的竞争性，顺利实现招标目的，因此，无论公开招标项目还是邀请招标项目，都有联合体投标的需求。

最后，当法律条文的字面含义显然比立法原意为窄时，有必要实事求是做出比字面含义为广的解释，是为扩大解释，以维护立法目的，切不可将视野局限于法律条文本身近乎机械地理解，这样会脱离法律的精神实质而断章取义或陷于形式主义。从这一角度讲，根据《招标投标法实施条例》第三十七条第三款"联合体各方在同一招标项目中以自己名义单独投标或者参加其他联合体投标的，相关投标均无效"的规定可推导出受邀请的供应商组成的联合体只能是一个，再加上招标文件中联合体的条件，故联合体的特征是明确的、可以与其他供应商相区别，因此可以将被邀请、已指名道姓的某法人或其他组织组建的联合体的情形，理解为符合法条中"特定"一词要求。

2. 邀请招标项目允许联合体投标的，应当在投标邀请书中明确规定"本项目接受联合体投标"

（1）《招标投标法实施条例》要求投标邀请书中载明是否接受联合体投标。依据《招标投标法实施条例》第三十七条第一款"招标人应当在……投标邀请书中载明是否接受联合体投标"的规定，邀请招标项目的招标人可以根据项目实际决定是否接受联合体投标，如果决定接受联合体，则应当在投标邀请书中明确给予被邀请的供应商以选择权，载明"你单位可以组成联合体投标"，这是法定的投标邀请书应当记载的内容，如无表达此意思表示的内容，则被邀请的供应商不得自行组成联合体投标，因为联合体与该供应商并非同一主体、同一身份，未被邀请的联合体没有资格投标。

（2）现有国家、行业或地方的标准招标文件对邀请招标项目允许联合体投标的条款设计规定了相应内容。国家发展改革委早期发布的《中华人民共和国标准施工招标文件（2007年版）》等文本《第一章投标邀请书（适用于邀请招标）》之"3. 投标人资格要求"都规定了"3.2 你单位____（可以或不可以）组成联合体投标。联合体投标的，应满足下列要求：_____。"后期的《中华人民共和国标准设计招标文件（2017年版）》等文本《第一章投标邀请书（适用于邀请招标）》也有"本次招标____（接受或不接受）联合体投标"的内容。再如，《铁路工程标准施工招标文件》《雄安新区工程建设项目标准招标文件》《浙江省房屋建筑和市政基础设施施工招标文件示范文本》等行业、地方标准文本也有类似内容。

（3）国家发展改革委等部门编著的《中华人民共和国招标投标法实施条例释义》提出的操作方案，在实践中可以借鉴。即："邀请招标的项目，为了防止被邀请的潜在投标人组成联合体造成不公平或者不充分竞争，甚至可能导致招标失败，投标邀请书中也应当明确是否接受联合体投标。如接受，被邀请的潜在投标人应当在收到投标邀请书后，按照投标邀请书的要求以书面形式确认是否组成联合体，以及联合体的组成情况，以便招标人事先掌握有关信息，决定是否需要补充邀请其他潜在投标人，以保证竞争的充分性，避免因提交投标文件的投标人少于3个而导致招标失败。"

⚖ **启 示**

（1）如果投标邀请书中并未载明"你单位可以组成联合体投标"之类意思表示的内容，则被邀请的供应商不得自行组成联合体投标，因为联合体与该供应商并非同一主体、同一身份，未被邀请的联合体没有资格投标；以联合体投标的，招标人应拒收该投标文件。

（2）不能在投标邀请书中直接指明联合体组成成员，如邀请对象为"A＋B联合体"或"A＋B＋C联合体"。理由在于：《招标投标法》第三十一条第四款明确规定："招标人不得强制投标人组成联合体共同投标，不得限制投标人之间的竞争。"因此，招标人允许联合体投标的，只能借鉴前述标准招标文件的做法，向已经明确指定的供应商发出投标邀请书，并在其中明确规定"本招标项目接受联合体投标"，而且明确联合体投标应满足的条件即可，否则违背上述规定，涉嫌干预投标人经营自主权或招标人内定中标人。

28 封装不合格的投标文件应当拒收

案　情

某电子工程有限公司（简称投诉人）参加了某市轨道交通八号线 LED 灯具采购项目投标，开标时招标人某市地铁集团有限公司发现某电子工程有限公司的投标文件封装不合格而否决其投标。某电子工程有限公司对其投标文件是否符合招标文件要求及重新评标问题向招标人某市地铁集团有限公司（简称被投诉人）提出异议，因对被投诉人的异议答复不满意，向某市住房和城乡建设委员会投诉。某市住房和城乡建设委员会查明：

（1）项目开标时，投诉人的投标文件（技术标、商务标、价格标）正本独立封套密封，投标文件电子文件独立封套密封，但投标文件电子文件未装入对应的投标文件正本中。开标时，投诉人的投标文件为正本 3 包，副本 3 包，投标文件电子版 3 包，共 9 包。关于投诉人的投标文件密封情况，"开标汇总表"备注为"投标文件电子版单独密封，但未密封在投标文件正本中"，其授权代表亦对此情况进行了签字确认。

（2）招标文件"投标人须知通用条款"第 24"投标文件的密封和标记"中的第 24.1：投标人应将投标文件的"价格标"或"技术标"或"商务标"正本和所有副本独立封套装好密封，且在封套上标明"正本"或"副本"，"价格标""技术标"或"商务标"字样。全部投标报价文件（含电子文件）必须有单独的封套，不得与投标文件的技术、商务部分封装在一起。技术、商务部分不能出现任何有关报价的内容，如出现则否决其投标。

（3）招标文件"投标人须知前附表第 8 项"第 23.6：正本份数：1 份，副本份数：5 份。电子文件：对应投标文件各册内容的电子文件 2 套［MICROSOFT：WORD、PROJECT、EXCEL（CD-R 光盘）］必须分别装入对应的投标文件正本中。

四、招标文件"投标人须知通用条款第 26.2"：投标文件未按招标文件要求密封和标志的，招标人将拒绝接收投标文件。

综上，根据《招标投标法实施条例》第三十六条和本项目招标文件的规定，投标文件未按招标文件要求密封和标志的，招标人将拒绝接收投标文件。被投诉人接受了应当拒收的投标文件，应当改正。基于此，某市住房和城乡建设委员会根据《工程建设项目招标投标活动投诉处理办法》第二十条第一项的规定，作出书面的《投诉处理决定书》，驳回某电子工程有限公司的投诉。

分　析

1. 招标人应当拒收未按招标文件要求密封的投标文件

《招标投标法实施条例》第三十六条规定："未通过资格预审的申请人提交的投标文件，以及逾期送达或者不按照招标文件要求密封的投标文件，招标人应当拒收。招标人应当如实记载投标文件的送达时间和密封情况，并存档备查。"招标文件对投标文件密封有特定要求的，投标人应严格按照招标文件的要求密封，否则招标人应依法拒收。

本案例中，招标文件第24.1"投标文件的密封和标记"明确要求：投标人应将投标文件的"价格标"或"技术标"或"商务标"正本和所有副本独立封套装好密封；第23.6明确要求：正本份数：1份，副本份数：5份，电子文件：对应投标文件各册内容的电子文件2套（CD-R光盘）必须分别装入对应的投标文件正本中。投诉人某电子工程公司提交的投标文件为正本3包，副本3包，投标文件电子版3包，共9包。其电子文件单独封装不符合招标文件"分别装入对应的投标文件正本中"的封装要求，根据《招标投标法实施条例》第三十六条规定和招标文件"投标人须知通用条款"第26.2"投标文件未按招标文件要求密封和标志的，招标人将拒绝接收投标文件"的规定，招标人应拒收投标人提交的投标文件。

2. 招标人错误接收未按招标文件要求密封的投标文件不应开标评审

《招标投标法》第三十六条规定："开标时，由投标人或者其推选的代表检查投标文件的密封情况，也可以由招标人委托的公证机构检查并公证；经确认无误后，由工作人员当众拆封，宣读投标人名称、投标价格和投标文件的其他主要内容。招标人在招标文件要求提交投标文件的截止时间前收到的所有投标文件，开标时都应当当众予以拆封、宣读。开标过程应当记录，并存档备查。"因此，只有经过投标文件的密封情况检查，招标人才对密封合格"确认无误"的投标文件进行开标唱标。

本案例中，招标人因工作疏忽错误接收未按招标文件要求密封的投标文件，开标阶段检查投标文件的密封情况时发现了就不应再开标。如果开标了，评标委员会在评审时发现了不应再继续评审。但是招标人在错误接收投诉人未按招标文件要求密封应依法拒收的投标文件后，继续组织进行了开标、评审，应当予以改正。

启 示

（1）招标人在接收投标文件前，应严格按照招标文件的封装要求进行检查，符合封装要求的接收投标文件，不符合要求的应依法拒收，并如实记载投标文件的送达时间和密封情况，存档备查。万一接收了不该接收的投标文件，一旦发现，应避免进入开标、评标阶段。

（2）根据《招标投标法实施条例》第三十六条规定，招标人拒绝接收投标文件的三种情况是：一是未通过资格预审（含未参加资格预审）的投标人提交的投标文件；二是未能在投标截止时间前递交到招标文件指定地点的投标文件；三是不密封或密封不符合招标文件要求的投标文件。另外，两阶段招标项目中未参加第一阶段提交技术建议书的投标人以及邀请招标项目未受邀请的投标人提交的投标文件也应当拒收。

（3）招标人或招标代理机构应该履行完备的投标文件签收、登记和保存手续。接收投标文件的工作人员应记录投标文件递交的时间、地点及密封情况，登记投标人的联系人和联系方式，向投标人出具接收凭据，并妥善保管所有递交的投标文件，在开标前不得开启。如投标文件未按要求封装，应及时退回投标人。如在投标截止时间前，投标人能够提供封装符合要求的投标文件，接收投标文件的工作人员应予以接收。

29　以中型企业制造的货物投标不享受小微企业优惠政策

案　情

某省人民医院"手术示教系统项目"中标结果公布后，某科技有限公司提出投诉称：中标供应商某数字医疗科技有限公司不是小微企业，存在虚假投标嫌疑，其所投货物包括使用大型企业注册商标的货物，因此不应该获得小微企业加分，请求纠正某省省级政府采购中心对质疑事项不予支持的决定，并重新计算相关供应商投标得分。

某省财政厅查明以下事实：

（1）按照招标文件第四部分"评标标准和评标方法"规定，中小企业投标时需提供中小型企业声明函和属于中小企业的证明文件。经查，某数字医疗科技有限公司投标时提交了小型企业声明函，声明其为小型企业，并提供了某市经济发展局出具的小型企业认定证明材料。

（2）某数字医疗科技有限公司所投产品包含中型以上企业制造的产品。经查，某数字医疗科技有限公司投标文件中的"投标总报价分项明细表"共包括手术示教系统和教育系统硬件支撑平台集成 2 大类 50 个小项，合计金额 399.848 万元。其中：联×品牌服务器、磁盘阵列、光纤交换机、备份服务器等 4 小项合计金额 194.5 万元，此外还包括华×品牌交换机、索×品牌医用术野摄像机等 6 小项合计金额 31.02 万元。上述产品合计总金额就达 225.52 万元，中型以上企业产品金额占其投标总金额的 56.4%。

（3）招标文件第四部分"评标标准和评标方法"明确规定："对小型、微型企业产品报价给予 6% 的价格扣除优惠，用扣除后的价格参与评审。"经查，该项目共有 5 家供应商参与投标，只有某数字医疗科技有限公司投标时提交了小型企业声明及相关证明材料，且在计算价格分时享受了招标文件规定的小型企业 6% 的价格扣除优惠。

由于某数字医疗科技有限公司所投货物中包括其他中型以上企业生产的产品，虽然其投标时提供了小型企业声明及相关证明材料，但根据《政府采购促进中小企业发展管理办法》第四条规定，小微企业提供中型企业制造的货物的，不享受政府采购小微企业价格扣除优惠政策。因此，某数字医疗科技有限公司参加评审时不应享受小微企业价格扣除优惠。

省财政厅作出投诉处理决定：该项目废标，责令重新开展采购活动。

分　析

1. 政府采购扶持中小企业发展特殊优惠政策的适用有限制条件

《政府采购促进中小企业发展管理办法》第四条明确了享受中小企业扶持政策的条件，即：货物由中小企业制造，或工程由中小企业承建，或服务由中小企业承接，针对货物采购项目，还特别规定供应商提供的货物既有中小企业制造货物，也有大型企业制造货物的，不享受中小企业扶持政策。第九条还进一步细化了评标时的价格规则，即：对于未预留份额专门面向中小企业采购的采购项目，以及预留份额项目中的非预留部分采购包，应当对小微企业报价给予6%—10%（工程项目为3%—5%）的扣除，用扣除后的价格参加评审；适用招标投标法的政府采购工程建设项目，采用综合评估法但未采用低价优先法计算价格分的，评标时应当在采用原报价进行评分的基础上增加其价格得分的3%—5%作为其价格分；接受大中型企业与小微企业组成联合体或者允许大中型企业向一家或者多家小微企业分包的采购项目，对于联合协议或者分包意向协议约定小微企业的合同份额占到合同总金额30%以上的，应当对联合体或者大中型企业的报价给予2%—3%（工程项目为1%—2%）的扣除，用扣除后的价格参加评审；适用招标投标法的政府采购工程建设项目，采用综合评估法但未采用低价优先法计算价格分的，评标时应当在采用原报价进行评分的基础上增加其价格得分的1%—2%作为其价格分。组成联合体或者接受分包的小微企业与联合体内其他企业、分包企业之间存在直接控股、管理关系的，不享受价格扣除优惠政策。在进行政府采购活动时，应严格遵循上述规定，明确对中小企业的优惠扶持政策，并确定对具体供应商是否适用。本案例中，某数字医疗科技有限公司虽属于小型企业，但其所投标的产品中含有联×、华×、索×等大中型企业的产品，根据《政府采购促进中小企业发展管理办法》第四条的规定，不能享受评审时价格扣除的扶持政策。

2. 中小企业参加政府采购活动，只需出具《中小企业声明函》

本案例中，某数字医疗科技有限公司提交了小型企业声明函，还提供了某市经济发展局出具的小型企业认定证明材料，证明其具备享受优惠扶持政策的小型企业身份。根据《政府采购促进中小企业发展管理办法》第十一条规定，中小企业参加政府采购活动，应当出具《中小企业声明函》，否则不得享受相关中小企业扶持政策。任何单位和个人不得要求供应商提供《中小企业声明函》之外的中小企业身份证明文件。因此，中小企业只要出具了符合《政府采购促进中小企业发展管理办法》规定的《中小企业声明函》，采购人、采购代理机构就应认定其为中小企业，不得再要求其出具政府机关证明等其他证明文件。上述某市经济发展局出具的小型企业认定证明材料可以由供应商自愿提交，但不得以未提交该类证明材料而不认定其具有中小企业身份。

启 示

（1）政府采购活动中，应严格按照《政府采购促进中小企业发展管理办法》规定认定供应商是否符合享受价格扣除等中小企业优惠扶持政策的条件。

（2）涉及面向中小企业采购的政府采购文件中，应当规定有关价格扣除比例或者价格分加分比例的扶持优惠政策的具体规则，明确享受扶持政策获得政府采购合同的小微企业不得将合同分包给大中型企业，中型企业不得将合同分包给大型企业等要求。

（3）政府采购项目评审过程中，认定供应商是否为中小企业只需以其是否提供了符合规定的《中小企业声明函》为依据，不得强制要求提供政府机关证明等其他证明文件。

30　投标人可否撤销投标文件

案　情

采购人甲单位（属事业单位）某科技研发服务项目进行公开招标，委托乙代理机构发布招标公告，有 5 家供应商报名购买了招标文件。招标文件中载明"投标人不得在投标截止时间之后至投标有效期届满时间之前撤销投标，否则其投标保证金将予以没收"。原定开标当日上午 9 时整，该项目开标，只有丙公司、丁公司和戊公司 3 家供应商在投标截止时间之前按时递交了投标文件。评标委员会利用半天时间即结束评审，12 时即完成了评标报告提交给采购人，该报告中载明"推荐的中标候选人：丁公司"。当日 16 时整，乙代理机构收到了供应商丙公司提交的《关于撤销某科技研发服务项目投标的申请书》，该申请书声明："因我公司工作人员疏忽，将投标报价少报 20 万元，低于成本，按此报价无法完成该项目，经我公司研究，现申请撤销本项目的投标文件，由此带来不便，敬请谅解。"

采购人组织进行讨论，因丙公司撤销投标，导致响应该项目的供应商不足 3 家，决定废标。乙代理机构根据该决定发布了废标公告，其中载明"废标原因"是"因实质性响应招标文件的供应商不足三家，本项目废标"。

后来，有举报人向某市财政局举报，认为：该项目有 3 家供应商参与投标，而且评标已经结束，评标委员会也确定了中标候选人，现采购人和代理机构却宣布废标，该结果与评审结果不一致，请求纠正该违法行为。

某市财政局启动监督检查程序，查明上述事实后，研究认为，供应商应当依据政府采购法，诚信参与政府采购项目，在投标截止时间之后不得撤销投标文件。本项目招标文件明确载明"投标人不得在投标截止时间之后至投标有效期届满时间之前撤销投标，否则其投标保证金将予以没收"，且丙公司在其投标文件中对该内容并未提出异议。现本项目已经开标、评标，在投标有效期内，丙公司依法不得撤销投标，其申请撤销投标文件的行为，不影响项目后续采购活动的正常进行。最终决定的处理结果是：本项目采购人作出的废标结论法律依据不足，该废标行为无效。

分　析

1. 投标人是否可以撤销投标

根据《民法典》的相关规定，要约撤回是指在要约生效前，要约人使其不发生法律效力的意思表示。要约撤销是一项使生效的要约归于无效的重要的单方法律行为。投标人提交投标文件就属于向招标人发出要约。投标人可以在投标截止时间之前也就是要约生效之前撤回其投标文件，但不得在投标截止时间之后撤销其投标文件，否则将承担相应法律责任。基于此，撤回投标，是指投标人在投标截止时间前，意图让投标文件不发生法律效力的意思表示。撤销投标，是指投标人在投标截止时间后，意图让投标文件的法律效力归于消灭的行为。实践中，撤销投标常常与撤回投标发生混淆。二者虽仅一字之差，但在概念内涵、法律效果上却相去甚远。

《招标投标法》第二十九条规定："投标人在招标文件要求提交投标文件的截止时间前，可以补充、修改或者撤回已提交的投标文件，并书面通知招标人。"《政府采购货物和服务招标投标管理办法》第三十四条同样规定："投标人在投标截止时间前，可以对所递交的投标文件进行补充、修改或者撤回，并书面通知采购人或者采购代理机构。"根据上述规定可知，投标人可以在投标截止时间前的任意时间节点撤回投标。而一旦投标截止，投标文件即发生法律效力，投标人不再享有撤销的权利。

投标行为的法律性质是一种要约，因此投标的撤销本质上是要约的撤销。《民法典》第四百七十六条规定："要约可以撤销，但是有下列情形之一的除外：（一）要约人以确定承诺期限或者其他形式明示要约不可撤销；（二）受要约人有理由认为要约是不可撤销的，并已经为履行合同做了合理准备工作。"《招标投标法实施条例》第二十五条规定："招标人应当在招标文件中载明投标有效期。投标有效期从提交投标文件的截止之日起算。"《政府采购货物和服务招标投标管理办法》第二十三条规定："投标有效期从提交投标文件的截止之日起算。投标文件中承诺的投标有效期应当不少于招标文件中载明的投标有效期。"投标有效期是为保证招标人有足够时间完成开标、评标、定标、合同签订等工作而要求投标人的投标文件保持一定时间有效的期限，招标人必须在投标有效期内发出中标通知书。因此，投标人对投标有效期作出实质响应即表明其投标属于以确定承诺期限形式明示不可撤销的要约，故在投标截止时，投标文件生效，不得撤销投标。

2. 投标人撤销投标的法律后果

投标人撤销投标属于擅自撤销要约。基于招标人已经为签订、履行合同做了编制招标文件、组织开标评标等工作，投标人撤销投标的行为违背了诚实信用原则，违反了先合同义务，损害了招标人的合理信赖利益，应向招标人承担缔约过失责任。根据《招标投标法实施条例》第三十五条规定，投标人撤销投标文件的，招标人可以不退还投标保证金。

至于投标人撤销投标是否影响评审活动和后续采购活动，需要结合实际情况具体分析。本案例中，在丙公司出具撤销投标文件的申请书之前，该项目已经完成开标、评标工作并确定丁公司为中标候选人。从投标具有不可撤销性以及维护采购活动严肃性、公正性的角度，丙公司不得撤销投标。丙公司坚持撤销投标的，不影响评审活动和后续采购活动的进行，招标人不得以该公司撤销投标后"符合专业条件的供应商或者对招标文件作实质响应的供应商不足三家"为由废标。

⚖ 启 示

投标不可撤销，投标人撤销投标的，不影响评审活动和后续采购活动的进行。招标人应当根据投标人撤销投标的时间节点，结合对招投标活动产生的影响，依法作出不予退还投标保证金、限制其参与投标等处理。投标人在收到中标通知书后撤销投标的，属于放弃中标，应当依法承担法律责任。

31 投标有效期的法律意义与期限延长

案 情

2021 年 10 月 30 日，HM 包装公司就厂房施工总承包项目进行招投标，招标文件规定递交投标文件的截止时间为 2021 年 12 月 2 日，投标有效期 60 日。ZY 建设公司参与投标。

2021 年 12 月 5 日，HM 包装公司公示中标候选人，HC 工程公司为第一中标人，ZY 建设公司为第二中标候选人。

2021 年 12 月 18 日，HC 工程公司向 HM 包装公司发出中标放弃函，申请放弃中标资格。2022 年 1 月 16 日，HM 包装公司确定 ZY 建设公司为第一中标候选人进行公示。2022 年 2 月 21 日，ZY 建设公司交纳了中标交易服务费 18076.5 元。2022 年 2 月 26 日，HM 包装公司发出中标通知书，确定 ZY 建设公司为中标人，中标价为 2008.500526 万元，载明在 2022 年 3 月 10 日前到 HM 包装公司领取中标通知书，逾期视为自动放弃中标资格。

2022 年 3 月 7 日，ZY 建设公司向 HM 包装公司提交中标放弃函，以项目经理离职，无法承担该项目的正常施工为由，申请放弃该项目的中标资格。HM 包装公司于 2022 年 4 月 21 日组织重新招标，确定 DH 建筑总公司中标，中标价为 20169610.46 元。

HM 包装公司向法院起诉请求：①HM 包装公司没收 ZY 建设公司的投标保证金 41.2 万元；②ZY 建设公司赔偿 HM 包装公司损失 84605.2 元；③本案诉讼费用由 ZY 建设公司承担。

法院认为，案涉招标文件第 15.2 条规定"在特殊情况下，招标人在原定投标有效期内，可以根据需要以书面形式向投标人提出延长投标有效期的要求，对此要求投标人须以书面形式予以答复。投标人可以拒绝招标人这种要求，而且投标担保应当予以退还"。HM 包装公司作为招标人，本应以书面形式向投标人即 ZY 建设公司提出延长投标有效期的要求，但 HM 包装公司采取的是直接对确定 ZY 建设公司为第一中标人的结果进行了公示的形式。ZY 建设公司作为投标人，在此情况下，本可以拒绝 HM 包装公司在延长投标有效期后作出的公示结果，并要求退还保证金。但事实上，ZY 建设公司不仅在公示期内没有提出异议，并且在公示期满后自愿交纳了中标交易服务费。ZY 建设公司的上述行为表明在 HM 包装公司未能以书面形式向 ZY 建设公司提出延长投标有效期的要求的情况下，ZY 建设公司仍然自愿接受中标的结果，放弃了拒绝中标结果并要求 HM 包装公司退还保证金的权利。ZY 建设公司交纳了中标交易服务费后，HM 包装公司也向 ZY 建设公司发出了领取中标通知书的函件，表明双方当事人对于中标一事已达成了合意。另外，ZY 建设公司其后提交的中标放弃函中主张的弃标理由仅仅是项目经理离职，完全没有提到投标有效期的问题，故本院认定 ZY 建设公司并不是因为 HM 包装公司未能以书面形式向其提出延长投标有效期要求的原因而放弃中标。故 ZY 建设公司在交纳了中标交易服务费，认可了中标结果之后又以项目经理离职的理由放弃中标资格的行为，属于弃标行为，依约应承担相应的违约责任。HM 包装公司要求没收 ZY 建设公司的保证金符合约定，本院予以支持。ZY 建设公司抗辩称因 HM 包装公司超过投标有效期而导致其弃标，与事实不符，本院不予采纳。至于 HM 包装公司上诉称 ZY 建设公司需赔偿工程款差额 84605.2 元。对此，本院认为，由于 HM 包装公司未能举证证实其没收保证金之后还存在其他损失，且损失金额已超过了其没收的保证金金额。故 HM 包装公司上诉要求其在没收保证金同时还要求 ZY 建设公司支付工程款差额弥补其损失，证据不足，理据不充分，本院不予支持。

综上，判决：ZY 建设公司向 HM 包装公司支付的投标保证金 41.2 万元归 HM 包装公司所有；驳回 HM 包装公司的其他诉讼请求。

分 析

1. 关于投标有效期的效力

招标投标活动基于采购效率考虑，设置了投标有效期这一期间，督促招标人在该期间内完成评标、定标、签约，以及限制投标人修改、撤销招标文件的意思自由。依据《民法典》关于要约、承诺的规定，投标文件是投标人根据招标文件向招标人发出的要约，投标有效期即为招标人对投标人发出的要约作出承诺的期限，也是投标人就其提交的投标文件承担相关义务的期限。投标人一旦响应招标公告（要约邀请）做出投标行为（要约），即受约定的投标有效期约束。如遇特殊情形，招标人发出延长投标有效期的意思表示，如投标人同意延长，则同时产生延长投标保证金有效期的效果。

根据《民法典》第四百七十八条"承诺期限届满，受要约人未作出承诺"要约失效的规定，投标有效期届满之时，投标文件失去法律效力。对招标人而言，《民法典》第四百八十六条规定："受要约人超过承诺期限发出承诺，或者在承诺期限内发出承诺，按照通常情形不能及时到达要约人的，为新要约；但是，要约人及时通知受要约人该承诺有效的除外。"招标人在投标有效期届满且未经延长投标有效期的情况下发出中标通知书，对该新要约投标人有权拒绝接受；当然投标人也可以接受该中标通知。

对投标人而言，投标有效期一般均被视为招标文件中的实质性要求。这一点，在国家发展改革委等颁布的各标准招标文件中均有体现，即投标人承诺的投标有效期短于招标文件要求的，视为非响应投标将予以否决。根据《民法典》第四百七十六条规定，要约人以确定承诺期限或者其他形式明示要约不可撤销的，该要约不得撤销。对应于招标投标缔约活动，投标有效期是投标要约的承诺期限，遵从上述规定，该要约不得撤销。投标人在其承诺期内撤销投标的，违反诚信原则。《招标投标法实施条例》第三十五条规定，投标截止后投标人撤销投标文件的，招标人可以不退还投标保证金，目的在于约束投标人一旦投标要约生效则不得擅自撤销其投标要约。

2. 关于投标有效期的设定

《招标投标法实施条例》第二十五条规定："招标人应当在招标文件中载明投标有效期。投标有效期从提交投标文件的截止之日起算。"《工程建设项目施工招标投标办法》第二十九条第一款规定："招标文件应当规定一个适当的投标有效期，以保证招标人有足够的时间完成评标和与中标人签订合同。投标有效期从投标人提交投标文件截止之日起计算。"据此，招标文件中应考虑实际情况设定一个合理的投标有效期，尽可能确保招标人在投标有效期内完成开标、评标、定标、订立合同等相关工作。实践中投标有效期一般设定为90天，如有必要可设定为120天。此外，还应避免将有效期设定得过长，否则可能会导致投标有效期内价格变动等市场风险大大增加，风险分配失衡，既可能导致潜在的投标人为规避价格波动等市场风险而放弃投标，或者为了规避潜在的价格波动而提高投标价格，也可能导致招标人承担更大的市场风险。

3. 投标有效期的延长

比较复杂的招标项目，可能在投标有效期内无法完成评审；也有一些项目通常情况下本可以完成招标，但实践中可能发生异议、投诉、举报等事由，招标人、监管部门处理异议、投诉或监督检查处理完毕时，投标有效期已经不足或者超期，由此导致招标活动无法在投标有效期内完成，招标人可向投标人发出延长投标有效期通知书，告知将延长一定期限的投标有效期。对此，《评标委员会和评标方法暂行规定》第四十条规定："评标和定标应当在投标有效期内完成。不能在投标有效期内完成评标和定标的，招标人应当通知所有投标人延长投标有效期。拒绝延长投标有效期的投标人有权收回投标保证金。同意延长投标有效期的投标人应当相应延长其投标担保的有效期，但不得修改投标文件的实质性内容。因延长投标有效期造成投标人损失的，招标人应当给予补偿，但因不可抗力需延长投标有效期的除外。招标文件应当载明投标有效期。投标有效期从提交投标文件截止日起计算。"

当招标人通知延长投标有效期时，投标人可根据市场行情和自身履约能力等具体情况，作出是否同意延长投标有效期的意思表示，这是投标人的自主权。

4. 本案评述

本案例中，HM 包装公司作为招标人，在投标有效期内无法完成定标、签约，本应发出延长投标有效期的书面通知，但其并未按照常规做法办理，而是在投标有效期届满之后径直公示中标候选人、确定中标人。根据《民法典》第四百七十八条、第四百八十六条规定，ZY 建设公司的投标文件因投标有效期届满而失效，HM 包装公司超过承诺期限发出中标通知，此时 ZY 建设公司有了选择权，可以及时通知招标人接受该承诺，也可以通知招标人不予接受中标结果或者以其不作为的行为表明其不接受该新要约。但 ZY 建设公司在明知已过投标有效期的事实的情形下，不仅在中标候选人公示期内没有提出异议，反而在公示期满后自愿交纳了中标交易服务费，实则以其主动作为的行为表明自愿接受中标结果，放弃了拒绝延长投标有效期的权利。再者，ZY 建设公司事后提交的中标放弃函中主张的弃标理由仅仅是项目经理离职，而不是向招标人提出因投标有效期届满原因而放弃中标，其弃标行为不具有合法理由。对此行为，招标人有权根据《招标投标法实施条例》第七十四条"中标人无正当理由不与招标人订立合同，……取消其中标资格，投标保证金不予退还"的规定，不退还其投标保证金且还可以追究违约责任。对此，法院裁判说理有清晰阐述。

⚖ 启 示

（1）招标人应当在招标文件中载明投标有效期。投标人应当对投标有效期进行响应。招标文件限定的是最短期限，投标人承诺的投标有效期必须不短于招标文件规定的投标有效期，否则将构成对招标文件的非实质性响应。

（2）招标人应当在投标有效期内完成评标和定标工作，不能在投标有效期内完成上述工作的，应当通知所有投标人延长投标有效期。投标人有权拒绝延长投标有效期并收回投标保证金，也可以接受该延长请求，同时相应延长其投标担保的有效期，但不得修改投标文件的实质性内容。

（3）招标人超出投标有效期发出的中标通知，投标人可以明示或以其行为表明接受中标通知的意思表示，也可以明确表明拒绝接受中标通知或者以不作为的消极行为拒绝接受该逾期的中标通知。

32 招标代理机构收取投标保证金视为招标人收取

⚖ 案 情

某工程学院就其物业管理项目委托招标代理机构甲招标公司进行公开招标，招标文件记载投标保证金为投标报价的 2%，开标前交到招标代理机构；履约担保金额 10 万元。

投标人 A 公司向甲招标公司交纳 10 万元投标保证金。招标人向 A 公司发出中标通知书，要求 A 公司尽快进驻并签订合同，按要求向某工程学院交纳履约保证金 40 万元。A 公司针对通知进行复函，认为本次项目的招标文件明确规定了履约保证金为 10 万元，交纳时间为签订合同时；40 万元履约保证金不知从何而来，也超过中标合同金额的 10%，属于违法；要求工程学院务必在三日内与 A 公司签订正式书面合同，愿意向工程学院交纳履约保证金 10 万元而非 40 万元等内容。因双方就履约保证金是交纳 10 万元还是 40 万元产生分歧，甲招标公司受工程学院委托，将 A 公司中标的四个标段又另行进行公开招标。后 A 公司起诉要求退还投标保证金及其利息并赔偿实际损失。

法院认为：首先，A 公司中标，中标总金额为 280.28255 万元。根据法律规定，履约保证金不得超过中标合同金额 280.28255 万元的 10%，即为 28.028255 万元。招标文件上面记载履约担保金额为 10 万元，工程学院却要求 A 公司交纳履约担保金 40 万元，显然于法无据；工程学院以此为由不与 A 公司签订书面合同，属违约行为，应承担相应的违约责任。法人可以通过代理人实施民事法律行为；代理人在代理权限内，以被代理人的名义实施民事法律行为；被代理人对代理人的代理行为，承担民事责任。招标人有权自行选择招标代理机构，委托其办理招标事宜。工程学院就其物业管理项目委托甲招标公司进行招标，甲招标公司系工程学院的委托代理人，其向 A 公司收取投标保证金 10 万元的行为，应当由工程学院承担民事责任。工程学院关于应由甲招标公司退还保证金的辩称意见，于法无据，本院对此不予采纳。A 公司提交的证据缺乏真实性和与本案具有关联性，其要求工程学院赔偿 20 万元，本院不予支持。

综上，法院判决如下：一、某工程学院应当退还 A 公司投标保证金 10 万元，并支付利息至清偿之日。二、驳回 A 公司的其他诉讼请求。

分　析

在本案例中，招标文件规定了投标人将投标保证金交由招标代理机构，但就投标保证金返还问题引发争议。而要确定投标保证金的返还义务主体，关键需厘清招标人、投标人、招标代理机构三方之间的法律关系。

首先，招标人通过招标文件向潜在投标人发出要约邀请，投标人通过投标文件向招标人提出要约，投标人递交的投标保证金实质为向招标人担保其投标行为的合法性，若投标人发生依法可以不予返还投标保证金的情形时，投标保证金归由招标人所有。

其次，招标人与招标代理机构之间存在委托代理关系，招标代理机构以招标人的名义代理招标人实施招投标有关行为。根据《民法典》第一百六十二条规定，代理人在代理权限内，以被代理人名义实施的民事法律行为，对被代理人发生效力。具体到本案，在招标文件未明确规定投标保证金的返还事宜的情况下，无论招标代理机构是否将投标保证金交由招标人，根据《民法典》和《招标投标法》的相关规定，其法律效果视为归属于招标人，招标人为承担返还义务的主体。

需要注意的是，招标人与招标代理机构存在委托代理关系，当招标文件明确收取、返还投标保证金的主体为招标代理机构时，投标保证金事实处于招标代理机构的控制之下，该种情况下，投标人可以直接向招标代理机构主张返还投标保证金。

关于退还的投标保证金的范围，根据《招标投标法实施条例》第三十一条、第五十七条规定，招标人或招标代理机构应退还投标保证金及银行同期存款利息。本案例中，招标人存在超过法定比例收取履约保证金的违法情形且招标人工程学院已就案涉招标项目另行招标，导致双方未能订立合同，工程学院应当及时退还投标保证金并承担赔偿责任。但因投标人未能证明其除投标保证金外其他损失的情况，故法院仅要求招标人退还投标保证金及按中国人民银行同期同类贷款利率计算的利息。

需要提醒的是，根据《全国法院民商事审判工作会议纪要》（法〔2019〕254 号）的规定，自 2019 年 8 月 20 日起，中国人民银行已经授权全国银行间同业拆借中心于每月 20 日（遇节假日顺延）9 时 30 分公布贷款市场报价利率（LPR），中国人民银行贷款基准利率这一标准已经取消。因此，自此之后人民法院裁判贷款利息的基本标准为全国银行间同业拆借中心公布的贷款市场报价利率。

另外，《招标投标法实施条例》第五十八条规定："招标文件要求中标人提交履约保证金的，中标人应当按照招标文件的要求提交。履约保证金不得超过中标合同金额的10%。"本案招标文件中明确规定了履约保证金为10万元，但中标后招标人又单方要求向某工程学院交纳履约保证金40万元，且超过中标合同金额的10%，有违诚信原则，由此产生争议，双方未能订立合同的责任在招标人，其应当承担相应法律责任。

⚖ 启 示

（1）对于招标人和招标代理机构而言，若招标文件规定投标保证金由招标代理机构收取，且投标保证金由招标代理机构保管，为避免退还时发生争议，建议招标人和招标代理机构在委托代理协议中就投标保证金的收取、保管和退还事宜进行明确约定。在招标文件中明确规定"投标保证金由招标代理机构退还"，否则，招标人为退还投标保证金的主体。

（2）为减少对投标人资金的占用，减少关于投标保证金退还、利息计算、缔约过失责任的争议，降低招投标成本，建议招标人鼓励投标人以保函、投标保证保险等方式交纳投标保证金。

（3）若招标文件接受保函、投标保证保险等无需占用投标人相应资金的投标保证金形式，建议投标人积极选取可靠的金融机构通过上述形式交纳投标保证金，一来减少对己方资金的占用，提高资金利用率；同时也有利于避免投标保证金递交、退还方面的相应失误与争议。

33 "投标保函必须由开立基本账户银行开具"是否合理

⚒ 案 情

某道路工程施工项目招标文件第3.4.1规定："采用银行保函的，开标时须提供银行保函原件（银行保函应由其基本账户开户银行开具）"。评标过程中，评标委员会发现某建筑装饰工程有限公司的基本账户开户行是中×银行江×侨×路支行，而其投标保函是由中×银行江×分行开具，要求澄清。某建筑装饰工程有限公司出具中×银行江×分行证明称："一、中×银行江×侨×路支行没有权限以自身名义对外出具投标保函；二、在江×市辖区内，中×银行××省分行及中×银行江×分行均有权代表中×银行以自身名义对外出具投标保函；三、申请人提交投标文件及相关保函开立申请资料，经中×银行江×分行业务有权人审批同意后，缮制好保函文本，按规定程序开立保函。"根据需要加盖中×银行××省分行或江×分行保函业务专用章，并按与申请人约定的方式将保函正本递交受益人。

在评审过程中，评标委员会将某建筑装饰工程有限公司投标予以否决，否决投标原因是"保证金不符合""保函不是由基本户出具"。中标候选人公示后，某建筑装饰工程有限公司先后提出质疑和投诉，要求重新组织评审。某区住建局经审查认为，评标委员会的行为违反《招标投标法实施条例》第四十九条规定，应采取相关补救措施予以纠正，要求招标代理机构暂停招投标活动，与招标人重新编制招标文件等资料报相关部门批准后，再重新实施招投标活动。该项目原公示的中标候选人对上述决定不服，向法院提出行政诉讼。

就某建筑装饰工程有限公司的投标保证金是否合格问题，法院审理认为，某建筑装饰工程有限公司的开户银行是中×银行侨×路支行，而出具投标保函的银行是中×银行江×分行，虽然两家银行从名称上看似不一致，但《商业银行法》第二十二条规定："商业银行对其分支机构实行全行统一核算，统一调度资金，分级管理的财务制度。商业银行分支机构不具有法人资格，在总行授权范围内依法开展业务，其民事责任由总行承担。"据此，中×银行作为一级法人有权对内部各分支机构进行风险管控及分级授信。经法院函询中×银行江×分行，该银行明确表示基于上级银行的管理要求，在江×辖区内只有中×银行××省分行及中×银行江×分行有权对外出具投标保函，中×银行侨×路支行作为某建筑装饰工程有限公司的开户行无权出具投标保函。并且无论是中×银行××省分行还是中×银行江×分行出具保函，均对外代表中×银行，由中×银行承担民事责任，对招标人的合法权益并未造成损害。换言之，本案中虽然是中×银行江×分行为某建筑装饰工程有限公司出具投标保函，其行为并不违反招标文件第3.4.1第二项的规定内容，某建筑装饰工程有限公司的投标保证金应认定为合格。

分 析

1. 基本账户开户银行没有出具保函权限的，可以由其上级银行开具

出具保函属于授信业务，银行等金融机构一般都会对其下属机构出具保函的权限作出内部规定，如规定须经上级机构统一授权等管控要求，以防范授信风险。本案例中，中×银行明确表示基于上级银行的管理要求，在江×辖区内只有中×银行××省分行及中×银行江×分行有权对外出具投标保函，中×银行侨×路支行作为某建筑装饰工程有限公司的开户行无权出具投标保函。因此，虽然某建筑装饰工程有限公司的基本账户开户银行是中×银行侨×路支行，但其投标保函只能由具有开立保函权限的上级银行开具。评审委员会认定中×银行江×分行开立的投标保函不符合招标文件要求，实质上要求投标人提交无权限银行分支机构开立保函，不符合银行保函业务的实际情况。

2. 要求投标保函必须由基本账户开户银行出具存在不合理性

《招标投标法实施条例》第二十六条规定，依法必须进行招标的项目的境内投标单位，以现金或者支票形式提交的投标保证金应当从其基本账户转出。根据该规定，从投标人基本账户转出的要求只适用于以现金或者支票形式提交投标保证金，而对于以保函方式提交的投标保证金，法律并无必须由投标人基本账户开户银行开立的要求。且法律要求现金或者支票形式的投标保证金必须从基本账户转出的原因，是由于根据人民银行账户管理规定，每个企业只能在一家银行开立一个基本账户，国家管理较为严格，限定投标保证金必须从基本账户转出有利于防止投标人开立不同的银行账户为其他投标人提供投标保证金，进行围标串标等违法行为。以保函方式提交的投标保证金并不存在上述问题，也没有要求必须由基本账户开户银行开立的必要。实践中，企业往往有多家合作银行，有权根据不同银行保函业务的费率、条件等因素，自主选择出具投标保函的银行，招标文件要求投标保函必须由基本账户开户银行出具，也无法律依据，反而有减损投标人权益的嫌疑。

启 示

依法必须招标项目中，对以现金或者支票形式提交的投标保证金应要求从其基本账户转出，但不宜规定以保函形式提交的投标保证金也必须由投标人基本账户开户银行出具等要求。对于非依法必须招标项目，以现金或者支票形式提交的投标保证金可以不要求从投标人基本账户转出，避免给投标人造成不合理的负担。

34 担保人错误出具投标保函致投标人损失应否赔偿

案 情

原告某市外语科技专修学校为参加某市城市综合管理局市城管系统依法行政培训采购项目的投标，委托被告 B 融资担保有限公司出具《政府采购投标担保函》。被告收取了担保费 500 元并出具了担保函，但该担保函供应商名称为"某市外语科技专修学院"，与原告名称有一字之差。评标委员会以被告出具的《政府采购投标担保函》中供应商名称与投标单位名称不一致为由，认定为无效投标。

原告主张被告应赔偿因出具的担保函名称错误给其造成的损失，包含招标文件制作费 15000 元、交通费 2000 元、人工费 30000 元、培训场地租赁费 25000 元，合同履行后可得利益损失 166007 元及担保费 500 元。

原告作为委托人但在打印的委托担保人处记载的名称为"某市外语科技专修学院"，原告确认该委托书上盖的印为原告的公章。原告认可投标文件由其封存后提交给招标中心，封存前有对招标文件包括案涉的担保函予以审查，但出于对受托人的信任而未进行严格审查，故未发现该担保函上的名称错误。

法院认为，原被告之间成立委托担保的合同关系，被告接受原告委托出具了担保函，因担保函记载的供应商名称与原告名称不一致导致原告的投标文件未通过初步评审。本案争议焦点为上述名称错误的责任应如何认定。从委托担保书上记载的委托担保人"某市外语科技专修学院"来看，原告作为委托人，未尽到合理的审查义务。而作为被告方，原告提供的委托书上盖的印章显示为原告单位名称，被告对印章名称与委托担保人的名称不一致亦应有合理的审查注意义务，因此，在导致投标无效这一结果的事实上，原被告双方均存在一定的过错。对于原告主张的各项目费用除担保费被告确认外，其他的费用均未能提供充分证据予以证实。本案被告的未经审查的过错确实给原告造成一定的损失，根据被告的过错程度、原告本身在案涉交易中的责任及损失情况，本院酌定被告应承担的赔偿责任为 15000 元。综上，法院判决被告 B 融资担保有限公司支付原告某市外语科技专修学校赔偿款项 15000 元。

📝 分 析

1. 本案招标人无效投标的认定是否合法

本案中评标委员会以某学校提供的《政府采购投标担保函》中供应商名称与投标单位名称不一致为由，认定某学校的投标为无效投标。笔者认为结合投标担保函的通常形式，该认定符合法律规定。与普通合同有双方当事人签字盖章不同，担保函往往由担保人单方出具且仅有担保人签字盖章，因此担保函中被担保人的名称决定着担保人承担担保责任的对象。一旦担保函中被担保人名称与投标人不一致，则招标人有理由相信该担保函不对投标人的投标行为发生担保效力，构成投标人未按要求提供有效的投标保证金的情形，根据《政府采购法实施条例》第三十三条规定，投标人未按照招标文件要求提交投标保证金的，投标无效。《评标委员会和评标方法暂行规定》第二十五条也将"没有按照招标文件要求提供投标担保或者所提供的投标担保有瑕疵"列为重大偏差而规定为"未能对招标文件作出实质性响应"，应作否决投标处理。本案中担保函误将投标人某学校名称中的"学校"写作"学院"，视为投标人未提交有效投标保证金，是该投标人被评标委员会否决投标的直接原因。

2. 投标人与 B 公司之间的责任与损失承担

某学校在出具给 B 公司的担保委托书中将己方名字写错是造成 B 公司出具的担保函不符合招标文件要求的根本原因，但某学校同时在委托书中加盖了公章，该公章显示的单位名称为某学校的正确名称。B 公司未注意到审查委托书内容和公章不一致的情形，或者已经注意到但未与某学校核实，疏忽大意仍按照委托书中载明的名称而不是委托书上某学校公章名称出具担保函，二者对形成有瑕疵的担保函的结果都负有责任。

委托书中打印的某学校名称与盖章名称不一致，不影响某学校与 B 公司之间委托担保合同关系的成立。某学校在委托书中将己方名字打错固然存在过错，但 B 公司未以某学校所盖公章为根据确认某学校身份并据此出具担保函的行为也构成了违约，该违约行为已导致某学校在招标项目中投标失败，对此应当承担相应违约责任，该违约责任应为赔偿某学校损失而非重新出具担保函。

《民法典》第五百八十四条规定："当事人一方不履行合同义务或者履行合同义务不符合约定，造成对方损失的，损失赔偿额应当相当于因违约所造成的损失，包括合同履行后可以获得的利益；但是，不得超过违约一方订立合同时预见到或者应当预见到的因违约可能造成的损失。"因某学校投标活动为"多对一"缔约竞争，并不必然中标签约，只是存在一定概率，因此 B 公司承担的因违约可能造成的损失应为某学校为投标所支出的合理成本，某学校所主张的"合同履行后可得利益损失"缺乏事实和法律依据。某学校应就其投标成本进行举证，并且因某学校在委托书中的笔误对损失的发生亦有过错，根据《民法典》第五百九十二条规定，可以减少 B 公司相应的损失赔偿额。

⚖ 启 示

（1）因投标文件具有投标截止日后无法修改的特点，并且招标文件往往会对投标保函、投标保证保险的内容和形式提出严格要求，某些招标文件甚至会提供格式文件，一旦投标人提供的上述文件的内容、格式或签字盖章与招标文件要求不符，其投标将会被拒绝。因此，对于出具投标保函、投标保证保险的金融机构而言，在出具相关担保文件时应注意仔细严格审查、核实委托人的出具要求，增加委托人的确认环节，确保担保函、保险单载明的单位名称、内容、格式、时间、签章等符合委托人要求、符合招标文件要求。

（2）招标人应对银行、保险公司等金融机构出具的保函、保险、担保书等严格审核，防止投标保证金有瑕疵构成"重大偏差"而被否决投标或被判定投标无效。

35 投标保证保险责任相关法律问题分析

⚖ 案 情

某城市建设公司就某县城镇供、排水基础设施建设项目进行招标。招标文件载明：招标人为某城市建设公司，工程类别为市政工程，招标类别为施工总承包，招标控制价为2166万元，投标保证金为40万元，投标保证金形式包括现金形式和保险公司出具的投标保证保险形式等，投标保证金有效期与投标有效期一致。投标人存在投标须知20.6款规定的雷同情形之一，其投标保证金不予退还。投标须知20.6款规定："投标人的投标文件存在下列情形的，视为投标文件雷同：……（2）不同投标人的已标价工程量清单XML电子文档记录的计价软件加密锁序列号信息有一条及以上相同，或者记录的硬件信息中存在一条以上的计算机网卡MAC（如有）、CPU序列号和硬盘序列号均相同的（招标控制价的XML格式文件或计价软件版成果文件发布之前的软硬件信息相同的除外），或者不同投标人的电子投标文件（已标价工程量清单XML电子文档除外）编制时的计算机硬件信息存在一条及以上的计算机网卡MAC（如有）、CPU序列号和硬盘序列号均相同的……"

某建筑工程公司参加案涉工程施工的投标，并以某城市建设公司为被保险人，向汇×财产相互保险社投保投标保证保险。汇×财产相互保险社为某建筑工程公司出具《投标保证保险（凭证）》一份，投标保证保险约定，汇×财产相互保险社愿意无条件地、不可撤销地就投保人某建筑工程公司参加某城市建设公司工程项目投标，向某城市建设公司提供保证保险。汇×财产相互保险社承诺在收到某城市建设公司书面通知，说明下列事实的任何一条时，保证在7日内无条件地给付金×酒店不超过40万元的项目保证金：……3.投标人的投标文件存在投标须知第20.6款规定的雷同情形之一。

某城市建设公司对案涉工程项目进行开标。同日，评标委员会作出了《评标报告》，某建筑工程公司和信×公司的投标被否决，被否决投标的原因及依据为计算机软件加密信息加密锁序列号相同，即已标价工程量清单 XML 电子文档记录的计价软件加密锁序列号信息相同。

汇×财产相互保险社作出了《拒绝赔偿通知书》。某城市建设公司向一审法院起诉请求：判令某建筑工程公司立即向某城市建设公司支付投标保证金 40 万元，并由汇×财产相互保险社承担连带责任。

一审法院认为，某建筑工程公司按招标文件中的规定，向某城市建设公司以汇×财产相互保险社出具的投标保证保险形式提交了投标保证金并参加了投标，表明其自愿接受招标文件各项规定的约束。本案中，某城市建设公司提供的证据可以相互印证，结合某建筑工程公司关于文件加密的陈述，足以认定某建筑工程公司与信×公司的已标价工程量清单 XML 电子文档记录的计价软件加密锁序列号信息相同，属于投标人相互串通投标的情形，符合汇×财产相互保险社为某建筑工程公司出具的《投标保证保险（凭证）》中承诺承担保险责任的情形，亦符合《汇×相互建设工程投标保证保险条款》第五条关于投保人与其他投标人相互串通投标，保险人应在保险金额内承担损失赔偿责任的情形，汇×财产相互保险社作为保险人应向被保险人某城市建设公司支付投标保证保险金。某城市建设公司主张某建筑工程公司支付投标保证金，因招标文件中约定投标保证金可以以保险公司出具投标保证保险的形式，而某建筑工程公司已向汇×财产相互保险社购买投标保证保险，以投标保证保险的形式交纳了投标保证金，某城市建设公司亦已接受，故某城市建设公司的该诉讼请求没有事实与法律依据，不予支持。法院判决：汇×财产相互保险社赔偿某城市建设公司投标保证金 40 万元；驳回某城市建设公司的其他诉讼请求。

汇×财产相互保险社不服一审判决上诉，二审法院审理后驳回上诉，维持原判。

分 析

1. 投标保证保险的概念和特征

（1）投标保证保险的概念。投标保证保险是指投标人参加合法的招标投标竞争中，因违反招标、投标文件约定，造成招标方经济损失的，由投标人承担的经济赔偿责任，保险人按照保险合同的约定负责赔偿。投标保证保险是投保人通过保险的方式对招投标环节的违约风险进行转嫁，实现保险的资金融通功能。

2016 年以来，国家和地方主管部门要求全面清理各类保证金，转变保证金缴纳方式。传统的现金、银行保函和担保公司保函为主的投标保证形式已经越来越不适应国家减轻诚信成本的改革方向，投标保证保险成为新型的投标担保形式。2019 年住房和城乡建设部等六部门印发《关于加快推进房屋建筑和市政基础设施工程实行工程担保制度的指导意见》，指导意见明确要推行工程保函替代保证金制度，在有条件的地区推行工程担保公司保函和工程保证保险。福建、四川、山东、浙江、宁夏等十余省份相继颁布政策，明确保险公司所提供的保险合同或保险单作为工程担保的形式之一，保证保险与现金保证金、银行保函、担保公司保函具备同等效力。投标人在投标时提交其与保险公司签订的投标保证保险合同或保险单的，应当视同已经缴纳投标保证金。

（2）投标保证保险的特征。投标保证保险已广泛应用于工程施工招标领域，也逐步渗入工程监理、工程设计和工程勘察的招标活动中。作为投标保证金的替代形式，投标保证保险与保证金目的一致，即约束投标人的投标行为、维护招投标活动秩序、防止和弥补因投标人过错行为而给招标人带来的损失。在市场经济条件下，企业现金流量在很大程度上决定着企业的生存和发展能力，投标保证保险能够有效解决企业现金流问题。从招标人的角度看，投标保证保险有助于盘活招投标过程中的各类保证金，有利于投标人降低资金成本，提高竞争力，提升参与投标时的降价空间，间接达到降低招标方采购成本的目的。从投标人角度看，在资金规模不变的情况下，投标保证保险使企业现金净增加额加大，应变能力加强，参与市场竞争的活力也就越强。

2. 投标保证保险适用《保险法》的相关规定

（1）从保险业务来看。《保险法》第九十五条第一款第（二）项规定："财产保险业务，包括财产损失保险、责任保险、信用保险、保证保险等保险业务"。《信用保险和保证保险业务监管办法》中明确："信用保险和保证保险是指以信用风险为保险标的的保险。"例如本案例中，投标人某建筑工程公司向保险人汇×财产相互保险社投保的是投标保证保险，因此本案应为保证保险合同纠纷。

（2）从保险的约定来看。《最高人民法院关于保证保险合同纠纷案件法律适用问题的答复》[（2006）民二他字第43号]中指出，保证保险合同中，如果保险人没有作出任何担保承诺的意思表示，则保证保险合同的性质上应属于保险合同。在本案例中，纵观汇×财产相互保险社所提供的《汇×相互建设工程投标保证保险条款》中，并没有对投保人不履行招投标合同义务的担保承诺条款，故案涉合同属于保险合同。

综上所述，投标保证保险纠纷应当适用《保险法》的财产保险等有关规定，而不适用《民法典》关于保证担保的规定。《民法典》第四百六十八条："非因合同产生的债权债务关系，适用有关该债权债务关系的法律规定；没有规定的，适用本编通则的有关规定，但是根据其性质不能适用的除外。"

3. 保险公司承担保险责任，而非保证责任

如前所述，投标保证保险合同以保险的形式替代了投标保证金的作用，在投标人违反了招投标合同的约定及上述招投标法律法规的规定时，应当由保险人以保险责任替代承担上述的定金保证责任。

也就是说，如果投标人按照招标文件中的规定，向招标人以投标保证保险形式提交了投标保证金并参加了投标，表明其愿意接受招标文件各项规定的约束，是真实的意思表示，其行为合法有效。一旦发生了招标文件约定的保险事由（保险事故），那么保险人应当承担保险责任。此保险责任并不以投保人（投标人）的履行招投标合同义务为前提，保险人当然也不具有先诉抗辩权。投标人因以投标保证保险合同的方式交纳了投标保证金，已经履行了招投标合同的该部分义务，因此无需再行承担支付投标保证金的义务。

本案中，某建筑工程公司参与某城市建设公司招标项目的投标，汇×财产相互保险社

应投保人某建筑工程公司的申请作为保险人出具了保险合同，当某建筑工程公司与其他投标人因存在已标价工程量清单 XML 电子文档记录的计价软件加密锁序列号信息相同的情形，被认定为投标人相互串通投标，这符合保险合同中承诺承担保险责任的情形，汇×财产相互保险社作为保险人应依据保险合同约定向被保险人某城市建设公司支付投标保证金。

启　示

（1）招标人应当审慎审查投标保证保险、保函的各项内容是否符合招标文件相关要求，包括投标保证保险、保函的性质、开立主体、索赔条件及要求、生效条件及有效期限等。如保险期间通常与投标有效期一致，或可适当延长。

（2）投标人在投标时向招标人提交其与保险公司签订的投标保证保险合同或保险单的，应当视同已经缴纳投标保证金。

36　投标人年度投标保证金被冻结的处理

案　情

某大型国有企业招标采购活动中，要求投标人按照招标文件的规定提交投标保证金，很多项目接受年度投标保证金形式。按照招标文件的规定，某投标人甲公司向招标人及其招标代理机构（简称"代理机构"）提交了 100 万元年度投标保证金。

乙公司与甲公司存在债权债务纠纷，人民法院判决甲公司偿还债务，甲公司未在规定期限内偿还，乙公司申请法院强制执行，人民法院查明甲公司尚有在代理机构的 100 万元年度保证金，遂裁定对甲公司的 100 万元年度投标保证金予以冻结，冻结期限 6 个月，要求代理机构协助执行，在冻结期间对冻结财产不得进行转移、隐匿、支付，并向代理机构送达了《协助执行通知书》和《执行裁定书》等司法文书。

在冻结期限 6 个月尚未到期前，甲公司与乙公司达成和解协议，人民法院遂作出解除对甲公司 100 万元年度保证金冻结的裁定，并向代理机构送达了解冻的《协助执行通知书》和《执行裁定书》。

对于人民法院向代理机构送达冻结甲公司年度投标保证金的裁定，代理机构应当予以协助执行，对投标人甲公司的 100 万元年度投标保证金予以冻结，在冻结期间对冻结财产不得进行转移、隐匿、支付。对于人民法院向代理机构送达解冻甲公司年度投标保证金的裁定，代理机构也应当协助执行，对投标人甲公司的 100 万元年度投标保证金及时予以解冻。

分　析

1. 关于投标保证金

投标保证金，是指投标人按照招标文件规定的形式和金额向招标人提交的，以一定金额表示的投标责任担保。根据招标投标法律规定，招标人可以在招标文件中要求投标人提交投标保证金。《招标投标法实施条例》第二十六条对投标保证金的数额标准作出明确规定，即："招标人在招标文件中要求投标人提交投标保证金的，投标保证金不得超过招标项目估算价的 2%。投标保证金有效期应当与投标有效期一致。"同时，《工程建设项目勘察设计招标投标办法》《工程建设项目施工招标投标办法》《工程建设项目货物招标投标办法》均遵循《招标投标法实施条例》的规定以招标估算价为基数计算投标保证金，施工招标和货物招标投标保证金最高不得超过 80 万元人民币，勘察设计招标的投标保证金最高不得超过 10 万元人民币。

依据招标项目特点和实际需要，招标文件应明确是否要求投标人提交投标保证金。要求提交时，投标保证金的金额应符合现行法律法规规定。投标人应当按照招标文件要求的方式和金额，在提交投标文件截止之日前将投标保证金提交给招标人或其招标代理机构。投标人不按招标文件要求提交投标保证金的，该投标文件将被拒绝，作否决投标处理。

2. 关于年度投标保证金

目前，一些企业集团在集中招标采购活动中推行年度投标保证金方式，以适应集中招标采购工作提高采购效率、降低投标成本，为投标人参与集中招标提供便捷条件等现实需要，允许投标人可一次性提交固定金额的投标保证金，作为一定期限内（如 1 年）的投标保证金，而不必在每批次招标时均单独提交投标保证金。

招标人在招标文件中规定投标人可以提交"年度投标保证金"，该形式在实践中已被广泛接受。中国招标投标协会发布的《招标采购代理规范》中"企业集中采购分则"之"7.7 收取投标保证金"也规定："集中采购中，对于在一段时间内需要多次参与招标项目投标的投标人，为节约投标成本，提高招投标效率，避免多次办理递交投标保证金，按照自愿原则，可以由投标人预缴合理金额的投标保证金，并在一定期限内保证其投标行为。"

3. 关于代理机构在先权利的保护

投标保证金如属于以现金、转账等形式提交的，该笔资金所有权仍属于投标人所有，故也存在被人民法院冻结的可能。此时存在招标人、代理机构权利的保护问题。从现行法律规定来看，人民法院的冻结行为并不影响代理机构对该投标保证金在先的占有。

最高人民法院《关于人民法院民事执行中查封、扣押、冻结财产的规定》坚持保护第三人的合法权益原则，强调不能因强制执行增加第三人的负担或者损害第三人的利益。该规定第 15 条规定，在被执行人的财产由第三人占有的情况下，应当区分第三人为自己的利益占有还是为被执行人的利益而占有两种不同情况。第三人为自己的利益，根据与被执行人之间的合同等关系而占有被执行人的财产的，虽然可以查封、扣押、冻结，但不能影响第三人对该财产的占有和使用。对第三人替被执行人保管或者因其他原因为被执行人的利益占有的被执行人的财产，可以查封、扣押、冻结，并不受第三人占有的限制。

代理机构占有投标人投标保证金的行为是为自己利益因合同关系或可能的合同关系而占用。因此法院的冻结行为不能影响代理机构对该投标保证金在先的占有。

基于此,遇到投标保证金被人民法院冻结的,招标人、招标代理公司应积极沟通、处理。一是,代理机构在接到人民法院的《协助执行通知书》后,应按照法院的裁定,对投标人的年度投标保证金予以冻结,在冻结期间内不予划转、隐匿、支付。如在该期间内投标人请求退还投标保证金,代理机构应当予以拒绝。二是,代理机构应尽快查清在涉及该投标人的招标项目中,是否发生了招标文件规定的没收其投标保证金的情况,如有,代理机构应将拟没收投标保证金的情况向人民法院反映,请求法院协调解决。三是,在投标保证金冻结期间,如该投标人再投标,招标人应要求其提交新的符合招标文件要求的投标保证金。如该投标人未提交新的符合招标文件要求的投标保证金,其投标文件将被拒绝,作否决投标处理。

启 示

(1)在投标人财产被冻结之前的涉及该投标人的招投标活动中,如果发生了招标文件规定的可以不退还投标保证金的情况,代理机构有权利扣留其投标保证金,但应先将拟扣留投标保证金的情况向人民法院反映,请求法院协调解决。如发生被法院冻结、抵扣等情况时,应及时提醒投标人补足,以充分发挥投标保证金的担保作用,防范招标过程中的潜在风险。

(2)投标人在某一个或多个标包中发生导致投标保证金被扣减的情形时,按招标文件规定金额扣减年度投标保证金,被扣减的年度投标保证金额度即时失效。发生年度投标保证金被扣减后,投标人应在参加下一次投标前补足其年度投标保证金金额,否则因保证金无效而引起的后果由投标人自行负责。

37 不退还投标保证金的情形有哪些

案 情

A公司通过C市公共资源交易中心发布市人民医院整体搬迁项目(一期)施工招标公告,项目概算约为3.5亿元,投标保证金为600万元,招标文件第17.3.3条规定:"投标人以他人名义投标或者以其他方式弄虚作假的,投标保证金不予退还。"B公司按照招标文件的规定提交的投标文件包括资质资格证书、业绩及奖项证明等材料,并向指定账户交纳投标保证金600万元。B公司在签订的诚信投标承诺书中承诺"在项目的招投标及履约过程中,完全响应并认可招标文件,全面履行合同条款,若有违反,愿意接受招标文件及合同约定的所有处理、处罚"。后来,C市公共资源交易平台就案涉招标工程进行中标公示,第一中标候选人为D公司,第二中标候选人为B公司,拟派项目经理为邵某,该公示信息同时记载:"项目经理业绩为东×大学教学医疗综合大楼土建及安装工程,项目经理获得奖项为东×大学教学医疗综合大楼工程荣获 2014—2015 年度中国建设工程鲁班奖（国家优质工程）"。

有其他人投诉 B 公司提供的项目经理邵某的东×大学教学医疗综合楼的业绩存在弄虚作假。C 市公共资源交易监督管理局（简称 C 市公管局）经过调查后作出投诉处理决定，认定东×大学教学医疗综合大楼工程的项目经理为蒋某，项目技术负责人为邵某。该项目竣工之前，邵某不具备担任项目经理资格条件，B 公司竞标案涉工程项目时提供的拟派项目经理业绩证明材料不属实，存在弄虚作假骗取中标的行为。C 市公管局决定：取消 B 公司中标候选人资格，对 B 公司弄虚作假骗取中标的行为记不良行为记录并向社会公示，投标保证金 600 万元由 A 公司不予退还。

B 公司对该处理决定不服，认为 C 市公管局作出的投诉处理决定，认定 B 公司弄虚作假，骗取中标属于认定错误，且超越职权，其无权决定投标保证金 600 万元由招标人不予退还，诉至法院要求撤销该投诉处理决定。法院认定 C 市公管局作出的投诉处理决定事实认定清楚，证据确实充分，程序合法，判决驳回 B 公司的诉讼请求。B 公司不服，提起上诉。C 市中级人民法院二审判决，驳回上诉，维持原判。后 B 公司申请再审，省高级人民法院以没有法律依据为由，判决依法撤销 C 市公管局作出的投诉处理决定中"A 公司向招标人提交的投标保证金人民币 600 万元，由招标人 A 公司不予退还 B 公司"的内容，驳回 B 公司的其他诉讼请求。

分 析

1. 投标保证金的性质

在工程建设领域，以担保的手段增强招投标活动当事人的签约、履约信用，规避合同风险，并弥补因此给交易对方带来的损失，是成熟的工程建设市场中的一种手段。投标保证金作为一种工程担保方式，广泛地应用于工程建设领域中。投标保证金，是投标人根据招标文件要求向招标人出具的，为约束其履行投标义务向招标人提供的一定金额的投标责任担保。当投标人未依法履行其投标义务时，招标人有权不退还其投标保证金。

《招标投标法实施条例》第三十五条第二款规定："投标截止后投标人撤销投标文件的，招标人可以不退还投标保证金。"第七十四条规定："中标人无正当理由不与招标人订立合同，在签订合同时向招标人提出附加条件，或者不按照招标文件要求提交履约保证金的，取消其中标资格，投标保证金不予退还。……"从这些条款也能看出，设置投标保证金的主要目的，就是为了规范投标人投标行为，确保招标活动有序进行，并避免因投标人在投标有效期内随意撤销投标、中标后无正当理由不与招标人签订合同等不当行为对招标人造成额外损失，对投标人的不诚信行为予以惩戒，对招标人的权利予以一定程度的保护，维护招投标市场秩序。

2. 招标人不予退还投标保证金的情形

如前所述，《招标投标法实施条例》第三十五条第二款和第七十四条对不予退还投标保证金的情形进行详细列举性规定，主要包括以下情形：①投标截止后投标人撤销投标文件；②中标人无正当理由不与招标人订立合同；③中标人在签订合同时向招标人提出附加条件；④中标人不按照招标文件要求提交履约保证金。除法律明确规定的上述情形外，在招标实践工作中，招标人也会根据意思自治原则，在不违背法律、行政法规禁止性规定的前提下，在招标文件中增加其他不退还投标保证金的情形，国家发展改革委发布的各类标准招标文件中，在前述四类情形之外，也都允许在"投标人须知前附表"中规定其他可以不予退还投标保证金的情形。例如本案例中，招标文件规定："投标人以他人名义投标或者以其他方式弄虚作假的，投标保证金不予退还"，类似还有投标人串通投标，向招标人、招标代理机构工作人员或评标委员会成员行贿等违法行为的，都可以将其约定为不予退还投标保证金的情形。《招标投标法实施条例》及部门规章中未明确规定以及招标人在招标文件也未另行作出约定的，不得扣留投标保证金。

3. 应否退还投标保证金由招标人决定，行政机关无权处分

在本案例中，因招标人事前在招标文件中已经明确规定："投标人以他人名义投标或者以其他方式弄虚作假的，投标保证金不予退还。"且 B 公司提交虚假的业绩证明文件情况属实，依据招标文件规定，招标人有权不退还其投标保证金。当然，需要注意的是，投标保证金是由投标人交付给招标人的投标责任担保，受益人是招标人，保护招标人的利益，以此对投标人的投标行为产生约束作用，从性质上看属于民法中的一种担保行为。因此，投标保证金是否收取、应否退还，是投标人与招标人之间根据约定产生的民事法律关系，属于双方当事人意思自治的范畴。如果因此产生纠纷，应通过民事途径予以主张和救济，行政机关不应也无权对此作出处理。因此，C 市公管局投诉处理决定中"投标保证金人民币 600 万元，由招标人 A 公司不予退还 B 公司"的行政行为缺乏法律依据，故法院依法判决撤销该项决定。

启 示

（1）招标文件关于投标保证金不予退还情形的规定，在与《招标投标法实施条例》规定保持一致的基础上，也可在充分体现公平、客观、合理等原则的前提下设置其他不予退还的情形，这样发生规定的情形时不退还投标保证金就具有了操作依据，发生纠纷争议时才有可能获得行政监督部门和司法机关的支持。

（2）行政监督部门在处理招标投标投诉案件时，如果确实发现投标人的失信行为构成可以不退还投标保证金的情形时，应当告知招标人由招标人自主决定，但不能越权作出不退还的行政处理决定。

38 招标代理机构应按照招标文件约定退还投标保证金

案 情

某招标公司曾与某市政府签订《委托招标代理合同》，约定由某招标公司为某市城市基础设施建设项目招标代理机构，汪某某代表某招标公司签名。

某建工集团按招标文件规定向某招标公司××市分公司支付 80 万元投标保证金及 12.085 万元购买招标文件及相关资料。后××市政府终止招标，提出后续处理意见：一、由某招标公司退回各投标人投标保证金 80 万元及其利息；二、退回投标人购买招标文件及相关资料所产生的费用 12.085 万元；适当补偿各投标人编制投标文件等产生的费用 32 万元、差旅费 4.4 万元。某建工集团也收到了显示系某招标公司通知的电子邮件，包含上述内容，还载明"如贵单位对此赔偿方案无异议，待贵单位出具承诺书后，我公司向贵单位进行支付……"等内容。

后来，某建工集团多次向汪某某发送短信，向某招标公司发送律师函索要保证金及补偿费。

某招标公司举报汪某某犯罪，私刻公章私自设立××市分公司行为，公安局已立案。某招标公司自述："汪某某担任我公司××市城市基础设施建设项目工程项目负责人，负责××市招标代理等工作……××市政府停止了该招标项目，决定给每个投标公司 497314 元补偿金……这时候我公司才知道汪某某当时没有把这些款项退还给各投标公司……"。

法院认为，关于争议焦点一，本案是否应由人民法院作为民事案件审理。某招标公司确系某市政府委托的招标代理机构，案涉工程项目的招标工作应当由某招标公司亲自组织实施。同时，汪某某确属某招标公司工作人员，并系案涉项目处负责人，负责在××市进行招标代理等工作。因此，汪某某组织某建工集团等投标，出售招标文件及收取投标保证金等，均系代表某招标公司的职务行为，产生的外部法律后果应由某招标公司承担。即使汪某某私自设立某招标公司××市分公司并以分公司账户收取保证金等行为超出公司授予的权限甚或构成某招标公司报案所称的职务侵占罪，该问题仍属于某招标公司内部管理疏失，某建工集团作为相对人对此并不知情，且基于对某招标公司系项目招标代理机构及汪某某负责人身份的事实足以产生合理信赖，汪某某的职务行为仍然对某招标公司产生民事法律效力。故本案某建工集团起诉请求某招标公司承担民事法律责任，属于人民法院民事案件受理范围。至于汪某某可能构成刑事犯罪问题以及因此给某招标公司造成的损失问题，可另行处理。

关于争议焦点二，案涉项目终止招标后投标保证金及补偿费用是否应由某招标公司向某建工集团返还并支付。某招标公司系招标人某市政府委托的招标代理机构，招标人终止招标的，收取的投标保证金及银行同期存款利息、相关费用等应当由招标人退还。然而，根据本院查明事实，某建工集团系向某招标公司××市分公司账户交纳投标保证金，即某招标公司为保证金接收单位；且在案证据显示招标人某市政府已将招标后续事宜各类款项 1109.805 万元转账给某招标公司；同时，某招标公司向各投标单位发送的《终止招标通知》函件中亦承诺"……待贵单位出具承诺书后，我公司向贵单位进行支付"。因此，某建工集团请求某招标公司向其返还投标保证金并支付某市政府拨付的补偿费并无不当。

法院判决某招标公司向某建工集退还投标保证金 80 万元、支付补偿费 497314 元及利息。

分 析

投标保证金是投标人提交给招标人，用以制约投标人、保障招标人利益的担保措施，其受益人是招标人，而不是招标代理机构。在招标投标民事行为中，收取、退还投标保证金，分别是招标人依据招标文件拥有的权利和应当履行的义务。《招标投标法实施条例》第三十一条、第三十五条、第五十七条也规定由招标人退还投标保证金。实践中，当招标代理机构受招标人委托代理办理招标事宜时，代理招标人收取、保管和清退投标保证金是招投标活动中的通常做法，但其是否负有退还义务？

1. 招标人是投标保证金当然的退还主体

招标文件作为招投标活动中主要的法律文件，是投标和评标的依据，招标文件一经发出，招标人必须遵守，投标人正是基于对招标公告及招标文件的信赖而向招标人交纳保证金，招标人不能以其未收到保证金或其与招标代理机构签订的招标代理合同已约定由招标代理机构保管投标保证金为由而免除退还义务。因为，根据《民法典》第一百六十二条规定，代理人在代理权限内，以被代理人名义实施的民事法律行为，对被代理人发生效力。也就是说，招标代理机构所实施的招标行为直接约束招标人及投标人。在招标投标活动中，"招标代理机构应当在招标人委托的范围内办理招标事宜"，该行为后果均应由招标人承担，其代理收取投标保证金的行为，对招标人发生效力，视为招标人自行为之，故退还招标保证金是招标人法定、固有的义务。招标文件约定由招标代理机构退还的，招标代理机构也有代理退还的义务。投标人有权直接要求招标人返还，当招标代理机构收取投标保证金但拒绝退还的，招标人承担退还责任后可以向招标代理机构追偿，但招标人不得以此为由否认其负有的退还投标保证金的义务。

2. 招标代理机构应按照招标文件约定退还投标保证金

如前所述，招标人是退还投标保证金的当然责任主体。招标代理机构作为招标人的代理人，也可以代理收取、保管和退还投标保证金。招标代理机构接受招标人委托发布招标公告、招标文件，组织招投标活动，投标人在招标代理机构购买招标文件，且将投标保证金汇入招标代理机构的账户。该投标保证金的性质系对投标人投标行为的约束和保证，该保证金在招投标工作终止前始终存放于招标代理机构的账户，但投标保证金的所有权仍属于投标人。如果投标人在投标过程中有撤销投标文件、拒绝签订合同等违规行为，招标人有权扣除投标保证金，此时，招标代理机构应将保证金交付招标人。而在招标人终止招标或者中标人没有随意毁标、提出附加条件或者恶意不履标等情况下，应由招标代理机构作为保证金的退还主体，直接将投标保证金返还投标人。

根据《招标投标法实施条例》第十三条第二款规定"招标代理机构代理招标业务，应当遵守招标投标法和本条例关于招标人的规定"，该条例第三十一条、第三十五条、第五十七条中关于招标人退还保证金的规定同样也适用于招标代理机构。在招标文件中明确约定由招标代理机构退还投标保证金的，该约定对招标代理机构、投标人都有约束力，招标代理机构因此负有退还投标保证金的责任，投标人可以要求招标代理机构退还。

本案例中，某招标公司按照招标文件约定收取投标保证金，并且按照与招标人的约定承诺退还投标保证金及相关补偿费用，系招标人授权行为，也为投标人所接受，所以投标人有权向其追索该项费用，某招标公司也负有退还义务。

启 示

招标代理委托合同中约定由招标代理机构收取、保管、退还投标保证金的，投标人既可以要求招标人退还，也可以要求招标代理机构退还。如无此约定，则招标代理机构尽管代为收取、保管投标保证金，也没有直接向投标人退还投标保证金的必然责任，招标人不能以此为由拒绝向投标人退还投标保证金。招标人向投标人退还投标保证金后，可以要求招标代理机构向其交付已收取的投标保证金。

39 逾期退还投标保证金的应支付利息损失

案 情

2020年5月，某电梯公司参加某房地产开发公司某公园文化休闲园项目电梯设备采购及安装招投标。招标文件约定，未中标人的投标保证金应在中标通知书发出后十个工作日内予以无息返还，中标人的投标保证金转为合同履约保证金。某电梯公司按要求于2020年5月25日向某房地产开发公司交纳20万元投标保证金。某房地产开发公司于2020年6月2日开标，但开标后既未通知终止招标，也未告知定标结果，此后某电梯公司多次催问投标保证金返还事宜，某房地产开发公司均以各种理由推脱。2021年12月22日，某房地产开发公司对账确认欠某电梯公司投标保证金20万元。某房地产开发公司于2022年4月24日出具还款承诺书，承诺待收购款到位，立即返还保证金，但此后一直未返还。某电梯公司起诉至法院，请求法院判令某房地产开发公司立即退还投标保证金20万元、支付逾期返还保证金利息。

法院认为，双方对退还20万元投标保证金无异议，某房地产开发公司主张保证金的利息计算标准应为中国人民银行同期存款利率，根据《招标投标法实施条例》第三十一条规定，招标人终止招标的应"及时退还"投标保证金及银行同期存款利息，虽未明确具体退还期限，但强调了退还的及时性。本案某房地产开发公司认可未在约定的2020年6月2日开标，招标工作终止，但至今仍未退还保证金，参考某房地产开发公司招标文件所附招标须知第14.4条"未中标人的投标保证金，将在中标通知书发出后10个工作日内予以无息退还"的约定期限，可以认定某房地产开发公司在终止招标后，未能及时退还保证金，给某电梯公司造成了额外的利息损失，应按照中国人民银行同期贷款利率支持某电梯公司主张的自2020年7月1日起的利息损失。综上，判决：某房地产开发公司返还某电梯公司投标保证金20万元，支付逾期返还保证金的利息，利息的计算以20万元为基数，按照人民银行同期贷款利率自2020年7月1日起计算至实际给付之日止。

分　析

1. 招标人终止招标的应及时退还投标保证金

招标人有权收取投标保证金，但也有义务及时退还投标保证金。对此，《招标投标法实施条例》第三十一条、第三十五条第一款、第五十七条第二款都有要求招标人限期退还投标保证金及银行同期存款利息的规定。其中《招标投标法实施条例》第三十一条规定："招标人终止招标的，应当及时发布公告，或者以书面形式通知被邀请的或者已经获取资格预审文件、招标文件的潜在投标人。已经发售资格预审文件、招标文件或者已经收取投标保证金的，招标人应当及时退还所收取的资格预审文件、招标文件的费用，以及所收取的投标保证金及银行同期存款利息。"根据该条规定，招标人终止招标时应履行以下义务：一是发布终止招标公告或以书面形式告知所有潜在投标人或投标人，以便其终止相关投标行为，停止不必要的投入和损失。二是退还潜在投标人购买资格预审文件、招标文件的费用，招标文件规定"招标文件售后不退"在招标投标活动顺利进行的情况下是适用的，但招标人终止招标时如果以此为由不退还，违反上述强制性法律规定。三是应当及时退还收取的投标保证金及银行同期存款利息。这种情形下，招标人应当依法、按时、足额退还投标保证金，并支付利息。

2. 招标人逾期退还投标保证金，应当赔偿招标人的利息损失

投标保证金为投标人提交给招标人的投标责任担保，招标人依法占有期间，其所有权仍属于投标人，故退还时应一并计付银行存款利息这一法定孳息。当招标人未依法及时退还投标保证金，属无理由不当占有，由此可能给投标人造成损失，对此《招标投标法实施条例》第六十六条规定："招标人超过本条例规定的比例收取投标保证金、履约保证金或者不按照规定退还投标保证金及银行同期存款利息的，由有关行政监督部门责令改正，可以处 5 万元以下的罚款；给他人造成损失的，依法承担赔偿责任。"该条中的"不按照规定"应当包括不按照《招标投标法实施条例》规定的退还期限和计算方式（银行同期存款利息）退还投标保证金利息这两种情况。但其中对于赔偿损失的计算标准并没有明确规定。

如果招标人逾期退还投标保证金，投标人当然有权要求招标人支付逾期退还期间的投标保证金利息，该利息本质上是招标人无权占有投标保证金期间给投标人造成的损失赔偿，《政府采购货物和服务招标投标管理办法》第三十八条规定了"……应当按中国人民银行同期贷款基准利率上浮 20%后的利率支付超期资金占用费"。该规定对于政府采购货物和服务招标项目逾期退还投标保证金的损失计算标准作出了规定，虽不适用于其他项目招标投标活动，但是其损失计算方法是相通的。也就是说，对于非法占用他人一定金额资金给他人造成的损失，可以支付银行贷款利息的方式来填补、赔偿。《招标投标法实施条例》第六十六条规定的招标人依法承担的赔偿责任，可以招标人非法占有投标保证金期间为计算周期、参照中国人民银行同期贷款基准利率计算的利息作为损失赔偿金额，比较妥当，具体金额一般由人民法院自由裁量。实践中，一般可以按照同期全国

银行间同业拆借中心公布的贷款市场报价利率计算（注：2019 年 8 月 19 日前，应按照中国人民银行同期同档次贷款基准利率计算，下同）。

需要注意的是，《招标投标法实施条例》第三十一条只是规定"及时退还"但没有明确具体退还期限，一般理解，所谓"及时"应当是在招标人作出终止招标的决定的同时通知有关投标人办理退还手续，并尽可能在最短的合理期限内予以退还。发生纠纷后，合理的期限由法院根据个案酌定。

⚖ 启 示

（1）招标人退还投标保证金的同时应当一并退还利息，这属于强制性法律规定，招标人应当依法退还利息。招标文件应当明确约定投标保证金的银行同期存款利息标准及其计算和退还办法。招标文件约定投标人无息退还投标保证金的，该内容无效。

（2）以现金、电汇、网上支付等方式提交的投标保证金，因其实际发生了金钱的转移占有，金钱在银行存放期间本身产生的利息，也就是其孳息，故该类投标保证金退还时应支付利息。但以银行保函、专业担保公司保证、工程保证保险等担保方式提交的投标保证金并不产生孳息，因此不存在退还利息的问题。

40　交易中心将投标保证金错误退还后能否收回

⚖ 案 情

某市经济技术开发区总公司与该市公共资源交易中心签订《集中收退交易保证金委托书》，约定：开发区总公司自愿委托交易中心处理该市某道路改造工程的投标保证金（80 万元）收取、退还事务；预中标期间产生投诉，预中标公示结束后五日内将被推荐为中标候选人之外且与投诉无关投标人的保证金（含利息）退还至企业基本账户，与投诉有关的投标人名单由市公管局提供；对违反交易文件约定或经公管局认定不予退还的保证金，受托人根据委托人出具的书面指令办理。随后开发区总公司作为道路改造工程项目的招标人对外发布了招标文件，文件中同时载明：投标人在招标活动中存在违法违规行为的，投标保证金将不予退还，并由交易中心统一上缴国库。

招标文件发布后，A 公司提交了相关投标文件，并向交易中心账户交纳投标保证金80 万元。开发区总公司组织开标后，A 公司成为第一中标候选人。但在预中标公示当日，B 公司向市公管局投诉，反映 A 公司拟派建造师李某在 A 公司并未缴纳社保，涉嫌弄虚作假等问题。市公管局调查后认定 B 公司投诉事项属实，A 公司存在弄虚作假骗取中标的违法行为，并按照《招标投标法》第五十四条第一款规定，认定 A 公司在该项目中标无效。开发区总公司向交易中心发送通知，载明：①我单位决定不顺延其他中标候选人为该工程中标人；②我单位决定重新组织该工程进行招标活动；③对 A 公司投标保证金不予退还。

后因内部工作衔接问题，交易中心将不应退还的投标保证金本息（本金 80 万元，利息 680 元，合计 800680 元）退还给了 A 公司。开发区总公司遂诉至法院，要求 A 公司返还投标保证金本息并要求交易中心承担连带清偿责任。

法院经审理，判决 A 公司将收到的投标保证金依法返还给开发区总公司，并驳回了开发区总公司主张交易中心应承担连带清偿责任的诉讼请求。

分 析

《招标投标法实施条例》第三十五条、第七十四条规定了招标人可以不退还投标保证金的法定情形，在招标实践工作中，招标人也可以根据意思自治原则，在不违背法律、行政法规禁止性规定的前提下，在招标文件中增加其他不退还投标保证金的情形。比如本案中开发区总公司对外发布的招标文件中就明确规定"投标人在招标活动中存在提供虚假材料等违法违规行为导致中标无效的，投标保证金将不予退还"。案件中，交易中心将本应当扣留的投标保证金退还给了投标人，招标人能否收回，本案给出答案。

1. A 公司应返还收到的投标保证金

本案中 A 公司阅读招标文件后决定参与投标，提交了相关投标文件并交纳了投标保证金，表示其同意受招标文件的约束，开发区总公司与 A 公司之间的招投标法律关系成立。此外，A 公司还向开发区总公司提交了《诚信承诺书》和《投标诚信承诺函》，明确承诺了不以伪造、变造等其他方式弄虚作假，骗取中标，若有违反承诺内容的行为则自愿接受取消中标资格、不予退还投标保证金等处罚或处理。据此，开发区总公司与 A 公司对招投标阶段的投标保证金如何处理已经达成合意，意思表示真实，且不违反法律强制性规定，双方均应自觉履行。因相关部门已经查明 A 公司在招投标过程中提供了虚假的社保材料并认定中标无效，开发区总公司有权不予退还投标保证金。现 A 公司收到了投标保证金，依法应将其再返还给开发区总公司。

2. 本案所涉及的招投标合同与委托合同法律关系

开发区总公司与 A 公司之间系招投标合同法律关系，与交易中心之间系委托合同关系。开发区总公司可以选择依据招投标合同法律关系向 A 公司主张返还投标保证金，也可以选择依据委托合同法律关系向交易中心主张相应权利。本案例中，交易中心作为投标保证金的代收人，应在开发区总公司的授权范围内按照其指示办理保证金的收退工作，无权自行决定是否退还保证金。开发区总公司通知交易中心不予退还 A 公司投标保证金，但交易中心错误将投标保证金本息退还给 A 公司，显属越权处理，与双方之间的委托合同内容相悖。虽然交易中心承认因自身工作衔接失误退还了保证金且认可 A 公司返还保证金给开发区总公司，但从开发区总公司的诉讼请求、事实与理由及本案实际情况来看，开发区总公司选择了依据招投标合同法律关系主张自身权利，其与交易中心之间的法律关系不属于案件的审理范围，因此法院没有支持开发区总公司主张交易中心对 A 公司的付款义务直接承担连带清偿责任的诉讼请求。开发区总公司与交易中心之间的法律关系及权利义务，双方可依据委托合同的相关法律规定另行解决。

⚖ **启 示**

（1）鉴于《招标投标法实施条例》仅规定了有限的"不予退还投标保证金"情形，招标人可以在招标文件中规定投标人违反招标文件的某些具体情形时不退还投标保证金，但应注意设立的投标保证金条款不得违反法律、行政法规的禁止性规定。

（2）招标人可以要求投标人在递交投标文件、交纳保证金的同时提交《投标诚信承诺书》等文件，此类文件在发生纠纷时可以辅助法院判定双方当事人已就投标保证金不予退还的具体情形达成了合意，进一步督促投标人按照《招标投标法》及招标文件规定的程序和要求，诚实守信参与投标竞争。

41 民事案件中"串通投标"的证明标准

⚖ **案 情**

森林公园管理处采用公开招标方式进行森林公园西综合楼房屋租赁经营项目招商引资。A、B、C、D四家公司参加了投标。招标公司规定投标保证金金额为40万元整。经评审，招标公司发布公告称，B公司以第一年租赁经营费用3253372.75元的价格中标。

A公司对中标结果提出异议，招标公司对A公司的异议进行了答复，答复函称"三家投标人的保证金分别为三家单位分别转出，不存在同一单位或个人账户转出的问题"。

A公司不服诉至法院，请求：①判决确认招标公司所代理的森林公园西综合楼房屋租赁经营项目中标结果无效；②判决确认森林公园管理处与B公司之间的房屋租赁合同关系无效；③判令招标公司向A公司返还投标保证金40万元并按银行同期贷款利率支付利息。

就是否构成串通投标这一争议问题，法院认为，在无直接证据证明被诉投标人和招标人通过意思联络形成了排挤该投标人竞争对手公平竞争的共同意图时，如果间接证据能够形成连贯一致、合乎逻辑、真实完整的证据链条，同时被诉投标人和招标人无法作出合理解释的，仍可认定被诉投标人和招标人之间串通招投标。具体到本案，综合在案全部证据，并无直接证据证明招标公司、森林公园管理处、B公司之间通过意思联络形成了排挤A公司公平竞争的共同意图，本院将重点审查案涉项目招投标过程中的投标保证金交纳问题是否能间接证明招标公司、森林公园管理处、B公司构成串通招投标。首先，对于B公司的投标保证金系由其法定代表人王×燕以个人账户电汇至招标公司账户的问题，本院认为，在无特殊情况下，法定代表人以公司名义对外进行各种活动代表公司行为，公司享有和承担代表主体产生的权利义务。本案中，B公司表示认可其法定代表人王×燕以个人账户电汇投标保证金至招标公司账户的行为系代表公司所为，承担代表人上述行为的法律后果。因此，本院认定B公司足额交纳了投标保证金。其次，对于C公司、D公司分别将40万元的转账支票交至招标公司但未实际入账的问题，本院认为，投标保证金是约定而不是法定的，是否要求投标人提交投标保证金、以何种形式提交、未按要求提交投标保证金是否构成无效投标主要看招标文件是否有规定。本案中，案涉项目招标文件第 13 条中关于保证金的交纳方式为"可以用支票倒存或银行电汇"，将"未能按规定时间和数额"提交投标保证金作为否决投标的理由，并没有排除"支票倒存或银行电汇"以外的交纳方式。最后，A 公司未中标的原因为其租金出价低于 B 公司，丧失与招标人订立合同的机会系其自身原因导致，案涉项目招投标过程中的投标保证金交纳问题，对中标结果无实质性影响，与 A 公司未中标之间不具有因果关系。

综上所述，本院认为，A 公司未中标系其自身原因导致，本案无充分证据证明招标公司、森林公园管理处、B 公司通过意思联络达成了排挤 A 公司公平竞争的共同意图，亦无充分证据证明招标公司、森林公园管理处、B 公司实施了以不正当手段排挤 A 公司公平竞争的违法行为，即在案证据均不能直接或间接证明招标公司、森林公园管理处、B 公司构成串通招投标。

分 析

串通投标行为具有很强的隐蔽性，除了参与串通投标的内部人掌握，外部人不易察觉且不易取证，导致取证难、认定难、查处难，核心就是证据问题。《招标投标法实施条例》第三十九条、第四十条在总结实践经验的基础上，对投标人相互串通投标行为的常见表现形式作了列举式规定，其中第四十条根据经验法则规定的"视为串通投标"情形根据客观表象容易认定，但第三十九条规定的串通投标行为（如投标人之间协商投标报价等投标文件的实质性内容、投标人之间约定中标人、投标人之间约定部分投标人放弃投标或者中标等），要取得明确且令人信服的证据来证明当事人串通的主观意图和意思联络，达到最低限度的证明标准相对难度更大。对此，司法实践裁判观点是，串通投标的意思表示具有隐秘性，主观意图较难证明，故应依据高度盖然性标准认定串通投标行为。

证明标准是对争议的事实作出肯定或否定性评价的最低要求。投标人之间串通投标，一般指在招投标过程中，投标人基于共同意思联络实施的以不正当竞争手段排挤其他投标人公平竞争的违法行为。构成串通投标，必须以投标人存在共同主观过错为前提，即投标人通过意思联络形成的排挤其他投标人的公平竞争的共同主观故意，并且串通投标者的行为具有违法性。由于意思联络以及主观意图一般具有隐秘性，主张该事实的一方当事人往往难以提供直接证据证明投标人通过意思联络形成了排挤竞争对手公平竞争的共同故意。而客观行为是当事人主观思想的反映和实现方式，考察客观行为往往能够对主观思想作出合理的判断。因此，在无直接证据证明被诉投标人和招标人通过意思联络形成了排挤该投标人竞争对手公平竞争的共同意图的情况下，如果当事人提供的间接证据能够形成连贯一致、合乎逻辑、真实完整、相互印证的证据链条，且对方当事人无法作出合理解释的，仍应认定串通投标的事实。也就是说，串通招投标的证明标准应为高度盖然性标准。

所谓高度盖然性的证明标准，是将盖然性占优势的认识手段运用于司法领域的民事审判中，在证据对待证事实的证明无法达到确实充分的情况下，如果一方当事人提出的证据已经证明该事实发生具有高度的盖然性，法院即可对该事实予以确定。《最高人民法院关于适用〈中华人民共和国民事诉讼法〉的解释》（法释〔2022〕11 号）第一百零八条规定："对负有举证证明责任的当事人提供的证据，人民法院经审查并结合相关事实，确信待证事实的存在具有高度可能性的，应当认定该事实存在。对一方当事人为反驳负有举证证明责任的当事人所主张事实而提供的证据，人民法院经审查并结合相关事实，认为待证事实真伪不明的，应当认定该事实不存在。法律对于待证事实所应达到的证明标准另有规定的，从其规定。"该条款对高度盖然性证明标准进行了确认。

最高人民法院《关于民事诉讼证据的若干规定》（法释〔2019〕19 号）第八十五条进一步规定："人民法院应当以证据能够证明的案件事实为根据依法作出裁判。审判人员应当依照法定程序，全面、客观地审核证据，依据法律的规定，遵循法官职业道德，运用逻辑推理和日常生活经验，对证据有无证明力和证明力大小独立进行判断，并公开判断的理由和结果。"

正如（2013）东民初字第 14132 号民事判决书中，法院认为，"串通招投标"指在招投标过程中投标人和招标人通过意思联络达成了排挤该投标人竞争对手公平竞争的共同意图，并实施了以不正当手段排挤该投标人竞争对手公平竞争的违法行为。"勾结"和"串通"必须以投标人和招标人之间的"意思联络"为前提，这一前提条件的生成必须以一定的客观行为方式加以实现。从哲学上讲，串通招投标是一个"客观（与对方进行意思联络）—主观（形成排挤该投标人竞争对手的共同意图）—客观（实施以不正当手段排挤该投标人竞争对手公平竞争的违法行为）"的过程。

在认定串通投标的案件中，有必要采取高度盖然性的证明标准，根据当事人串通投标的概率来认定。也就是说，综合案件的全部证据，法官对案涉招投标过程中当事人之间是否存在串通招投标行为，依据其能否达到内心确信来判断，即在无直接证据证明被诉投标人和招标人通过意思联络形成了排挤该投标人竞争对手公平竞争的共同意图时，如果当事人提供的间接证据能够形成连贯一致、合乎逻辑、真实完整的证据链条，同时对方当事人无法作出合理解释的，就表明经过比较权衡，认为当事人主张的串通投标的事实存在的概率大于不存在的概率，就可以认定为"串通投标"行为；如果盖然性对等或者相对较小，或者说认定发生的概率对等或者概率低，也就无法达到内心确信，则不能认定该事实。

上述案例中，综合当事人提供的全部证据，并无充分证据证明当事人通过意思联络形成了排挤其他投标人公平竞争的共同故意，也无充分证据证明其实施了以不正当手段排挤其他投标人公平竞争的违法行为，未达到高度盖然性，故法院认为仅仅依据在案证据不能直接或间接证明构成串通投标。

⚖ 启　示

（1）投标人和招标人之间串通招投标，一般是指在招投标过程中投标人和招标人通过意思联络达成了排挤该投标人竞争对手公平竞争的共同意图，并实施了以不正当手段排挤该投标人竞争对手公平竞争的违法行为。证明投标人和招标人之间串通招投标，在民事案件中采取高度盖然性的证明标准即可。

（2）下列情形一般属于招标人与投标人串通投标：①招标人在开标前开启投标文件并将有关信息泄露给其他投标人；②招标人直接或者间接向投标人泄露标底、评标委员会成员等信息；③招标人明示或者暗示投标人压低或者抬高投标报价；④招标人授意投标人撤换、修改投标文件；⑤招标人明示或者暗示投标人为特定投标人中标提供方便；⑥招标人与投标人为谋求特定投标人中标而采取的其他串通行为。

42　夫妻代表不同投标人参与投标是否构成串通投标

案　情

A 市人民医院委托 A 市公共资源交易中心（简称交易中心）就超高清腹腔镜设备组织招标，L 公司、Y 公司、S 公司等五家公司参与该项目的投标。经评审，交易中心确定 Y 公司为中标候选人，并发布公告公布 Y 公司预中标。L 公司向 A 市财政局、交易中心、A 市人民医院提出质疑，称 Y 公司与 S 公司的投标代表系夫妻关系，存在串通投标行为。交易中心作出回复：现无依据证明两家供应商之间存在恶意串通情形。L 公司向 A 市财政局提交投诉书，其中一个投诉事项为 Y 公司与 S 公司的投标代表系夫妻关系，两公司亦存在利益关系，属同一利益集团。

A 市财政局作出处理决定，认为法律无明文禁止夫妻二人代表不同投标人参加同一招投标活动，本次招投标不存在串通投标行为，故驳回 L 公司该项投诉。

L 公司因不服该投诉处理决定，向法院提起诉讼。一审法院认为，夫妻关系以财产共有制为基础，系社会观念上最为普遍认同的利益趋同体，虽不属"同一单位或个人"之情形，却具有与"同一单位或个人"所高度一致的认识与行动上的一体性。虽然这一推定在实践中受夫妻感情状况、财产所有制情况等因素的影响，但该些因素应待投诉处理部门予以核查后再予具体判定，不宜据此直接否定夫妻关系在考量是否存在串通投标时的重要价值。A 市财政局在处理投诉时有意忽略夫妻关系之事实，属对法律的理解与适用错误，故依法撤销 A 市财政局对该项投诉事项所作处理，并责令其重新作出处理。

A 市财政局上诉认为，其已针对 Y 公司与 S 公司是否为同一集团展开必要调查，至于投标代表为夫妻关系是否导致存在串通投标的问题，L 公司在投诉程序中未明确作为投诉事项，不属于投诉处理范围。一审法院撤销该项投诉处理决定的判决不当，有违"法无禁止即自由"的法治精神，请求予以撤销。

二审法院认为，固然《政府采购法》及实施条例中并未明确禁止夫妻分别代表不同的供应商参加同一项目的投标活动，但基于法律规定本身不可能穷尽生活事实的特征以及政府采购中禁止供应商之间串通投标的立法本意。在原告提出 Y 公司及 S 公司存在夫妻分别代表不同供应商投标及可能存在串标行为时，A 市财政局未就此向两公司进行进一步调查，即以没有法律依据为由驳回投诉，显属不当。故二审法院判决驳回上诉，维持原判。

分　析

投标人之间串通投标是严重破坏招投标公平竞争秩序、损害国家利益、社会公共利益及其他招投标当事人合法权益的违法行为。《政府采购法实施条例》第七十四条规定了供应商之间串通投标的六种情形及兜底条款；《招标投标法实施条例》第三十九条和第四十条也分别规定了投标人之间属于串通投标及视为串通投标的情形。

本案的争议焦点在于夫妻代表不同投标人参与投标是否构成串通投标，现行政府采购和招投标法律法规体系对此并未明确禁止，实践中对此类行为是否构成串通投标也存在争议。主张不构成串通投标一方认为，在法无明文规定时不应扩大法律对特殊身份构成串通投标的推定范围。倾向于构成串通投标一方认为，现实中串通投标的表现形式众多，法律无法穷尽所有情形，而是采用"列举＋兜底"的方式予以规定，故不能仅以法无明文规定为由直接排除此类情形构成串通投标的可能性。夫妻关系以财产共有制为基础，系社会观念普遍认同的利益共同体，二者代表不同投标人参与投标必然影响招投标活动的公正性。

从立法目的看，只要是投标人之间为谋求特定投标人中标或者排斥其他投标人的串通行为都应当被禁止。实践中，串通投标的行为呈现日趋多样化、隐蔽化的特点。无论基于法律还是一般社会观念，夫妻关系都有其特殊性，二者在情感和财产上通常紧密联系。夫妻代表不同投标人参与投标与"不同投标人委托同一单位或者个人办理投标事宜"具有类似效果。因此，两个投标人代表系夫妻关系对于考量是否存在串通投标嫌疑具有重要价值。本案例中，A 市财政局仅核查了 Y 公司及 S 公司是否属于单位负责人为同一人或者是否存在直接控股、管理关系，却有意忽略二者的投标代表系夫妻关系，所作处理决定存在明显不当。

由于法律并未明确禁止此类投标行为，投标人代表系夫妻关系仅能说明二者串通投标的盖然性较高，但若以此直接认定串通投标仍然欠缺充分的法律和事实依据，需结合《政府采购法实施条例》《政府采购货物和服务招标投标管理办法》中关于串通投标的具体规定进行判断。本案例中，A 市财政局在知晓 Y 公司和 S 公司的投标代表系夫妻关系的基础上，应进一步调查、核实两家公司是否存在协商报价、技术方案等投标文件或响应文件的实质性内容等情形，进而判断两家公司是否有串通投标行为。

启　示

（1）对于现行法律未明确规定属于串通投标、但对招投标活动公正性影响较大的关联关系，招标人、代理机构可以在招标文件中增加规定投标人的告知义务，如"不同投标人的投标代表系夫妻关系或具有可能影响投标活动公正性的其他关系的，应向招标人或代理机构主动、如实告知"，并明确违反此项义务将造成投标无效、没收投标保证金等法律后果。

（2）评标委员会在评审时应严格审核把关，当多个投标人的投标代表之间具有可能影响公平竞争的特定身份关系的，应重点关注相关投标人的投标文件。如发现相关投标人的投标文件由同一单位或者个人编制、投标文件内容异常一致、投标报价呈规律性差异、项目管理成员为同一人等法定情形时，应依法对其作出串通投标的认定。

43 同一单位多个员工办理投标事宜构成串通投标

案 情

某理工大学X射谱仪采购项目招标，H公司和B公司、G公司、M公司均递交了投标文件。在开标现场，B公司投标代表李某、G公司投标代表曹某、M公司投标代表段某、H公司投标代表姚某参加了开标活动。投标记录表和投标人签到记录表上均有李某、曹某、段某、姚某签字。经评审，G公司中标。

H公司向招标公司发出《质疑函》，提出：三个投标人的代表都是G公司的员工，涉嫌串标。招标公司回函答复：法规和招标文件没有规定招标采购单位必须审查、核实出席开标仪式的投标人代表的身份，开标时只是由招标采购单位某理工大学当众宣读投标人名称、投标价格和其他需要声明的内容。后来，H公司向财政部门投诉。财政部门作出投诉处理决定书，认为：现有证据不足以证明B公司和G公司存在串标的事实，H公司的投诉缺乏事实和法律依据，驳回投诉。H公司对财政部门作出的投诉处理决定书不服，提起行政诉讼。

案件审理过程中，经H公司申请，法院调取了G公司、李某、段某等人的社保证明材料。经查，G公司的养老缴费明细表中含有李某和段某的缴费记录。段某的"四险"缴费情况表显示：G公司为段某缴纳养老、失业、工伤保险。

法院认为，本案争议焦点是三被告是否串通投标及如何承担法律责任。案涉项目投标人共有四家，除原告H公司外，被告B公司、G公司、M公司的投标代表分别为李某、曹某、段某。因G公司为李某、曹某、段某缴纳社会保险费，视为该公司和李某、曹某、段某存在劳动关系。原告主张三被告的投标代表李某、曹某、段某都是G公司员工，支持这一事实的证据已经形成明显优势，而三被告均未提交充分的相反证据，本院对原告主张的这一事实予以采信。

投标是竞争性邀约行为，各投标人应独立行动、互相竞争。三被告的投标代表都是G公司的员工，在投标代表委任上存在明显的人事混同，可以认定三被告在投标过程中存在意思联络，构成串通投标行为。三被告串通投标，G公司的中标结果依法无效，三被告还应承担原告因此所受损失。但是，投标是竞争性邀约行为，投标行为受《招标投标法》《政府采购法》和招标文件的限制，中标结果具有不确定性。三被告串通投标固然违法，但即使三被告没有串通投标，原告也未必中标。因此，三被告串通投标行为和原告没有中标的结果不存在直接因果关系，不能把原告中标后的预期利润作为确定被告赔偿数额的计算依据。然而，原告为本案维权支出的律师费和公证费，数额合理，理由正当，三被告应负连带赔偿责任。

综上，法院判决：案涉采购项目中标无效；被告 B 公司、G 公司、M 公司赔偿原告 H 公司 8015 元；驳回原告的其他诉讼请求。

📝 分　析

1. 串通投标的表现形式与危害性

串通投标，是指招标人与投标人之间或者投标人与投标人之间采用不正当手段，对招标投标事项进行串通，排挤竞争对手或者损害招标人利益的行为。法律禁止任何形式的串通投标。根据《招标投标法实施条例》，串通投标主要表现为：一是投标人相互串通投标，如投标人之间协商投标报价等投标文件的实质性内容，投标人之间约定中标人，投标人之间约定部分投标人放弃投标或者中标，属于同一集团、协会、商会等组织成员的投标人按照该组织要求协同投标，投标人之间为谋取中标或者排斥特定投标人而采取的其他联合行动。二是视为投标人相互串通投标，如不同投标人的投标文件由同一单位或者个人编制，不同投标人委托同一单位或者个人办理投标事宜，不同投标人的投标文件载明的项目管理成员为同一人，不同投标人的投标文件异常一致或者投标报价呈规律性差异，不同投标人的投标文件相互混装，不同投标人的投标保证金从同一单位或者个人的账户转出。三是招标人与投标人串通投标，如招标人在开标前开启投标文件并将有关信息泄露给其他投标人，招标人直接或者间接向投标人泄露标底、评标委员会成员等信息，招标人明示或者暗示投标人压低或者抬高投标报价，招标人授意投标人撤换、修改投标文件，招标人明示或者暗示投标人为特定投标人中标提供方便，招标人与投标人为谋求特定投标人中标而采取的其他串通行为。

串通投标的危害很大。一是串通投标直接伤害了其他投标人的合法权益，实质上是一种无序竞争、恶意竞争行为，妨碍了竞争机制应有功能的充分发挥，往往使中标结果在很大程度上操纵在少数几家企业手中，而将有优势、有实力的投标人拒之于中标门外，破坏了市场竞争秩序和诚信环境，妨害招标投标的公正性。二是串通投标也会导致中标价格超出正常范围，从而加大招标人的成本。因为参与串通投标的投标人一般会有某种形式的利益分成，这就会使他们操纵的投标价格超出合理范围。三是一些参与串标的企业诚信度不高，编制的投标文件着眼点放在价格上，对投标方案不认真研究，无合理应对措施，一旦中标，管理薄弱、承担项目能力不足，就留下了安全、质量隐患或违约风险。

2. 本案存在串通投标的事实

本案项目投标人共有四家，除原告 H 公司外，被告 G 公司、B 公司、M 公司的投标代表分别为曹某、李某、段某。因 G 公司为曹某、李某、段某缴纳社会保险费，视为 G 公司和曹某、李某、段某存在劳动关系。原告 H 公司主张三被告的投标代表曹某、李某、段某都是 G 公司员工，支持这一事实的证据具有明显优势。

投标是竞争性邀约行为，各投标人应独立行动、互相竞争。投标事宜一般包括领取或者购买资格预审文件及招标文件、编制资格预审申请文件和投标文件、踏勘现场、出席投标预备会、提交资格预审文件和投标文件、出席开标会等。根据招投标相关法律规定，投标人的名称、数量以及投标文件的内容等，属于应当保密的信息。不同投标人委托同一公司或者个人办理投标事宜，违背了法律规定，可能导致投标人相互串通投标，所以为法律所禁止。三被告的投标代表都是 G 公司的员工，在投标代表委任上存在明显的人事混同，可以认定三被告在投标过程中存在意思联络，构成串通投标行为。

根据《招标投标法》第五十三条规定："投标人相互串通投标或者与招标人串通投标的，投标人以向招标人或者评标委员会成员行贿的手段谋取中标的，中标无效。"本案三个投标人相互串通投标，G 公司的中标结果依法应判定无效，三被告还应赔偿原告因此所受损失。

启　示

（1）招标人应注意对串通投标行为的识别、辨认。完善投标代表信息登记制度，防范一人同时代理两家及以上投标人投标的情况。通过劳动合同、社保记录等辅助材料，辨识投标代表身份，防范隐形串通投标行为。

（2）禁止投标人间串通投标，加大对串通投标行为打击力度，依法追究串通者的法律责任，构成犯罪的移送司法机关处理。

（3）投标人委托他人办理投标事宜的，应当要求受托人出具书面承诺，声明受托人不存在同时受托承担同一项目的招标或者代理其他人投标事宜，以避免构成"不同投标人委托同一公司或者个人办理投标事宜"视同串通投标的风险。

44　投标保函由同一家银行出具不构成串通投标

案　情

B 公司作为招标人委托某市公共资源交易中心对某房地产建设项目进行招标工作。该项目在某市公共资源交易中心经评标委员会评审后，对评标结果进行了公示。公示期间，B 公司收到 W 建筑安装工程公司发来的《异议函》，该函反映评标委员会程序违法，招标评标中存在不合法不合理的问题，要求 B 公司查处。

B 公司就招标活动是否合法进行了调查，发现：本次招标投标 Z 工程公司、×建筑公司、S 建筑公司投标文件中投标保函的保证人同为建×银行某市世纪支行，出具保函日期相同。上述三家投标人在为案涉招标项目支付投标保证金时，均委托某市融×投资担保公司办理，而且委托的还是同一个业务员张×艳，即上述三家公司案涉担保事宜都是委托同一单位办理。B 公司认为，根据《招标投标法实施条例》第 40 条"有下列情形之一的，视为投标人相互串通投标：……（二）不同投标人委托同一单位或者个人办理投标事宜；"第 51 条"有下列情形之一的，评标委员会应当否决其投标：……（七）投标人有串通投标、弄虚作假、行贿等违法行为"的规定，办理担保事宜属于整个招标过程的实质性操作。在招标文件中有明确要求，投标事宜包含担保事宜；根据法律规定，上述三家公司有相互串通投标的情形，应当否决投标。

B公司以评标中存在问题，但评标委员会却未发现或者虽已发现而不视为问题处理，违背了招标文件的要求和法律法规的规定，最终严重损害了B公司的利益为由，向某区住建局递交了《关于提出某施工招标申诉的函》，随函附件有《异议函》《异议答复函》《关于投标单位标书存在问题一览表》，要求某区住建局批准某市公共资源交易中心组织专家对本次招标进行复查。

某市公共资源交易中心组织某房地产建设项目施工招标原评标委员会5名成员对该项目施工招标进行复评，原评标委员会其中4名成员认为该项目评审有效，其中1名成员认为该项目评审无效。某市住建局向B公司作出《关于某房地产项目施工招标投诉情况处理的复函》，认为经原评标委员会讨论后投票决定，该项目的原评标报告结果有效，该项目可进行招标的后续工作。

B公司不服，申请行政复议。某市住建局立案受理，对B公司的投诉重新展开调查，并向某市融×投资担保公司进行询问，该公司作出《回复函》确认Z工程公司、×建筑公司、S建筑公司为被保证人的投标保函确系该公司接受委托，但未与上述三家公司签署任何书面协议。某市住建局作出《投诉处理决定书》，认为B公司提出的投诉主张和事实理由缺乏充分的事实和法律依据，不足以推翻原评标结果，决定驳回B公司要求重新开展某房地产项目施工招标的请求。

B公司认为某市住建局的决定明显违反《招标投标法》的规定，没有公平公正对待全体投标人，没有围绕招标的目的去挑选最优的投标人，反而将报价最高的投标人定为中标人，严重不合理并损害了原告的利益，因此向法院诉请撤销某市住建局作出的《投诉处理决定书》，并责令被告重新作出行政行为。

法院认为，关于B公司提出本次招标投标中Z工程公司、×建筑公司、S建筑公司三家投标单位均委托某市融×投资担保公司向建×银行某市世纪支行提供保证，并由该银行出具保函，涉嫌串通投标的问题，经查，该三家投标单位系各自委托，并采用不同方式支付费用，某市住建局认为不属于《招标投标法实施条例》规定的串通投标行为的情形，理据充分，应予采纳。综上，判决驳回B公司的诉讼请求。

📝 **分　析**

串通招标投标，是指招标人与投标人之间或者投标人与投标人之间采用不正当手段，对招标投标事项进行串通，以排挤竞争对手或者损害招标人利益的行为。串通投标的本质是有以排挤竞争对手或者损害招标人利益为意思表示的联络。例如，投标人之间相互约定，一致提高或压低投标报价，在类似招标中轮流以高价位或者低价位中标等，以排挤其他竞争对手。

本案Z工程公司、×建筑公司、S建筑公司三家投标单位均委托某市融×投资担保公司向建×银行某市世纪支行提供保证，并由该银行出具保函。但该三家投标单位并未对招标投标事项进行串通，也没有相互之间做出排挤竞争对手或者损害招标人利益的意思表示联络。该三家投标人各自委托担保机构向商业银行申请办理投标保证金保函，未签订书面协议。办理方式不同，有的在某市融×投资担保公司某办事处直接办理保函，有的通过该办事处发单回某市融×投资担保公司总部办理保函，并采用不同的结算方式向某市融×投资担保公司业务员支付出具保函所需的费用。

根据《招标投标法实施条例》第三十九条规定："有下列情形之一的，属于投标人相互串通投标：（一）投标人之间协商投标报价等投标文件的实质性内容；（二）投标人之间约定中标人；（三）投标人之间约定部分投标人放弃投标或者中标；（四）属于同一集团、协会、商会等组织成员的投标人按照该组织要求协同投标；（五）投标人之间为谋取中标或者排斥特定投标人而采取的其他联合行动。"第四十条规定："有下列情形之一的，视为投标人相互串通投标：（一）不同投标人的投标文件由同一单位或者个人编制；（二）不同投标人委托同一单位或者个人办理投标事宜；（三）不同投标人的投标文件载明的项目管理成员为同一人；（四）不同投标人的投标文件异常一致或者投标报价呈规律性差异；（五）不同投标人的投标文件相互混装；（六）不同投标人的投标保证金从同一单位或者个人的账户转出。"本案三家投标单位办理银行保函的行为并不符合上述法律规定的任何一种情形。且在现行的法律框架下，暂无法律、行政法规明确将本案三家投标单位的通过同一家银行出具投标保函的行为定性为串通投标行为。从本质上看，尽管三家投标人在一家银行办理保函，但并无排挤竞争对手或者损害招标人利益的意思联络，不满足"串通"的本质要素，不构成串通投标。

启 示

（1）《招标投标法实施条例》第三十九条、第四十条、第四十一条明确规定了"属于投标人相互串通投标""视为投标人相互串通投标"和"属于招标人与投标人串通投标"的情形。在招投标实践中，评标委员会应严格依据《招标投标法》明确规定的串通投标具体情形，判定是否存在串通投标行为。法律法规未明确规定的行为，不能判定为串通投标行为。

（2）评标委员会成员在评标过程中应当依照招标投标相关法律法规规定，按照招标文件规定的评标标准和方法，认真查阅包括投标保函在内的投标文件，查找、对比投标文件是否存在《招标投标法》明确规定的串通投标具体情形，客观、公正地对投标文件提出评审意见。

45 具有关联关系的投标人同时参加采购并不必然构成围标串标

案 情

投诉人H生物工程公司因对某县境内水库白蚁防治服务项目的采购代理机构D建设项目管理咨询公司作出的质疑答复不满意，向县财政局提起投诉称：第一中标人×白蚁防治公司与 J 白蚁防治公司、Q 白蚁防治公司存在围标串标等舞弊、违法行为，理由是：×白蚁防治公司法定代表人与 J 白蚁防治公司法定代表人为前夫妻关系，两人的儿子同时为两家公司股东并担任高管人员。×白蚁防治公司法定代表人在 2017 年 2 月以前同时担任 J 白蚁防治公司股东代表和高管人员、2018 年 7 月 13 日以前担任 Q 白蚁防治公司法定代表人及高管人员，2018 年 7 月 13 日后将 Q 白蚁防治公司法定代表人身份变更给其女儿，将 J 白蚁防治公司高管人员身份变更为其直系亲属。本项目第一次招标时，×白蚁防治公司和 J 白蚁防治公司同时参加；第二次招标时，×白蚁防治公司、J 白蚁防治公司和 Q 白蚁防治公司同时参加。上述行为构成围标串标，违反了《政府采购法实施条例》第十八条规定，属于《政府采购法实施条例》第七十四条第（四）项规定的情形，同时违反了《政府采购货物和服务招标投标管理办法》第三十六条规定。

财政局调查查明：×白蚁防治公司执行董事兼总经理为闻某，监事徐某 1，股东为闻某和徐某 1，二人为母子关系；J 白蚁防治公司执行董事兼总经理为徐某江，监事徐某 1，股东为徐某江和徐某 1，徐某江与闻某曾为夫妻关系，徐某 1 为二人之子；Q 白蚁防治公司执行董事兼总经理为徐某 2，监事为闻某平，股东为徐某 2 和闻某平，徐某 2 为徐某江与闻某之女，闻某平为闻某直系亲属。上述三家公司投标文件未发现存在雷同现象。

财政局认为：《政府采购法实施条例》第十八条规定"单位负责人为同一人或者存在直接控股、管理关系的不同供应商，不得参加同一合同项下的政府采购活动"。×白蚁防治公司、J 白蚁防治公司和 Q 白蚁防治公司既不存在单位负责人为同一人的情形，也不存在直接控股和管理关系的情形，因此，3 家公司参加同一合同项下的政府采购活动并不违反《政府采购法实施条例》第十八条的规定，此外也没有证据证实三家公司存在恶意串通的情形。综上，财政局认定投诉人的投诉事项不成立。

分析

1. 不同供应商除法定代表人（主要负责人）之外的董事、监事、高级管理人员为同一人，法定代表人之间存在或曾经存在亲属关系，均不属于法律禁止同时参加采购活动的情形

《政府采购法实施条例》第十八条第一款规定，单位负责人为同一人或者存在直接控股、管理关系的不同供应商，不得参加同一合同项下的政府采购活动。除此之外，法律法规没有对相关人员之间存在关联关系的供应商同时参加某项目采购活动作出其他的限制性规定。本案例中，×白蚁防治公司法定代表人与 J 白蚁防治公司法定代表人为前夫妻关系，两人的儿子同时为两家公司股东并担任高管人员。×白蚁防治公司法定代表人曾任 Q 白蚁防治公司法定代表人及高管人员，其女儿现任 Q 白蚁防治公司法定代表人，其直系亲属担任 J 白蚁防治公司高管人员，确实存在较多的关联关系，但均不构成法律禁止相关企业同时参加采购活动的情形。

需要注意的是，当前关于优化营商环境的政策文件均要求"没有法律、法规或者国

务院决定和命令依据的，不得减损市场主体合法权益或者增加其义务，不得设置市场准入和退出条件"。按照上述精神，对董事、监事、高管人员存在亲属关系、兼任关系等情形的多家采购人，应尊重其自主决定的商业安排，不宜因认为其存在较大的围标串标可能，而在法律规定之外，通过招标文件另行将上述关系规定为供应商不得存在的情形而限制其投标。

2. 认定恶意串通、围标串标必须满足法律规定的主客观要件

恶意串通、围标串标属于严重的违法行为，应遵循"无罪推定"的原则，按照法律规定的标准谨慎认定。《民法典》第一百五十四条规定，行为人与相对人恶意串通，损害他人合法权益的民事法律行为无效。根据全国人大法工委编著的《中华人民共和国民法典释义》，恶意串通在主观上要求双方有互相串通、为满足私利而损害他人合法权益的目的，客观上表现为实施了一定形式的行为来达到这一目的；《招标投标法实施条例》第四十条、《政府采购法实施条例》第七十四条列举了供应商（投标人）之间恶意串通、串通投标的客观表现形式，包括委托同一单位或者个人办理投标事宜，投标保证金从同一单位或者个人的账户转出，投标文件由同一单位或者个人编制、载明的项目管理成员为同一人、异常一致或者投标报价呈规律性差异或相互混装，协商报价、技术方案等投标文件或者响应文件的实质性内容，事先约定由某一特定供应商中标，商定部分供应商放弃参加政府采购活动或者放弃中标等。本案例中，几家供应商的响应文件不存在上述异常情形，也未发现有恶意串通、围标串标的主观意思联络，不能仅因其董事、监事、高级管理人员之间存在亲属关系就认定为恶意串通、围标串标。

启 示

（1）评审委员会应审核供应商是否存在法定代表人（主要负责人）为同一人，供应商之间有控股或管理关系等情形，如有应予以否决投标或者认定投标无效，但存在其他关联关系的情形并不是法定否决投标的情形，评标委员会不能径行否决投标或者认定投标无效。

（2）评标委员会应根据主客观条件相结合的标准，依法审慎认定恶意串通、围标串标行为，不能仅以供应商之间存在关联关系等表象而直接认定存在该类行为。

46 使用同一电脑编制和上传投标文件构成串通投标

案 情

某市生态新城安置地市政景观工程施工监理项目招标，Z 建设发展公司通过"××市公共资源交易网平台"提交了投标文件。开标后，S 县住建局通过"××省公共资源交易电子行政监督平台"推送的消息，得知 Z 建设发展公司与×工程监理公司存在递交投标文件的电脑的 IP 地址、MAC 地址、CPU 码和硬盘序列号等硬件信息均相同的情况，

并立案调查。

S 县住建局调查后作出《行政处罚决定书》，认定 Z 建设发展公司在案涉工程监理项目的招标活动中存在串标围标行为，对 Z 建设发展公司处以罚款 900 元及对主要负责人该公司法定代表人庄×处以罚款 45 元。因该行政处罚决定所认定的不良行为，Z 建设发展公司在××省工程监理企业信用综合评价系统中被扣 20 分。

Z 建设发展公司不服提起行政诉讼，请求撤销行政处罚决定。理由是出现 IP 地址、MAC 地址、CPU 码和硬盘序列号等硬件信息雷同的原因，系×工程监理公司员工借用 Z 建设发展公司办公室电脑所致，Z 建设发展公司与×工程监理公司在主观上没有串标的意思联络。

法院认为：鉴于串通投标行为隐蔽性强、认定难、查处难，为有效打击串通投标行为，《招标投标法实施条例》第四十条采用了"视为"这一立法技术，对于有某种客观外在表现形式的行为，行政监督部门可以直接认定投标人之间存在串通行为，该条第一项规定，不同投标人的投标文件由同一单位或者个人编制的视为投标人相互串通投标。不同投标人的投标文件由同一单位或者个人编制有很多表现形式，如：不同单位的投标文件出自同一台电脑，不同单位的投标文件的编制者为同一人等，在本案中的具体表现形式为不同单位的投标文件出自同一台电脑。《福建省住房和城乡建设厅关于施工招标项目电子投标文件雷同认定与处理的指导意见》未与上位法相冲突，S 县住建局参照该指导意见将"Z 建设发展公司与×工程监理公司递交和编制投标文件的 IP 地址、MAC 地址、CPU 码和硬盘序列号等硬件信息相同"的情形认定为《招标投标法实施条例》第四十条第（一）项视为投标人相互串通投标的情形，并无不当。据此，S 县住建局将拟作出的行政处罚的事实、理由及依据告知 Z 建设发展公司，并在收到 Z 建设发展公司的陈述申辩书后当日即作出行政处罚决定认定事实清楚、证据充分、适用法律正确、程序合法。

综上，法院判决驳回了 Z 建设发展公司的诉讼请求。

分　析

1. 电子化招投标活动中投标人串通投标的认定标准

在《招标投标法实施条例》制定之时，招投标电子化方兴未艾，并且，相比于传统招投标活动，电子化的招投标在招标文件制作、投标形式、评标方式等方面均有极大的差异，因此，在《电子招标投标办法》并未对电子化招投标中的相关违法行为尤其是串通投标行为作出细化解释规定的情况下，各地方基于数据电文的特殊性作出了相应尝试。

在电子化招投标中，投标文件系由各投标人在其能够控制的计算机上进行撰写、编辑，并通过电子招标投标软件借助网络递交至电子招投标交易平台。相比传统招投标，网络化与电子化一般依托电子签名实现投标文件制作主体及递交主体的确认，而无法实际看到具体的制作人或递交人。因此，在电子化招标实践中，一般通过技术手段，将对投标文件撰写人和递交人的确认，转化为对投标文件进行编辑及递交的计算机的确认，以实现对不同投标人串通投标行为的监管。

对计算机而言，基于硬件制造及系统使用的专业性及特殊性，其 CPU 码、硬盘序列号以及网卡的 MAC 地址等硬件信息存在物理上的唯一性。虽然不能完全排除在软件层面通过虚拟机或其他方式予以修改的可能，但是在无反证的情况下，通过电子招标投标软件所记载的不同投标人的投标文件中，上述信息若完全雷同，即足以认定不同投标人之间使用同一台计算机编辑及递交投标文件。也就是说，本不应该在投标文件撰写和递交过程中发生接触的不同投标人却事实上有了紧密接触。而这一接触在经验逻辑上可以推定构成"不同投标人委托同一单位或者个人办理投标事宜"以及"不同投标人的投标文件由同一单位或者个人编制"，属于《招标投标法实施条例》第四十条第（一）项及第（二）项规定的视为串通投标的行为。

本案例中，《福建省住房和城乡建设厅关于施工招标项目电子投标文件雷同认定与处理的指导意见》系将这一推演进行了结论上的规定，对电子化招投标中投标人采用数据电文形式的投标文件是否构成雷同进而是否涉嫌串通投标提出了判断标准。而这一标准符合网络化电子化环境下的客观实际和经验逻辑，不仅未与《招标投标法实施条例》第四十条规定相悖，反而属于对《招标投标法实施条例》第四十条规定的细化。因此，在本案中获得了法院的认可，被视为可以采信的规范性标准。

2. 视为串通投标的行为应可以通过反证予以推翻

《招标投标法实施条例》第三十九条第二款规定了属于投标人串通投标的五种情形，而第四十条则规定了视为投标人相互串通投标的六种情形。有观点认为，该两条规定中的"属于"和"视为"在法律效果是完全等同的，也就是说，当出现条例第四十条规定的情形时，招投标监管机关可以径行认定串通投标行为的成立。本案例中，虽然法院未直接对"视为"进行概念解释，但判决书中"（条例第四十条）采用了'视为'这一立法技术，对于有某种客观外在表现形式的行为，行政监督部门可以直接认定投标人之间存在串通行为"的表述，在一定程度上体现了将"视为"等同于"属于"的倾向。

此观点有待商榷。从条例第三十九条第二款的内容看，其设立的"属于"串通投标的情形，在行为构成上均已经包括了主观过错的要素，如"投标人之间协商报价"必然包括投标人之间希望进行协商的主观意愿、"投标人之间约定中标人"必然包括投标人之间希望进行约定的主观意愿。

但条例第四十条规定的"视为"串通投标的情形，则与第三十九条第二款并不相同，从其表述的行为构成上看，并不包括主观过错的要素，如"不同投标人的投标文件由同一单位或者个人编制"仅是一种客观事实的描述，而并未涉及任何投标人主观意愿的内容。

由此可见，若不考虑"串通投标"的违法行为构成要件中是否包括违法行为人的主观过错，则条例第三十九条和第四十条的适用并无差异，"视为"在法律效果上与"属于"是一致的。

但实际情况是，"无过错不应罚""过罚相当"属于行政处罚的基本原则。《行政处罚法》第三十三条第二款规定，"当事人有证据足以证明没有主观过错的，不予行政处罚。法律、行政法规另有规定的，从其规定"。可见，行政处罚采取的是近似于民事上的过错推定规则，即首先，主观过错属于行政违法行为的构成要件；其次，当法律条文中对违法行为的构成描述未涉及当事人主观方面时，只要该条文描述的行为成立，即可以推定当事人主观上存在过错，不过当事人可以提出反证证明其不具有主观过错进而豁免处罚。

具体到招投标活动中串通投标行为的认定及处罚上，《招标投标法实施条例》第四十条规定的"视为"应认为系一种推定，即当投标人之行为符合该条之"视为"情形时，可以推定投标人构成串通投标，但应当全面考虑投标人关于主观方面的辩解及提交的反证是否合理及充分，而不能简单地径行作出行政处罚。

以本案为例，在 Z 建设发展公司与×工程监理公司用来编辑并递交投标材料的计算机的 IP 地址、网卡 MAC 地址、CPU 码和硬盘序列号等硬件信息均雷同的情况下，若两公司能够充分举证证明该计算机系属于网吧的公用计算机且两公司编辑并提交投标材料的时间存在明显间隔，则实难认为两公司有串通投标的主观故意，进而难以认定两公司构成串通投标的违法行为。显然，本案中两公司并未提出这样的反证。

当然，本案实际上，Z 建设发展公司也提出了关于主观方面的辩解，即硬件信息雷同的原因，系×工程监理公司员工借用 Z 建设发展公司办公室电脑所致，两公司在主观上没有串标的意思联络。显然，该解释在合理性上明显不足，且并无其他证据予以佐证，不足以推翻串通投标的推定。因此，S 县住建局作出行政处罚决定，法院的判决均无不当。

启　示

（1）招标人应注意运用电子技术手段查验不同投标人的投标文件是否存在内容雷同、由同一单位或者个人编制等串通投标情形。

（2）投标人应诚信参与市场竞争，切勿串通投标，也要注意一般不要借用其他单位或者公用计算机上传电子投标文件，以免造成"视为串通投标"的情形。

47 "不同投标人的投标文件相互混装"视为串通投标如何理解

案　情

原告 A 商贸有限公司参加被告餐饮服务有限公司酒水采购招标，并交纳保证金 2 万元。后被告以原告 A 商贸有限公司与 B 商贸有限公司串标为由拒绝返还保证金，致原告起诉。诉讼请求：判令被告退还投标保证金 2 万元。

法院认为，本案中，A 商贸有限公司与 B 商贸有限公司的《采购报价单》格式雷同、供货商一栏供货商名称互相混淆，投标方联系人为同一人，联系电话相同，报价单位地址相同，依据《招标投标法实施条例》第四十条之规定，上述行为符合投标人串通投标的特征，餐饮服务有限公司据此扣除保证金2万元，理由正当，应当予以支持。法院判决如下：驳回A商贸有限公司的诉讼请求。

分 析

投标人之间串通投标隐蔽性强，认定难，查处难。为有效打击串通投标行为，《招标投标法实施条例》采用了"视为"立法技术，运用经验法则，对于有某种客观外在表现形式的行为，视同认定为"串通投标"。该条例第四十条规定："有下列情形之一的，视为投标人相互串通投标：（一）不同投标人的投标文件由同一单位或者个人编制；（二）不同投标人委托同一单位或者个人办理投标事宜；（三）不同投标人的投标文件载明的项目管理成员为同一人；（四）不同投标人的投标文件异常一致或者投标报价呈规律性差异；（五）不同投标人的投标文件相互混装；（六）不同投标人的投标保证金从同一单位或者个人的账户转出。"《政府采购法实施条例》第七十四条、《政府采购货物和服务招标投标管理办法》也规定串通投标常见情形，其中都包括"不同投标人的投标文件相互混装"。

1. 对"不同投标人的投标文件相互混装"如何理解

有两种认识：一是甲方投标文件中有乙方资料，不问乙方是否有甲方资料；二是甲方投标文件中有乙方资料，乙方投标文件中也同时有甲方资料，但不问该资料是否为同一文件，也不问是整本投标文件混装，还是只有部分内容混装。实践中这两种认识都有，也就直接导致最终认定结果、理解不同。

为正本清源，我们先按照法律条文的字面含义进行字面解释。首先，回归"串通投标"的本意，关键词是"串通"，必然存在两个及以上当事人在意思上进行联络，按照同一目标商定从事一定行为，故其必然不是单一主体的行为，而应当是两个及以上主体的行为。其次，将"不同投标人的投标文件相互混装"中的词语拆开分析：一是明确了行为主体是"不同投标人"，也就是说存在两个及以上行为主体，与"串通"的内涵一致；二是表明"相互"，有"彼此""两相对待"之意，还是强调有两个及以上的主体、行为或事实，而不是单一的主体、行为或事实，这样才能谈得上"相互"；三是"混"有"掺杂""混杂"之意，则"混装"就是将不同的内容混在一起装订、包装。再综合起来，不难理解，"不同投标人的投标文件相互混装"，应当是一方投标人的投标文件中有另一方投标人的文件、资料、信息，反之亦然，是双向而不是单向的，通俗讲就是"你中有我、我中有你"，这样才符合"相互混装"的本意。

2. "相互混装"的原因

正如《中华人民共和国招标投标法实施条例释义》一书中，立法参与者解释"不同投标人的投标文件相互混装"时提到"本项规定在实践中分两种情况：一是不同投标人的投标文件由同一个单位或者个人编制，在打印装订时出现相互混装的情况，属于本条第1项所规定情形的一个具体表现，构成串通投标。二是不同投标人先分别编制投标文件，再按照预先协商的原则集中统一，装订时出现相互混装的情况，构成串通投标。"这里列举的是最显而易见的表现情形，其实其中提到的第一种情形，有时仅从纸质文件中也很难推断是否属于"不同投标人的投标文件由同一个单位或者个人编制"，当然在这种情况下比投标人分别编制、打印投标文件之后错装的可能性更大。第二种情形判定为"相互混装"比较合理。实则，追究出现"相互混装"的原因并不重要，只要出现"相互混装"的事实，即可依据法律规定视同为"串通投标"。

3. "相互混装"的程度

法条中只是提到两个以上行为主体的两份以上投标文件混装，但没有提到混装的程度，是整本投标文件混装，还是部分页面混装，其页面是否一致、内容是否对应（如甲公司、乙公司同为报价表混装；还是甲公司的报价表装在乙公司投标文件中，乙公司的营业执照装在甲公司的投标文件中），都没有提到。笔者认为，不管是整本投标文件相互封装错误，还是投标文件中的个别页面掺杂混合装订在一起，不管互相混装的页面是否一致、内容是否对应，都不影响对"相互混装"的判断，这样更符合"混"的"掺杂、胡乱装订在一起"的本意。

4. 只有一方投标文件中有另一方资料、信息如何处理

如前所述，对这种情形，因另一方投标文件中并不包含这一方的资料、信息，故谈不上"相互"，也就不能以"相互混装"为由认定"串通投标"，但并不能说不构成"串通投标"。实则，出现这种单向错装的情形比较蹊跷，极有可能是投标文件由同一单位或个人编制，因工作人员疏忽、失手把一个投标人的资料装订在另一个投标人的投标文件之中。按照正常逻辑，投标这么谨慎的事情，除了有串通行为，投标人怎么能将别人的资料装进自己的投标文件之中，这不是常理能给予合理解释的。此时应进一步核查是否存在"不同投标人的投标文件由同一单位或者个人编制"或因甲公司投标文件抄袭乙公司的技术方案导致"不同投标人的投标文件异常一致"，这种情形一般是为投标人之间相互串通协商编制投标文件，由于疏忽大意出现内容一致的，应作串通投标处理。

需要说明的是，"视为"是一种将具有不同客观外在表现的现象等同视之的立法技术，是一种法律上的拟制。尽管如此，"视为"的结论并非不可推翻和不可纠正。为避免适用法律错误，评标过程中评标委员会可以视情况给予投标人澄清、说明的机会；评标结束后投标人可以通过投诉寻求行政救济，由行政监督部门作出认定。

本案例中，根据 A 商贸有限公司投标文件的内容可知，其与 B 商贸有限公司的《采购报价单》格式雷同、供货商一栏供货商名称互相混淆，投标方联系人为同一人，联系电话相同，报价单位地址相同，该投标文件符合《招标投标法实施条例》第四十条规定的情形，法院认定投标人存在串通投标行为，对其要求餐饮服务有限公司返还保证金的请求不予支持并无不当。

⚖ **启　示**

（1）投标人应当诚信投标，制作完成投标文件后应当加强检查，防范在投标文件中因为工作疏忽出现其他供应商的信息内容。

（2）评标委员会在评审过程中，除了对各投标人的投标文件对照招标文件进行纵向符合性评审外，还应加强各投标人的投标文件之间的横向评审，通过相互检查比较，有助于发现串通投标线索。

48　挂靠借用他人资质投标的无权追索投标保证金

案　情

某市地矿置业有限公司就该公司建设的住宅小区项目工程公开招标。招标文件规定：本次招标活动采用资格后审办法对投标人资格进行审查，实行投标保证金制度，每个标段投标保证金80万元；如投标人发生下列情况之一的，其中标无效，投标保证金不予退还：……投标人允许他人以自己名义投标的；投标人在招投标活动中存在其他违规和违法行为的；其中，属于弄虚作假或违法的，除其投标保证金不予退还外，同时承担因此给招标人造成的各项损失。

涂某某与H工程公司口头协商约定由涂某某作为挂靠人，利用H工程公司的名义进行投标，具体投标事宜由H工程公司进行实际操作，涂某某将80万元汇入H工程公司基本账户，作为投标保证金；H工程公司按照招标文件的要求将80万元现金转入被告某市招投标局投标保证金专户，并正式投标。

经评审，H工程公司被列为第一中标候选人。后某市招投标局收到投诉函，经调查核实，某市招投标局曾给予H工程公司不良行为记录一次，并在本市招投标网予以公示，到该项目投标截止时间前，该不良行为记录尚在公示期内。鉴于这一情况，某市招投标局根据招标文件约定，告知H工程公司其中标候选人资格已被招标人取消，并依据招标文件规定，决定不予退还投标保证金80万元。H工程公司未提起行政复议或行政诉讼，某市招投标局遂将该80万元上缴某市政府非税账户作为罚没收入。现涂某某起诉，请求法院判令H工程公司赔偿其80万元投标保证金损失。

法院认为：H工程公司与某市地矿置业有限公司之间成立招投标法律关系。H工程公司与涂某某商定由原告作为挂靠人，利用H工程公司的名义进行投标，具体投标事宜由H工程公司进行实际操作，并由H工程公司收取涂某某交付的80万元作为投标保证金，涂某某与H工程公司成立借用资质投标的法律关系。涂某某作为自然人不具有投标人的资质，其与某市地矿置业有限公司之间不具有招投标法律关系，也无保证合同或其他民事法律关系，且某市招投标局依据招标文件告知H工程公司其预中标人资格已被招标人取消，并决定H工程公司投标保证金80万元不予退还，H工程公司对以上处理结果也未提起行政复议或行政诉讼，该款已由某市招投标局上缴某市政府非税账户作为罚没收入，因此，涂某某要求H工程公司赔偿其投标保证金的诉讼请求依法不能成立，不予支持。此外，建设工程的招投标人在招投标活动中应当诚实守信，严格遵守相关法律规定，H工程公司本应如实告知原告"到该项目投标截止时间前，H工程公司不良行为记录尚在公示期内等"重要信息，且其也应本着公开、公平、公正和诚实信用原则参加投标活动，但 H 工程公司在投标过程中却隐瞒了上述事实，违法进行投标，导致其预中标人资格被招标人取消，原告支付其 80 万元投标保证金不予退还，对此，H 工程公司对造成原告的损失存有过错，应承担相应的民事赔偿责任。同时，原告明知自己不具有投标人的资质，而借用 H 工程公司的资质并由 H 工程公司实际操作具体投标事宜，未防范投标中的风险，对其损失也有过错，其也应承担相应的民事责任。据此，判决 H 工程公司赔偿涂某某投标保证金 64 万元。

分　析

1. 投标人存在挂靠投标等违法行为的，招标人有权不予退还投标保证金

投标保证金是投标人按照招标文件规定的形式和金额向招标人递交的，约束其履行投标义务的担保。遵守法律规定进行投标，是投标人的法定义务，也是投标保证金的担保对象。本案例中，涂某某系自然人，没有建筑业企业资质，本身不具备承揽工程项目的资格能力，但其在明知不具备投标资格的情况下，借用 H 工程公司的名义进行投标。H 工程公司作为名义投标人，其行为构成住房和城乡建设部《建筑工程施工发包与承包违法行为认定查处管理办法》（建市规〔2019〕1 号）第十条规定的"存在下列情形之一的，属于挂靠：（一）没有资质的单位或个人借用其他施工单位的资质承揽工程的……"及《住房和城乡建设部办公厅关于开展房屋建筑和市政工程建设中挂靠借用资质投标违规出借资质问题专项清理工作的通知》规定的"通过出让、出借资质证书或者其他方式，允许其他企业或个人以本企业名义投标或承接工程"的违规出借资质挂靠投标的违法行为，还存在未如实披露不良行为记录的虚假陈述行为，均违反了依法投标的法定义务，招标人不予退还其投标保证金具有法律依据和事实依据。

2. 借用他人资质的实际投标人无权向招标人主张权利

设置投标保证金的目的就是督促投标人依法履行投标义务，对其违法行为进行惩戒，投标文件也规定了投标人如弄虚作假将不予退还投标保证金，以此作为对弄虚作假行为的惩戒措施。本案例中，涂某某借用 H 工程公司名义投标，其与招标人不具有招标投标法律关系，案涉的投标保证金也是由 H 工程公司账户转入招标人的投标保证金专户。因此，只有 H 工程公司才有权对投标保证金提出退还等权利主张，涂某某不属于招标投标当事人，并未以自身名义提交投标保证金，与某市地矿置业有限公司没有招投标法律关系，故也无权要求招标人某市地矿置业有限公司向其退还投标保证金。

启　示

（1）投标人应以自己的名义、使用自己的资质业绩进行投标，不得通过挂靠等方式借用他人的资质、业绩及名义投标，否则除了可能会损失投标保证金外，还将受到行政处罚。

（2）有资质的企业不应通过出让、出借资质证书或者其他方式，允许其他企业或个人以本企业名义投标或承接工程，否则也构成违法行为，将受到行政处罚。

49　如何认定供应商是否存在虚假应标

案　情

某市驾驶人考试社会化考场政府购买服务项目（简称本项目），预算金额约 500 万元，资金来源为财政性资金，采用公开招标方式，评标办法为最低评标价法。本项目在某市公共资源交易中心开标，经评标委员会评审，A、B、C 公司被确定为中标供应商。

投标人 D 公司向采购人和代理机构提出质疑。D 公司称：C 公司在本项目投标中存在投标承诺与事实不符的情形，属于虚假应标，应依法依规进行处理。理由是：C 公司社会化考场的场地、系统和设备设施等在事实上均不满足招标文件的采购需求，其投标文件的"响应"承诺与事实严重不符。质疑人要求采购人和代理机构取消 C 公司中标供应商资格并依次递补 D 公司为中标供应商。

采购人、代理机构和评标专家代表对 C 公司社会化考场进行了实地调查。经核查，C 公司社会化考场的场地、系统和设备设施等在事实上确实不满足本项目招标文件的采购需求，其投标文件的"响应"承诺与事实不相符。采购人和代理机构根据调查情况，对 D 公司的质疑事项进行了答复，即质疑人的质疑事项成立。采购人和代理机构遂决定取消 C 公司中标供应商资格并依次递补 D 公司为中标供应商，同时将 C 公司虚假应标等有关情况书面报告了政府采购监督部门。

C 公司因对采购人和代理机构关于质疑的答复不满意，向政府采购监督部门提起投诉。政府采购监督部门依法向采购人、代理机构和相关供应商等当事人发出了投诉答复通知书及投诉书副本。各当事人进行了书面答复，均认为 C 公司社会化考场的场地、系统和设备设施等在事实上确实不满足本项目招标文件的采购需求，其投标文件的"响应"承诺与事实不相符，采购人和代理机构关于质疑的答复属于事实清楚、依据充分。采购人和代理机构提供了有关图片、文件、音频和视频等证明材料。政府采购监督部门经现场调查和书面审查认为，C 公司的投诉事项缺乏事实根据和法律依据，其投诉事项不能成立。政府采购监督部门作出《投诉处理决定书》，驳回 C 公司的投诉。政府采购监督部门依法对 C 公司的虚假应标行为进行了行政处罚等处理。

C 公司因对政府采购监督部门《投诉处理决定书》不服，向某市人民政府提起行政复议。某市人民政府作出《行政复议决定书》，决定维持政府采购监督部门作出的《投诉处理决定书》。

分　析

1. 虚假应标的构成要件与表现形式

政府采购中所称虚假应标，一般是指供应商提供虚假的证明材料等参加政府采购活动，谋取中标、成交的行为。该行为的主体是供应商，主观方面是谋取中标、成交的故意，客体是政府采购交易秩序，客观方面是实施弄虚作假的行为。需要注意的是无论供应商是否达到中标或者成交的目的，均不影响对其虚假应标之行为的界定。

实践中，供应商虚假应标的表现形式多样，包括：①以他人的名义投标；②提供虚假的财务、信用、业绩、奖项证明材料；③提供虚假的人员简历、劳动关系证明；④投标文件、响应文件中有与事实不符的承诺材料；⑤法律、法规、规章规定的其他虚假应标之行为。需要注意的是，依据《政府采购法》第七十条的规定，任何单位和个人对政府采购活动中的违法行为包括虚假应标，有权控告和检举，有关行政监督部门应当依照各自职责及时处理。对于供应商虚假应标的，有关行政监督部门应当依据《政府采购法》第七十七条等规定进行处理。

2. C公司确实存在虚假应标的情形

根据采购人、代理机构和评标专家代表对C公司社会化考场的现场核查可知，C公司社会化考场的场地、系统和设备设施等不满足本项目招标文件的采购需求。同时，政府采购监督部门亦通过调查取证，对采购人、代理机构和评标专家代表的现场核查结果予以了确认。

根据C公司的投标文件内容可知，C公司针对本项目招标文件关于社会化考场的场地、系统和设备设施等采购需求的响应表上均填写为"响应"。同时，本项目招标文件亦明确规定对于社会化考场的场地、系统和设备设施等采购需求的"响应"属于资格审查内容。

由此，C公司在主观上存在谋取中标的动机，且事实上也被确定为了中标供应商；在客观上存在投标文件的"响应"承诺与事实不符，即存在提供虚假材料的行为。因而，C公司在本项目投标中确实存在虚假应标的情形。

3. 对虚假应标应依法依约予以处理

《政府采购法》第七十七条规定："供应商有下列情形之一的，处以采购金额千分之五以上千分之十以下的罚款，列入不良行为记录名单，在一至三年内禁止参加政府采购活动，有违法所得的，并处没收违法所得，情节严重的，由工商行政管理机关吊销营业执照；构成犯罪的，依法追究刑事责任：（一）提供虚假材料谋取中标、成交的；……供应商有前款第（一）至（五）项情形之一的，中标、成交无效。"

本项目招标文件规定："供应商以他人名义投标或者以其他方式弄虚作假，骗取中标的，中标无效，给采购人造成损失的，依法承担赔偿责任；构成犯罪的，依法追究刑事责任"；"凡发现中标候选供应商有下列行为之一的，其中标无效，并移交政府采购监督部门依法处理：1. 以他人名义投标或提供虚假材料谋取中标、成交的……"

由此，采购人和代理机构决定取消C公司中标供应商资格，政府采购监督部门依法对C公司进行行政处罚等处理，均属于依法依约予以处理。

⚖ 启 示

《政府采购法实施条例》第四十四条规定："……采购人或者采购代理机构不得通过对样品进行检测、对供应商进行考察等方式改变评审结果。"据此，非具备法定情形，采购人或者代理机构不得通过标后考察的方式改变评审结果，这既是维护评审结果的严肃性，也是对采购人、代理机构可能任性行使权利的制约。需要注意的是，调查核实不同于标后考察。即，采购人、代理机构在处理供应商质疑时，组织评标专家对质疑事项进行调查核实以便协助答复质疑的，并无不妥；政府采购监督部门在处理供应商投诉等时，行政执法人员对投诉事项等进行调查核实，属于履行法定职责。

50　提供虚假检验报告的投标人应受行政处罚

案　情

某市安监局安全监管执法能力建设项目公开招标文件关于执法记录仪的技术规格和质量要求共 32 项（带★条款 6 项），并规定带★条款有一条不满足的，技术部分得分为零分。其中，第★31 项要求提供所投产品由公安部特种警用装备质量监督检验中心出具的检验报告复印件。T 数码公司参加投标，执法记录仪的投标产品型号为 H 品牌 DSJ-9H，并提交了相应《检验报告》。经评标委员会评审，T 数码公司综合得分第一，被推荐为第一中标候选人。

市安监局收到《评标报告》后，复查发现 T 数码公司投标产品 H 品牌 DSJ-9H 执法记录仪在生产厂家 H 科技有限公司官网上公布的重要参数达不到招标文件技术参数要求，要求市采购中心予以复核。同时，A 设备有限公司在中标结果预公示期间也提出质疑，认为经与公安部特种警用装备质量监督检验中心出具的《检验报告》核对，T 数码公司所投 H 品牌 DSJ-9H 执法记录仪的《检验报告》，存在两项带★条款、一项非带★条款不满足招标文件要求的情况。T 数码公司在对质疑的复函中称所投产品满足招标要求，但以产品生产厂家一直未能提供《检验报告》原件为由，未提供报告原件供查验。

市采购中心向公安部特种警用装备质量监督检验中心发出 H 科技有限公司生产的 DSJ-9H 型执法记录仪检验报告核查申请，该中心《回函》载明了 DSJ-9H 型执法记录仪《检验报告》中质量、浏览回放功能及样机电池结构的相应真实内容。该项目评标委员会复议认定 T 数码公司投标产品不满足《招标文件》关于质量、回放浏览功能、主体结构的三项技术要求其中包括两项带★条款，市采购中心建议采购人根据评标委员会复核决定重新确定采购结果，采购人市安监局决定重新采购。

根据上述情况，市财政局认为 T 数码公司存在涉嫌提供虚假材料谋取中标的违法行为，经立案调查查明，T 数码公司投标时提交的《检验报告》与真实报告相比存在 13 处改动，如将"样机采用内置不可更换充电电池供电"变更为"样机采用内置可更换充电电池供电"；外形尺寸的长由 101.2mm 变更为 91.2mm、宽由 62.4mm 变更为 32.4mm，等等，故决定对其处罚款 3 万元，并列入不良行为记录名单，在一年内禁止参加政府采购活动。

分 析

1. 政府采购供应商不得提供虚假材料谋取中标、成交

根据《政府采购法》第七十七条第一款第（一）项规定，供应商提供虚假材料谋取中标、成交的，处以采购金额千分之五以上千分之十以下的罚款，列入不良行为记录，在一至三年内禁止参加政府采购活动，有违法所得的，并处没收违法所得，情节严重的，由市场监督管理部门吊销营业执照；构成犯罪的，依法追究刑事责任。对于是否构成"提供虚假材料谋取中标、成交"的认定，主要应从"是否提供虚假材料"和"虚假材料是否与政府采购招标要求内容相关"进行考察。

本案例中，T数码公司提交的H品牌DSJ-9H型执法记录仪《检验报告》与公安部特种警用装备质量监督检验中心出具的真实报告相比存在13处改动，且明显是根据案涉采购项目《招标文件》中的技术指标要求进行的针对性篡改，是为谋取中标进行的有意行为，主、客观上均已构成提供虚假材料的违法情形。同时，该《检验报告》是T数码公司参与政府采购提交的投标文件的核心内容，记载的是采购项目所需产品设备的技术参数，对评标委员会作出评标结果具有直接影响，并且直接关系到其自身能否成功中标，故该虚假材料与政府采购内容直接相关。因此，T数码公司存在提供虚假材料谋取中标、成交的违法情形，依法应当予以处罚。

2. 投标人对投标文件的真实性负有审核和确认义务

政府采购供应商作为向各级国家机关、事业单位和团体组织提供货物、工程或服务的商事主体，本身应当具备相应的专业技术能力和审慎品格，对投标文件的真实性负责，从而保障其提供的产品或服务不会损害国家利益和社会公共利益。这是政府采购供应商的法定责任和义务。本案例中，H品牌DSJ-9H型执法记录仪系由H科技有限公司生产，T数码公司并非投标产品的生产商，其投标的产品和检验报告均来源于其他市场主体，但这并不免除T数码公司对检验报告真实性的审核和确认义务。作为投标人，T数码公司应全面了解投标产品并审慎审查产品所涉材料的真实性，确保在投标文件中对投标产品的描述和所提供的检验报告、业绩合同等材料真实准确。T数码公司在提交投标文件时未尽合理审核义务，在质疑人提出质疑时仍回复产品满足招标文件要求，表明其未认真审慎地审查投标产品所涉文件的真实性，导致虚假《检验报告》进入招投标环节，从而造成本案采购项目被废标。

启 示

（1）投标人在编制投标文件时，须确保对投标产品、服务的描述真实准确，避免出现夸大等不实陈述，更不得通过伪造、篡改证书、报告、业绩等手段提供虚假材料以谋取中标，否则将被取消中标资格，受到行政处罚。

（2）以非自己生产的产品投标的供应商，应对制造商、代理商提供的产品相关证书、报告、业绩等进行审核，并对其真实性负责。如上述材料存在虚假、伪造等违法行为，供应商也要承担相应法律责任。

第三部分　开标

51　投标人的法定代表人是否必须亲自到现场参加开标

案　情

某单位办公楼施工项目投标，招标文件明确要求投标单位的法定代表人必须参加开标会，否则将作否决投标处理。A公司相关工作人员经过近一个月紧锣密鼓的准备，编制出了一份自认为中标概率极大的投标文件。万事俱备只等开标时，却出了岔子，单位法定代表人家里临时出了意外，必须回家处理，没办法参加开标会，最后只得委托其他工作人员提交了投标文件参加开标会。招标代理机构在开标记录中如实记录了A公司法定代表人未参加开标会，并将此情况报告给了评标委员会。评标委员会就应否否决A公司的投标产生争议，最终还是按照多数人评标专家的意见，依据招标文件规定否决了A公司的投标。

有些地方出台规定要求投标人法定代表人必须参加开标会，这样的规定是否合法，是否有必要？

分　析

实践中，要求投标人的法定代表人必须亲自到开标现场，否则投标无效的做法比较常见。有的招标项目招标文件要求投标人的法定代表人必须到开标现场，也有一些地方招投标管理部门的规范性文件强制要求投标人的法定代表人必须亲自到开标评标现场，否则投标无效。如江苏省海门市《关于投标企业法定代表人、项目负责人等参与招投标全过程实施细则（试行）》、安徽省砀山县《投标企业法定代表人、项目负责人等参与招投标全过程实施细则》、江西省住房和建设厅《关于全面推行由项目经理担任投标人授权委托人的通知》，均不同程度规定政府或国有（集体）资金投资项目在满足一定条件的情况下，必须由法定代表人或项目负责人到现场开标，更有甚者强制要求法定代表人必须亲自购买招标文件。还有个别早期出台的标准招标文件也有类似规定，如《房屋建筑和市政工程标准施工招标文件》（2010年版）"投标须知前附表"第10.6条"投标人代表出席开标会"也明确规定："按照本须知第5.1条的规定，招标人邀请所有投标人的法定代表人或其委托代理人参加开标会。投标人的法定代表人或其委托代理人应当按时参加开标会，并在招标人按开标程序进行点名时，向招标人提交法定代表人身份证明文件或法定代表人授权委托书、出示本人身份证，以证明其出席，否则，其投标文件将按废标处理。"作出类似规定，其目的一般是：一是法定代表人参加开标体现了投标人对招标项目有足够的重视；二是法定代表人参加开标，可有效避免挂靠、借用资质以他人名义投标、串通投标等情况。

笔者认为，上述规定虽然具有一定的合理性，但与《招标投标法》的基本原则不同，也不符合优化营商环境的政策精神。

1. 招标投标法并没有规定投标人的法定代表人必须参加开标会

《招标投标法》第三十五条只是规定"开标由招标人主持,邀请所有投标人参加",根据该条规定,投标人有权参加开标会,但并没有规定投标人必须参加开标,只有电子招标,才要求投标人应当在线参加开标,其目的也是为了投标人参与解密投标文件,因此投标人参加开标是其权利而非义务,投标人参加开标是为了了解开标情况,确保自己的投标文件不被替换、泄密,维护自己的合法权益,也是为了对招标人或者招标代理机构进行监督。如果投标人对招标人有充分的信任,相信自己的权益不会被侵犯,也可以不去参加开标。国家发展改革委等编写的《中华人民共和国招标投标法实施条例释义》第四十四条解释提到:"根据《招标投标法》第三十五条规定,招标人有邀请所有投标人参加开标会的义务,投标人有放弃参加开标会的权利。"因此,投标人本身有权利不参加开标,那么要求投标人的法定代表人必须到场就更没有法律依据;当然,如果投标人未参加开标会,则视为认同开标结果,不持异议。如《工程建设项目货物招标投标办法》第四十条第二款规定:"投标人或其授权代表有权出席开标会,也可以自主决定不参加开标会。"招标人有邀请所有投标人参加开标会的义务,投标人有放弃参加开标会的权利。而且即使投标人参加投标,也没有要求必须是投标人的法定代表人参加,再规定如果不参加开标就决定投标无效,就更加没有法律依据。

2. 投标人可以委派代表参加开标会

《民法典》第六十一条规定:"依照法律或者法人章程的规定,代表法人从事民事活动的负责人,为法人的法定代表人。法定代表人以法人名义从事的民事活动,其法律后果由法人承受。"第一百六十一条规定:"民事主体可以通过代理人实施民事法律行为。依照法律规定、当事人约定或者民事法律行为的性质,应当由本人亲自实施的民事法律行为,不得代理。"也就是说,法定代表人可以通过代理人实施民事法律行为。招标投标属于民事活动,法定代表人可以委托代理人参加投标活动,这是法定代表人的民事权利。只有出现第一百六十一条所规定的情形(只有与民事主体身份有关的民事行为,才需要民事主体亲自实施,如结婚、离婚等),民事主体才不得通过代理人实施民事法律行为,才能要求法定代表人必须到开评标现场。但是,相关法律法规并未明确投标行为必须由投标人的法定代表人亲自实施;也并非必须由法定代表人才可以亲自实施。

3. 规定投标人的法定代表人必须参加开标会涉嫌构成歧视待遇

《招标投标法实施条例》第三十二条规定:"招标人不得以不合理的条件限制、排斥潜在投标人或者投标人。招标人有下列行为之一的,属于以不合理条件限制、排斥潜在投标人或者投标人:……(七)以其他不合理条件限制、排斥潜在投标人或者投标人。"若不加区分直接要求投标人参与开标的人应为法定代表人,或将参与开标的授权委托人限定为技术负责人或项目负责人,对不同规模的企业来讲是不公平的,这一规定对外地供应商,尤其是对那些频繁参加各地招标采购活动的企业而言,显然不够公平,也没有必要,可以说就是一种歧视待遇或差别待遇。而且一般大企业的法定代表人参加开标可能会很困难,但小企业的法定代表人参加开标就容易得多。《公路工程建设项目招标投标管理办法》第二十一条规定："……除《中华人民共和国招标投标法实施条例》第三十二条规定的情形外，招标人有下列行为之一的，属于以不合理的条件限制、排斥潜在投标人或者投标人：……（二）强制要求潜在投标人或者投标人的法定代表人、企业负责人、技术负责人等特定人员亲自购买资格预审文件、招标文件或者参与开标活动。"可见在一定程度上，要求投标人的法定代表人或项目经理、负责人等特定人员参加开标会，将涉嫌以不合理的条件限制、排斥潜在投标人。

4. 同一投标人同时参加多个投标的对此无所适从

实践中，如果所有项目投标都需法定代表人到场，很多公司时常一天要投几个项目，都需法定代表人到场的话，让投标人左右为难、疲于奔命，甚至不得不放弃部分投标，增加了投标人负担，限制了充分竞争，不符合竞争原则，也将使《民法典》上的民事代理制度落空。再者，让投标人法定代表人参加开标会并不能解决假借资质、串通投标、以他人名义投标等违法行为。

综上，开标时需投标单位法定代表人到场是对投标人正当权益的侵犯，限制了竞争，增加了投标人负担，也不利于释放市场的活力，增加整个社会的竞争成本和负担，背离了国家构建全国统一市场的政策精神，相关地方政策和招标文件中的如此规定可以休矣！

⚖ 启 示

（1）如果招标人根据项目特点，确需拟任项目经理、技术负责人或项目负责人参加开标会进行现场答辩的，在招标文件中应作出明确规定，投标人应予响应和遵守。如《上海市建设工程监理管理办法》第十二条规定"……国家或者本市重点建设工程监理评标时，应当通过总监理工程师现场答辩的方式评估总监理工程师的业务能力。"

（2）资格预审公告或者招标公告中获取资格预审文件或者招标文件的要求不合理，以各种借口阻挠潜在投标人取得资格预审文件或者招标文件，或要求法定代表人出席开标会否则否决其投标或者拒收投标文件的，均属于以其他不合理条件限制、排斥潜在投标人或投标人。对于上述内容，招标人应当依法进行修正，投标人也可以向招标人提出异议。

52 开标时投标文件的密封性检查

⚒ 案 情

H 招标代理有限公司受某市开发区管理委员会委托，对开发区幼儿园招募运营商项目进行公开招标，并确定中标人。市第一幼儿园和实验幼儿园对此次招标过程、评标专家资质、中标结果等提出了质疑，H 招标代理有限公司对质疑进行了答复，两家幼儿园对答复不满意，向开发区财政局提出了投诉。

开发区财政局经调查，作出了投诉事项处理决定书，认定：①在开标过程中，没有经公证机关或投诉人代表对所有投标供应商的投标文件密封情况进行检查，没有签署意见并签名，没有当众拆封投标文件，招标程序不符合法律规定。②招标文件"投标人资格要求"第二条规定："投标人需具有市级（限设区市）一级园（含一级）以上办园资质且办园经验 5 年（含 5 年）以上的幼儿园法人主体"，但投标人 A 幼儿园在投标文件中未提供具有市级一级（含一级）以上办园资质原件的复印件，B 幼儿园所提供的文件，经发文机关认证，与原件不一致。最终处理结果是：对该招标项目予以废标，重新采购；即日起责令停止 H 招标代理有限公司在市开发区的政府采购代理业务，对本次代理合同中的代理费用不予支付；关于投诉人投诉有关人员存在违法行为，投诉人到有管辖权的部门举报。

分　析

1. 开标时投标文件密封性检查责任

《招标投标法》第三十六条规定，开标时，由投标人或者其推选的代表检查投标文件的密封情况，也可以由招标人委托的公证机构检查并公证；经确认无误后，由工作人员当众拆封，宣读投标人名称、投标价格和投标文件的其他主要内容。招标人在招标文件要求提交投标文件的截止时间前收到的所有投标文件，开标时都应当当众予以拆封、宣读。开标过程应当记录，并存档备查。《政府采购货物和服务招标投标管理办法》第四十一条也作出类似规定，开标时，应当由投标人或者其推选的代表检查投标文件的密封情况；经确认无误后，由采购人或者采购代理机构工作人员当众拆封，宣布投标人名称、投标价格和招标文件规定的需要宣布的其他主要内容。

上述法律对于招标项目开标时投标文件密封性检查制度的规定比较详细，内容也基本一致。第一，检查的时间是在"开标时"，也就是投标截止时即进入开标阶段，首先检查密封性再进行拆封、唱标。第二，检查投标文件的责任主体是投标人或者其推选的代表，或者是招标人委托的公证机构。第三，检查的目的是证明招标人接收的投标文件未被提前拆封、内容未被提前泄露，实际上是监督招标人、招标代理机构是否严格保管投标文件。

本案例中，某开发区财政局在受理投诉后，经审查认定案涉政府采购公开招标项目在开标过程中，没有经过公证机关或投标人代表对所有投标供应商的投标文件密封情况进行检查，没有签署意见并签名，没有当众拆封投标文件的事实，证明该开标程序不符合上述法律规定，影响了采购的公正性。

2. 未依照法律规定检查密封性的法律后果

《政府采购法》第三十六条规定："在招标采购中，出现下列情形之一的，应予废标：……（二）出现影响采购公正的违法、违规行为的；……废标后，采购人应当将废标理由通知所有投标人。"本案例中，如前所述，在开标过程中，投标人自己没有检查投标文件的密封情况，也没有委托代表检查投标文件的密封情况，更没有经过公证机构检查并公证，该情节违反了《招标投标法》和《政府采购货物和服务招标投标管理办法》

关于开标的程序性规定，且引起供应商的质疑、投诉，实际已经构成了影响采购公正的违法行为，应当由招标采购单位，也就是本案例中的某市开发区管理委员会作出废标决定，而非政府采购监督管理部门某开发区财政局。

启　示

（1）招标人、招标代理机构应严格遵守《招标投标法》及《政府采购法》关于开标的程序性规定，组织开标活动。开标应当在招标文件确定的提交投标文件截止时间的同一时间公开进行，开标地点应当为招标文件中预先确定的地点，开标时应检查投标文件的密封情况，当众拆封、宣读，应如实记录开标过程，并存档备查。

（2）在政府采购活动中，如出现《政府采购法》规定的应当废标的情形，招标采购单位应当予以废标，并将废标理由通知所有投标供应商。政府采购监督管理部门如发现应予废标而没有废标的情况，应当提醒并责令招标采购单位如实评审、依法废标。

53　密封不合格属轻微瑕疵的不影响投标文件效力

案　情

某大学采购一批实验设备和仪器项目，在开标现场，供应商 B 设备销售有限公司提出质疑，认为供应商 A 科技有限公司提交的投标文件的外包装有一开口，密封不合格，某招标代理有限公司应当拒收但未拒收，开标程序不合法，要求采购人退回 A 科技有限公司的投标文件。招标代理机构当场驳回其质疑，B 设备销售有限公司就此向财政部门提起投诉。

财政部门依法受理并查明：

（1）某大学实验设备和仪器项目采购项目委托代理机构某招标代理公司进行公开招标，某招标代理公司于 2022 年 4 月 19 日发布了招标公告，有 5 家供应商参与投标。5 月 20 日，某招标代理公司按期开标。

（2）招标文件"投标人须知"中规定："投标文件密封不合格的，代理机构应当拒收。"

（3）开标现场，A 科技有限公司递交的投标文件外包装为一个档案袋，该档案袋有一个两厘米左右的开口。外包装里的商务文件、技术文件和开标一览表还分别用一个信封封装。某招标代理有限公司工作人员对其密封性进行检查，认为虽然外包装有开口，但里面的文件内容都看不到，故认定密封合格，决定接收了该投标文件，并将此记入《开标活动记录表》。

财政部门认为，A 科技有限公司提交的投标文件外包装虽然有一个约两厘米的开口，但通过此开口并不能看到其内装有的投标文件的内容。对投标文件密封合格的要求应当在合理范围内，不能过于机械地理解和追求密封完美无缺。因此，本案中虽然 A 科技有限公司投标文件外包装存在轻微瑕疵，但不影响其实质上密封的合格性，不能仅以此认定 A 科技有限公司投标文件不合格而拒绝接收。

综上，财政部门驳回 B 设备销售有限公司的投诉。

分 析

1. 投标人应当将投标文件密封合格递交给招标人

投标人对投标文件进行密封后再递交给招标人，其目的是防止招标人接收投标文件后泄露投标文件内容，这样侵害了投标人自身的商业秘密。如果达不到泄密的程度，就应当是合格的投标文件。对此，《政府采购货物和服务招标投标管理办法》第三十三条规定："投标人应当在招标文件要求提交投标文件的截止时间前，将投标文件密封送达投标地点。采购人或者采购代理机构收到投标文件后，应当如实记载投标文件的送达时间和密封情况，签收保存，并向投标人出具签收回执。任何单位和个人不得在开标前开启投标文件。逾期送达或者未按照招标文件要求密封的投标文件，采购人、采购代理机构应当拒收。"所以，为了避免投标文件被泄露、维护自己的权益，招标人在招标文件中应当要求投标文件密封，在接收投标文件时应当检查投标文件的密封性，对密封不合格的投标文件，招标人应当拒绝接收，从而防范投标文件一旦密封开启而要承担泄密责任的风险。

2. 开标会议上应当检查投标文件的密封性

开标会议的目的通常在于通过投标人或其代表检查投标文件的密封性，让所有参加开标会的投标人，了解各投标人的投标情况，并评估自己的竞争地位，提高招标投标活动的透明性，确保公平公正。检查投标文件的密封情况是开标的必经程序。对投标文件密封进行检查，其目的无非是验明正身，确认拟开标的投标文件是投标人递交的投标文件，确认拟开标投标文件的封装和标识与投标人递交时的状况一致，未被提前拆封、毁坏或泄密，也是为了见证招标人是否履行了对接收的投标文件的照管责任。对此，《政府采购货物和服务招标投标管理办法》第四十一条规定："开标时，应当由投标人或者其推选的代表检查投标文件的密封情况；经确认无误后，由采购人或者采购代理机构工作人员当众拆封，宣布投标人名称、投标价格和招标文件规定的需要宣布的其他内容。"开标时，如果投标文件已经被开启，则有泄密的可能性，不应当被开启。但招标文件对投标文件密封完好的要求应当在合理范围内，投标文件封装存在轻微瑕疵但不实质影响封闭性的，不存在被泄密的可能性，则不应拒收，开标时也应当正常开启。

本案即为上述所列情形，投标文件开口较小，看不到里面投标文件的内容，其密封仅有轻微瑕疵，不实质影响密封性，达到了密封的效果，不能仅以此认定 A 科技有限公司的投标文件密封不合格而投标无效。

启 示

（1）在政府采购活动中，接收投标文件时对投标文件的密封检查应由采购人、采购代理机构完成。对密封不符合招标文件要求的，招标人（招标代理机构）可以请监督人员以及投标人代表一同见证和签字确认。

（2）开标过程中，招标人（招标代理机构）只需对所有投标人的投标情况和开标情况做好记录，不能对其效力进行审查和判断，不得在开标现场对已拆封的投标文件宣布投标无效或否决投标。

54　招标人可否不开启应当否决的投标文件

案　情

某招标项目招标文件规定了投标人应当将投标保证金在投标截止时间之前转账到招标代理机构指定的账户，以银行进账单作为评标依据；未按期转账到招标代理机构指定账户的，该投标无效。

在投标截止时，A 公司财务人员仍未将交纳投标保证金的银行进账单带到投标现场，招标代理机构财务人员也未收到该项进账信息。后来，该公司投标代表了解到是因为本公司财务人员工作失误导致转账延误，未按期提交投标保证金。在开标现场，正当要开启 A 公司的投标文件时，该公司投标代表当场提出：按照招标文件规定，本公司的投标保证金不合格，投标文件无效，就不应当再开启本公司投标文件，而应当原封不动退还。

就 A 公司的投标文件应否开启这一问题，招标代理机构工作人员产生两种不同认识：一种认为不应当开启，开启报价也意义不大，该投标文件将来会被否决，不会评审其报价；另一种观点认为，即便其投标文件无效，也应当开启，因为《招标投标法》规定只要是在投标截止时间之前接收的投标文件都应当予以开标，不论其有效与否。最后，招标代理机构还是对 A 公司的投标文件也进行了开标。

分　析

1. 投标截止时接收的投标文件都应当开启唱标

目前有的地方确实存在开标前先对投标人进行"资格验证"的情况，经验证参加开标会人员、资质证件、投标保证金等符合招标文件规定后再进行开标，经验证不合格的不予开启其投标文件，当场退还投标人。实际上，这种有选择性、"先验证后开标"的做法看似保护了可能被否决投标的投标人的商业秘密，但缺乏法律依据，也有可能因为开标现场的错误判定导致投标人丧失中标机会。

对于开标仪式，《招标投标法》第三十六条第二款明确规定："招标人在招标文件要求提交投标文件的截止时间前收到的所有投标文件，开标时都应当当众予以拆封、宣读。"也就是说，投标人在投标截止时间前递交给招标人的投标文件，只要投标人未在开标前撤回，招标人都应当当众予以拆封，不能遗漏，规定是清楚无疑的，这不存在侵犯商业秘密的问题。如果不予开启，就构成对投标人的不公正对待。在投标截止时，则不予接收投标文件；如错误接收了逾期送达的投标文件（如通过邮寄送达），则应不予开启，原封不动地退回。对于电子招标项目开标程序也是如此操作，投标截止时间之前上传到电子招标投标交易平台的投标文件，都应当解密开标；投标截止时，关闭接收投标文件的功能，不再接收迟到的投标文件。

2. 对于投标文件合格与否，应当由开标人员如实记录交由评标委员会评判

在开标中，经常会发现投标文件有缺失、投标文件未加盖单位公章及法定代表人或委托代理人印鉴，未按招标文件格式要求编制投标文件、投标报价超出最高投标限价、投标人未提供投标保证金或投标保证金金额不足等偏差，应在开标记录上如实记录，留待评标委员会处理。《招标投标法》第三十七条第一款规定："评标由招标人依法组建的评标委员会负责"，《评标委员会和评标方法暂行规定》第七条也规定："评标委员会依法组建，负责评标活动，向招标人推荐中标候选人或者根据招标人的授权直接确定中标人。"也就是说，评审投标文件（包括判定否决投标）是评标委员会的法定职责，有关工作人员可以为评标委员会提供必要的信息和配合，如开标人员将投标保证金的到账情况提供给评标委员会，配合评标委员会进行原件的审验等，但判定投标文件有效与否、否决投标，是开标后评标委员会在评标时所做的工作，招标人和有关工作人员不能越俎代庖。如果评标委员会认定构成重大偏差，则按照无效投标处理，如仅属于"含义不明确"或有笔误的细微偏差，应允许投标人予以澄清、说明和补正。但是，开标工作人员包括监督人员都不应在开标现场对投标文件作出有效或者无效的判断处理，对投标文件进行评审并作出投标有效与否的判断属于评标委员会的权利。

综上，A公司在投标截止时未提交投标保证金，按照招标文件规定，其投标应当在评标阶段被评标委员会否决，但是依据《招标投标法》第三十六条第二款规定，该投标文件亦应按规定开标，该公司投标代表的说法不正确。只有开标时因投标人不足3家不予开标时，才原封不动退还已接收的投标文件。

⚖ **启　示**

（1）对于投标截止时间前提交的所有投标文件，不论有无瑕疵，招标人都应当正常开标。

（2）对于投标文件存在的瑕疵，可能影响其投标的有效性，对该情形由招标人如实唱标、如实记录，提交评标委员会评审判定如何处理，不能在开标现场作出投标文件有效与否的认定。

55　加密投标材料未能全部显示应如何处理

⚖ **案　情**

N建设发展公司就城东安置房建设工程招标。招标文件"投标人须知前附表"第24

条要求："……（2）本项目资格审查材料、商务标以投标人通过网上招投标平台递交的电子投标文件作为评标依据，投标人须使用工具制作电子投标文件时生成两个文件，一个是加密投标文件，用于上传到网上；另一个即为不加密 NJSTF 格式文件，用于刻录到空白光盘上，作为备用投标文件。因投标人自身原因投标文件现场解密失败，视为投标人撤销其投标文件；因网上招投标平台发生故障的系统原因无法完成投标文件解密的，可以使用备用电子光盘进行现场导入评标系统，如投标人备用光盘未提供或无法导入上传时，视为投标人撤销其投标文件。"

开标时，K 设计公司（联合体）、S 建筑设计公司（联合体）两家投标人的投标文件显示解密成功，但因在系统中未查询到联合体协议书，两家投标人现场提出异议。招标代理机构将不加密的备用投标文件送进评标区，开启不加密备用文件。评标委员会确认不加密备用投标文件中确有联合体协议书。

招标人公示中标候选人，第一名为 K 设计公司（联合体），第二名为 T 设计院，第三名为 S 建筑设计公司（联合体）。T 设计院公司提交异议书，要求评标委员会严格按照招标文件进行资格审查。

第三方公司向 T 区公共资源交易管理办公室（简称"公管办"）出具《情况说明》，明确系因节点参数未能被评标系统识别原因导致投标文件解密异常，经调整节点参数，解密后的投标文件已能正常展示"联合体协议书"。招标人据此作出答复：判定 K 设计公司及 S 建筑设计公司投标文件废标依据不足。T 设计院投诉，要求根据招标文件之规定宣布 S 建筑设计公司和 K 设计公司的投标无效，按照其余合格的单位的排序确定中标单位。公管办作出投诉处理决定，驳回 T 设计院的投诉。

T 设计院仍不服提起行政诉讼。

法院认为：本案中，T 设计院质疑的是 K 设计公司以及案外人 S 建筑设计公司在城东安置房项目招投标过程中因未体现联合体协议书而未通过资格审查后，启用未加密的光盘文件，并被允许进入技术标评审阶段的合法性。这也是本案的争议点。

结合招标文件第 24 条"特别提醒"第（2）项的规定，K 设计公司以及 S 建筑设计公司的投标文件未能显示联合体协议书可以归类为"招投标平台发生故障的系统原因"，理由如下：

（1）K 设计公司以及 S 建筑设计公司均系按照招标文件的要求，在统一使用的平台上依托第三方公司制作的软件系统上传了投标文件。在开标现场，上述两家投标人因缺少联合体协议提出了异议，评标委员会亦是在现场启用上述两家公司未加密的光盘文件进行查看，认定两家投标人确实提供了联合体协议书，可见 K 设计公司等投标人实际上传了联合体协议。后续在案涉招投标软件系统更新后，评标委员会成员也查实 K 设计公司等投标人的联合体协议书客观存在。因此，K 设计公司、S 建筑设计公司对于未能显示联合体协议并不存在过错。

（2）案涉项目招投标系统的运营主体已通过出具情况说明的方式向监管机关明确反馈系因系统节点问题造成联合体协议书无法显示，并明确节点参数调整已经推送更新。此情况下，若由投标人承担不利后果，显然不合理。

（3）根据第三方公司的反馈，上传到"联合体协议书"节点内的文件都不能显示，但若将联合体协议书上传至其他节点，则可以正常显示。故能否正常显示取决于联合体投标人是否将联合体协议书上传至其他节点，但 K 设计公司、S 建筑设计公司将联合体协议书上传至系统内的"联合体协议书"节点本身并无不当，不能要求投标人对其合理行为承担不利责任。在招投标系统软件系统存在问题的情况下，是否产生后果也系概率性事件，系统显示"解密成功"也并不代表系统已将投标人的投标文件全部内容识别成功，T 设计院认为系统存在问题就应当发生所有投标人均不能正常显示投标文件的后果，该观点失之偏颇。

（4）《电子招标投标办法》第三十一条第二款规定的"招标人可以在招标文件中明确投标文件解密失败的补救方案，投标文件应按照招标文件的要求作出响应"，赋予了招标人在招标文件中对于文件解密失败另行制定补救措施的权利。本案中，招标人针对平台可能发生故障导致投标文件无法解密的情况规定了相应的补救措施，各投标人实际按招标文件的规定提交加密投标文件与不加密光盘文件的行为，即系对应招标文件要求而作出的响应。K 设计公司的投标文件未能被平台完整识别时，招标人决定根据招标文件启用备用光盘文件的行为符合上述规定。

综上，法院最终判决驳回了 T 设计院的诉讼请求。

📝 分 析

本案争议焦点：当加密后的投标文件在招投标系统中显示"解密成功"，但并未能实际体现投标文件所有已上传内容时，能否启动招标文件已规定的补救方案并实施后续招投标活动。从本案中的法院观点来看，答案是肯定的。

1. 电子化招投标以专用软件的加密解密替代了传统招投标中投标文件的密封与解封，《电子招标投标办法》从公平与效率角度对此作出了创设性规定

在电子化招投标中，具有物理属性的纸质投标文件被以数据电文形式存在的电子投标文件取代，因此，投标文件的制作、传递、密封与解封也发生了重大变化。对此，《电子招标投标办法》第二十六条及第三十条明确，电子投标文件应当由投标人通过招标人或招标代理机构指定的专用工具软件制作并上传，其密封与解封亦由专用工具软件的加密和解密实现。

同时，考虑到电子软件无法杜绝 BUG 的特性，使得电子版投标文件的加密和解密常常发生意想不到的障碍。因此，《电子招标投标办法》在第三十一条还创设性地规定了电子投标文件解密失败时的处理措施，即："因投标人原因造成投标文件未解密的，视为撤销其投标文件；因投标人之外的原因造成投标文件未解密的，视为撤回其投标文件，投标人有权要求责任方赔偿因此遭受的直接损失。部分投标文件未解密的，其他投标文件的开标可以继续进行。招标人可以在招标文件中明确投标文件解密失败的补救方案，投标文件应按照招标文件的要求作出响应。"

其一，该条第一款第一句在延续《招标投标法实施条例》第三十五条规定的以投标是否截止为时点区分投标文件的撤回与撤销之外，还将投标截止后但因投标人以外的其

他原因导致投标文件解密失败的情形，也视为投标文件的撤回，不仅使得投标人此时可以收回投标保证金，而且明确了投标人可以要求责任方赔偿因此遭受的直接损失，一定程度上保障了无过错的投标人的权益。

其二，该条第一款第二句及第二款一方面明确了部分投标文件未解密的，其他已解密之投标文件可继续进行开标活动，另一方面则明确了招标人可以在招标文件中规定投标文件解密失败的补救方案，并要求投标文件按照招标文件的要求作出响应，由此给予了招标人及投标人在出现解密失败情形时，按照补救方案实施后续招投标活动的机会，避免因技术问题损害招投标活动的公平与效率。

2. 对《电子招标投标办法》第三十一条中的"投标文件未解密"不应机械理解和适用

《电子招标投标办法》第三十一条第一款中将"投标文件未解密"作为该条款的适用前提。"投标文件未解密"应指投标文件在解密时发生故障而影响该投标文件参与下一步开标评标活动时的所有情况，包括全部未解密及部分未解密等所有解密失败的情形。

首先，从文义理解上，在《电子招标投标办法》第三十一条第二款规定补救措施的适用情形为"投标文件解密失败"时，基于上下文概念统一的要求，"投标文件未解密"与"投标文件解密失败"的内涵与外延应当相同。

其次，从立法目的上，《电子招标投标办法》第三十一条系为实现电子招投标活动的公平与效率而设定，若将"未解密"的情况限缩为全部未解密或者专用软件显示未解密，则对于虽专用软件无显示但实际部分未解密（若软件存在问题时这是极有可能出现的）的投标文件提交人明显有失公平，亦无法保障此时的招投标效率。

最后，从制度效果上，法律规定应当保护无过错主体的合法权益。在电子化招投标中，无论何种情形的投标文件解密失败，按照招标文件要求编制、加密并上传投标文件的投标人均不存在过错，此时，若不区分情形适用《电子招标投标办法》第三十一条，则明显无法对无过错投标人予以平等且充分的保护。

⚖ 启 示

投标文件解密失败时，应遵循以下原则处理：

首先是补救措施优先。出现解密失败情况时，首先查看招标文件中是否规定了投标文件解密失败时的补救措施（如：招标文件要求投标人在开标前一并提交未经加密的刻录有投标文件的光盘，并明确解密失败时可使用该光盘开标；招标文件设置了投标文件的云备份系统，并明确解密失败时，可由云备份系统下载投标文件二次解密；等等）。如果有相应补救措施，则应按照该补救措施要求执行。

其次是保证招投标程序推进。即便部分投标人的投标文件解密失败，也不影响其他投标人已解密或者已通过补救措施获得的投标文件继续参加后续的开标及评标活动，除非已解密及已通过补救措施获得的投标文件数量不满足继续开展评标活动的合格投标人的人数要求。以此确保招投标活动的正常开展，保障招投标效率。

再次是给予投标人便利性。一方面，在招标文件未明确限制或禁止的情况下，投标人制作及上传投标文件的瑕疵，只要不影响投标文件的完整性，就不应成为否决投标的理由（例如招标文件要求将投标文件拆分为不同部分上传到招投标系统相应的节点，投标人上传了全部投标文件，但有部分节点对应错误）。另一方面，投标文件的"未解密"应作宽泛理解，尤其在补救措施适用的范围上，应当涵盖非因投标人原因导致的所有解密失败的情形。

最后是给予无过错投标人权益救济。对于投标文件解密失败的投标人，应区分其解密失败的原因而对其投标保证金能否退还作出认定。若解密失败系因投标人自身原因导致（如：未按照专用工具软件的说明要求进行操作；错误输入或忘记加密及解密的密码等），则该投标人的投标应视为撤销，已交纳的投标保证金不予退还。反之，若解密失败系因投标人之外的原因导致（如：专用工具软件自身存在BUG；解密时招标代理机构工作人员误操作），则该投标人的投标应视为撤回，已交纳的投标保证金应予退还，并且该投标人有权就其由此遭受的直接损失要求责任人予以赔偿。

56 唱标价的故事

案 情[1]

某国有企业采用公开招标方式购买汽车。主持人翻开投标人 C 的投标函与投标函附录的正本，发现提供了两种投标方案。一是原装进口，报价为 468.00 万元，另一个是国内组装，发动机为进口，报价为 259.00 万元，其他投标人的投标函及投标函附录上，只有一个报价。主持人问投标人 C 的代表："你公司的最终报价是哪一个？"投标人 C 的代表看了看其他投标方案和报价，回答："我公司的最终报价是 259 万那个！"主持人要求记录人在电脑上记录其投标方案为国内组装、报价为 259.00 万元；投标人 D 在投标函与投标函附录上填写的报价，大写为贰佰陆拾伍元零角零分，小写为 2650000.00 元。主持人要求工作人员查对了投标人 D 的分项报价表，发现投标函与投标函附录上填报的小写金额与报价汇总结果一致，质问投标人 D："你公司投标函与投标函附录上载明的投标报价，小写是 2650000.00 元，大写是贰佰陆拾伍元零角零分，差了一个万字。"投标人 D 的代表从座椅上站起来，确认到："我公司在此申明，投标报价是贰佰陆拾伍万元零角零分。"要求记录人记录其投标报价时，按小写数值记录，主持人表示同意，按 2650000.00 元进行唱标，并吩咐记录人按这一数值进行记录。

投标人 A 和 B 提出异议，认为招标人主持唱标中，允许投标人 C 选择国内组装、报价为 259.00 万元和对投标人 D 的特殊照顾，允许其在报价大写数值中添加一个"万"字，实质是允许了投标人在投标截止时间后二次报价，要求招标人更正。主持人电话咨询公司外聘的采购顾问。采购顾问明确告诉他，开标是招标文件载明的开标公布事项，对投

---

❶ 素材来源于毛林繁编著：《招标采购析案辩理》第 183 页，Chinaese Branch×iquan House2020 年版。

标文件载明的投标结果，如实公布，不能允许投标人对其投标文件上载明的价格进行调整、选择或是二次报价等违反招标投标规则的行为。还回答："坚持按投标文件载明的事实如实唱出的原则。投标人 C 有两个投标方案、两个报价，如实唱出，即方案一原装进口、报价 468.00 万元，方案二国内组装、发动机进口，报价 259.00 万元；投标人 D 的报价，大写和小写数值不一致，大写缺了一个万字，也是如实唱，即大写贰佰陆拾伍元零角零分，小写 2650000.00 元，并如实记录即可。"主持人听明白后，按采购顾问的建议，重新唱出投标人 C 和 D 的报价，更正了开标记录。

分 析

这则故事的启迪在于，开标时应实事求是，按照投标文件的事实状况，如实唱标和公布主要内容，即投标文件载明的开标事项是怎样就怎样唱标并记录，因为开标过程中，招标人的责任就在于对投标事实进行公布，投标人按照其投标文件载明的结果确认。即使是投标文件出现多个报价、出现不合格情形应当作出否决投标的决定的，也应当将投标文件的实际内容如实公开，而不得进行更改、只截取部分内容或让投标人选择确定部分内容进行宣读。

《招标投标法》第三十六条规定："开标时，由投标人或者其推选的代表检查投标文件的密封情况，也可以由招标人委托的公证机构检查并公证；经确认无误后，由工作人员当众拆封，宣读投标人名称、投标价格和投标文件的其他主要内容。招标人在招标文件要求提交投标文件的截止时间前收到的所有投标文件，开标时都应当当众予以拆封、宣读。开标过程应当记录，并存档备查。"相应地，只要是招标文件规定需要公开的内容，投标项目范围、投标报价、投标保证金以及招标文件载明开标公布的其他事项，都应当如实公布。招标人不能违反招标文件载明的招标投标规则，凭借主持人或唱标人的个人主观判断或喜好，给予投标人在投标截止时间后撤换、修改投标文件的机会，因为招标投标规则仅是要求招标人如实公布，并没有也不能赋予投标人在投标截止时间后，依据其他投标情况调整或是修改其投标文件载明的事项。这一原则同时蕴含着，唱标的语言必须客观，以事实为依据进行唱标。

实践中，招标文件一般要求投标人提供开标一览表（报价表），该一览表的目的就是记载投标人名称、投标价格等需要开标的内容，目的是方便唱标用。因此，开标时只宣读投标文件中开标一览表（报价表）的内容，一般包括投标人名称、标段 / 标包名称和编号、投标保证金递交情况、投标报价、质量目标，以及招标文件上载明开标要公布的其他事项。唱标时，监督人对照唱标人的唱标和记录人的记录结果，发现不一致的，以正本为准及时更正。唱标的原则，是唱标人按投标的事实，如实宣读投标，不能添加个人的主观判断或是喜好。

上述案例中，对于 C 公司提交两种投标方案、两个投标报价的情形，也不能让投标人自行确定最终报价，而是应当交给评标委员会在评标过程中依据《招标投标法实施条例》第五十一条"有下列情形之一的，评标委员会应当否决其投标：……（四）同一投标人提交两个以上不同的投标文件或者投标报价，但招标文件要求提交备选投标的除外"

的规定作出处理。

对于 D 公司出现投标文件载明的报价的大写金额和小写金额不一致、总价金额与按单价金额汇总不一致等价格不一致的情形时，招标人（招标代理机构）应该如实唱标（按开标一览表唱）、如实记录，而不能由招标人（或招标代理机构）择其一选择。评标时，由评标委员会核实其投标报价，可依据《评标委员会和评标方法暂行规定》第十九条"评标委员会可以书面方式要求投标人对投标文件中含义不明确、对同类问题表述不一致或者有明显文字和计算错误的内容作必要的澄清、说明或者补正。澄清、说明或者补正应以书面方式进行并不得超出投标文件的范围或者改变投标文件的实质性内容。投标文件中的大写金额和小写金额不一致的，以大写金额为准；总价金额与单价金额不一致的，以单价金额为准，但单价金额小数点有明显错误的除外；对不同文字文本投标文件的解释发生异议的，以中文文本为准"的规定，修正投标报价，并要求投标人确认后作为评标依据。

⚖ 启 示

（1）唱标结束，开标人员应当制作书面的开标记录，记载开标项目、时间、地点、投标人名称、投标价格和招标文件规定的其他重点内容。主持人、唱标人和记录人在开标记录上签字，表明其按照招标文件载明的事项履行开标职责。可以邀请投标人代表在开标记录上签字，确认开标的合规性；投标人代表也可以在开标记录上不签字，并当场向招标人提出异议，要求更正。如果有异议，招标人应进行答复并记载异议内容及处理结果。

（2）对于电子招标投标活动而言，开标时，电子招标投标交易平台自动提取所有投标文件，提示招标人和投标人按招标文件规定方式按时在线解密。解密全部完成后，电子招标投标交易平台应当向所有投标人公布投标人名称、投标价格和招标文件规定的其他内容，但依法应当保密的除外。

第四部分　评标

57 评标委员会成员与投标单位存在利害关系的认定

案　情

某市开发区管委会（业主单位）委托某招标公司发布了《科技中心建筑方案设计征集公告》，以招标方式面向国际征集某开发区科技中心建筑方案。受某市开发区管委会的委托，招标公司随机选出五名评审委员会委员针对案涉项目的合格应征设计单位进行了评审，五位专家均签署了评标专家声明书，保证将独立、客观、公正地履行评标专家职责。根据专家委员会评审意见，某市建筑设计研究院编制的四号方案为优秀奖获得者，为中标单位，参与后续方案设计、编制工作。

未中标的某外国公司事后参与中标设计方案的修订，为招标人提供技术咨询，因方案成果设计修改费支付等原因发生争议，于是向法院起诉。该外国公司诉称，案涉招标项目评标委员会成员王某所在单位为本次招标项目投标单位，王某与投标人存在利害关系，每个月从原单位领工资或退休金等，应当主动提出回避。王某的违法行为导致评审委员会组成违法，因此评审结果也是违法的，应当重新组织评审。

法院经审理认为，证据显示王某原任职单位为投标单位中×建筑设计研究院，但是其在参与案涉项目时已从原任职单位退休多年；同时从结果来看，中×建筑设计研究院并非中标单位，因此某外国公司提交的证据不足以认定王某与投标单位之间存在利害关系，亦不足以证明原告未中标系由于评审委员会组成违法所致。现某外国公司向本院提交的证据不足以证明违法事实，应承担举证不能的不利后果。因某外国公司提供的证据不足以证明其主张，法院判决驳回其全部诉讼请求。

分　析

1. 评标委员会的组成是否合法

招标人应当依法组建评标委员会，以确保评标委员会能够公正、客观、独立评审。对此，《招标投标法》第三十七条规定："评标由招标人依法组建的评标委员会负责。依法必须进行招标的项目，其评标委员会由招标人的代表和有关技术、经济等方面的专家组成，成员人数为五人以上单数，其中技术、经济等方面的专家不得少于成员总数的三分之二。前款专家应当从事相关领域工作满八年并具有高级职称或者具有同等专业水平，由招标人从国务院有关部门或者省、自治区、直辖市人民政府有关部门提供的专家名册或者招标代理机构的专家库内的相关专业的专家名单中确定；一般招标项目可以采取随机抽取方式，特殊招标项目可以由招标人直接确定。与投标人有利害关系的人不得进入相关项目的评标委员会；已经进入的应当更换。"此外，《招标投标法实施条例》第四十六条第一款规定："除招标投标法第三十七条第三款规定的特殊招标项目外，依法必须进行招标的项目，其评标委员会的专家成员应当从评标专家库内相关专业的专家名单中以随机抽取方式确定。任何单位和个人不得以明示、暗示等任何方式指定或者变相指定参加评标委员会的专家成员。"

本案例中，市开发区管委会（招标人）依法委托招标公司按照上述规定采取随机抽取的办法从评标专家库中选出五名专家组成评审委员会，针对案涉项目的设计单位进行评审，五位专家均书面声明保证将独立、客观、公正地履行评标专家职责。原告主张王某参与案涉项目评审委员会的行为违法、评审委员会的组成违法，就其主张应当承担相应的举证责任。但原告提交的证据不足以证明其主张的事实，根据《最高人民法院关于适用〈中华人民共和国民事诉讼法〉的解释》第九十条"当事人对自己提出的诉讼请求所依据的事实或者反驳对方诉讼请求所依据的事实，应当提供证据加以证明，但法律另有规定的除外。在作出判决前，当事人未能提供证据或者证据不足以证明其事实主张的，由负有举证证明责任的当事人承担不利的后果"的规定，应就此承担举证不能的法律后果。既然原告的主张不能成立，则市开发区管委会依照法律规定组建评标委员会进行评审，评标委员会成员依法履行职责，其评审结果合法有效。

2. 王某作为投标单位的退休员工，是否属于法定应当回避的情形

某外国公司提出评标专家王某作为某投标单位的退休员工，与投标人存在利害关系，应当主动提出回避。根据《评标委员会和评标方法暂行规定》第十二条规定，有下列情形之一的，不得担任评标委员会成员：（一）投标人或者投标人主要负责人的近亲属；（二）项目主管部门或者行政监督部门的人员；（三）与投标人有经济利益关系，可能影响对投标公正评审的；（四）曾因在招标、评标以及其他与招标投标有关活动中从事违法行为而受过行政处罚或刑事处罚的。评标委员会成员有前款规定情形之一的，应当主动提出回避。若存在上述回避事由的，应当根据《招标投标法》第三十七条第四款"与投标人有利害关系的人不得进入相关项目的评标委员会；已经进入的应当更换"的规定，及时更换评标委员会的成员。此外，根据《招标投标法实施条例》第四十六条第三款规定"评标委员会成员与投标人有利害关系的，应当主动回避"，评标专家若发现自身存在回避事由的，应当主动回避；评标专家未主动申请回避的，招标人或招标代理机构予以更换。

本案例中，某外国公司提供的证据显示王某原任职单位为其中一家投标单位中×建筑设计研究院，但是其在参与案涉项目时已从原任职单位退休多年。某外国公司没有充分证据证明王某作为评标专家，存在《评标委员会和评标方法暂行规定》第十二条规定的各种回避事由，也未举证证明王某在评审过程中，存在可能影响投标公正评审的情形。因此，某外国公司提交的证据不足以证明有违法事实，应承担举证不能的不利后果。

⚖ **启 示**

（1）招标人应当依法组建评标委员会。对于依法必须招标的项目，招标人应当依照法定程序，从专家库中随机抽取一定数量的专家评审，组成评标委员会，确保评标委员会能够公正、独立、客观地按照招标文件规定的标准进行评审，避免人为因素的干扰。

（2）严禁与投标人有利害关系的人进入相关项目的评标委员会。根据《招标投标法》《招标投标法实施条例》的规定，与投标人有利害关系的专家，不得进入相关项目的评标

委员会，收到评标邀请的，应当及时申请回避，已经进入的应当及时更换。

（3）对于离退休人员是否与原单位存在利害关系，主要从时间和利害关系上判断，如果该员工退休或离任时间较短（如《政府采购评审专家管理办法》第十六条规定的"参加采购活动前三年内，与供应商存在劳动关系，或者担任过供应商的董事、监事，或者是供应商的控股股东或实际控制人"情形），或者有证据证明其虽已退休或离任，但仍实际履行原公司相关工作等情形，才能证明其与原任职单位存在利害关系，应当回避。

（4）投标人或者其他利害关系人发现评标专家与投标人存在利害关系，有充分证据的，根据《招标投标法》第六十五条和《招标投标法实施条例》第六十条的规定，可以自知道或者应当知道之日起10日内向有关行政监督部门投诉。

58　评标委员会的评标依据

案　情

在某国道改建工程设计施工总承包第 SJSG 标段（复评）招投标过程中，S 路桥公司提起投诉主张：我司投标文件中提供的《主要业绩信息一览表》涉及资格审核相关信息与证明材料完全一致，中标结果应属有效，评标委员会依据不涉及资格审核的右洞长度存在的数据轻微瑕疵否决我司投标显属错误。请求取消评标委员会复评结果，恢复中标候选人资格。

省发改委查明：某国道改建工程招标，S 路桥公司被推荐为中标候选人。后，因有投标人提出投诉，招标人按照投诉处理意见进行了复评，中×建设集团被推荐为中标候选人，S 路桥公司对此提出异议，后因不满意招标人答复提出投诉。

招标文件"投标人须知前附表"要求投标人具备勘察、设计、施工、设计施工总承包等四种类似业绩。其中施工业绩要求为"（2）自 2016 年 1 月 1 日（以实际交工验收日期为准）以来，按一个标段完成过一级及以上新（改）建公路〔且该标段中须含一座主线单洞连续长度 500 米及以上隧道工程（分离式隧道长度以较长侧隧道里程桩号计算）〕的施工"。

S 路桥公司提供了两个施工业绩。①JS 高速工程业绩，证明材料为中标通知书、施工合同（其中 WN 峰隧道左洞长 4609 米、右洞长 4582 米）、公路工程交工验收证书（WN 峰隧道左洞长 4609 米，右洞长 4576 米）、《主要业绩信息一览表》（WN 峰隧道 4609 米/4582 米）。②ZL 高速工程业绩，证明材料为中标通知书、施工合同、公路工程交工验收证书（其中 TY 隧道左 3298.508 米，TY 隧道右 3233 米）、《主要业绩信息一览表》（TY 隧道左线 3298.508 米，右线 3283 米）。

省发改委认为：本项目招标文件资格审查中施工业绩必须满足"该标段中须含一座主线单洞连续长度 500 米及以上隧道工程（分离式隧道长度以较长侧隧道里程桩号计算）"。S 路桥公司投标业绩"JS 高速工程"的 WN 峰隧道和"ZL 高速工程"的 TY 隧道均为分离式隧道，其隧道较长侧长度信息属于本次"招标资格审核的相关信息"，上述隧道较长侧均为左侧且左侧洞长信息均与省交通运输厅建设市场诚信信息系统《主要业绩信息一览表》一致。因此，S路桥公司上述业绩不属于招标文件"类似项目《主要业绩信息一览表》中涉及本次招标资格审核的相关信息与投标文件所附的业绩证明材料不一致的，资格审查不予通过"规定的情形。评标委员会在复评初步评审阶段以资格审核信息隧道长度不一致为由否决S路桥公司投标文件，不符合招标文件施工业绩资格审查条件要求，投诉情况属实。

综上，省发改委认为评标委员会否决S路桥公司投标文件的复评是错误的，根据《招标投标法实施条例》第七十一条"评标委员会成员有下列行为之一的，由有关行政监督部门责令改正；……（三）不按照招标文件规定的评标标准和方法评标"的规定，责令评标委员会改正。

分　析

1. 评标依据

评标方法主要是评标标准和评标方法。评标标准和方法是指导评标委员会如何评标的文件，合法、科学、具有可操作性是其最基本要求，既可以使评标委员会能够按照统一的标准和方法进行评标，也可以对评标委员会自由裁量权进行合理约束，确保评标结果公平、公正和科学。《招标投标法》第四十条规定："评标委员会应当按照招标文件确定的评标标准和方法，对投标文件进行评审和比较……"《招标投标法实施条例》第四十九条第一款规定："评标委员会成员应当依照招标投标法和本条例的规定，按照招标文件规定的评标标准和方法，客观、公正地对投标文件提出评审意见。招标文件没有规定的评标标准和方法不得作为评标的依据。"

评标标准和方法必须在招标文件中载明，是公开原则的具体体现，有利于投标人了解招标人的招标目的，有效引导投标人投标，编制出高质量的投标文件。因此，在评标过程中，评标委员会的权力就是依据招标文件中的评标标准和方法进行评标，没有权力修改与制定评标标准，招标人和评标委员会都不得随意增加、删减评审因素，也不得调整每个评审因素的评审标准和权重。评标委员会发现招标文件存在歧义、重大缺陷导致评标工作无法进行，或者招标文件内容违反国家有关强制性规定的，应当停止评标工作。

2. 评标委员会未按照评标标准和方法评标的法律责任

评标委员会严格按照招标文件中规定的评标标准和方法评标是确保招标投标活动公平公正的前提条件。未按照评标标准和方法评标的，评标委员会应当承担相应法律责任。《招标投标法实施条例》第七十一条专门规定了评标委员会成员违法评标行为及其法律责任，即："评标委员会成员有下列行为之一的，由有关行政监督部门责令改正；情节严重的，禁止其在一定期限内参加依法必须进行招标的项目的评标；情节特别严重的，取消其担任评标委员会成员的资格；……（三）不按照招标文件规定的评标标准和方法评标。"实践中有关违法行为的表现形式主要有：一是增加招标文件中没有规定的评审因素。二是擅自减少招标文件中已经规定的评审因素。三是不按照招标文件规定的评审标准进行评审，擅自调整评审权重。四是不按照招标文件规定的方法推荐中标候选人。上述行为违反公正原则，势必影响评标结果的公正性。

本案例中，投诉人的投标文件载明的业绩响应了招标文件要求，但评标委员会未严格按照招标文件规定评审造成评标错误，影响评标结果，最终招标投标行政监督部门责令其改正，也就是重新评审。

⚖ 启　示

（1）评标委员会应当详细认真学习掌握招标文件规定的评标标准和方法，依据招标文件明确规定的评标标准和方法对各投标人的投标文件进行全面准确地评价分析，客观、公正提出评审意见，推荐中标候选人。

（2）招标人复核评标报告、收到对评标结果的异议、举报或招标投标行政监督部门处理投诉时，发现评标委员会没有严格按招标文件规定的评标标准评审、影响评标结果公正性的，有权要求原评标委员会重新评审。评标委员会拒绝重新评审的，由行政监督部门裁定是否重新评审，必要时由行政监督部门给予行政处罚。

59　评标委员会应全面评审投标文件

⚒ 案　情

某市教育局关于三所学校塑胶运动场采购项目的招标文件第七章第 2.2 条规定，开标时，投标密封文件将当众拆封，宣读投标人名称、投标价格以及认为合适的投标文件的其他内容。第 2.3 条规定，未宣读的投标价格等实质性内容，评标时不予承认。第 3.5条规定了无效投标及废标的情形，其中规定"投标书未按规定格式、内容和要求填写的"，"在资格性、符合性检查时按照无效投标处理"。第 2.4 条规定，资格性检查是依据法律法规和招标文件的规定，对投标文件中资格证明、投标保证金等进行审查，以确定供应商是否具备投标资格。

W 建设工程公司和 N 体育工程公司等参加了投标，经过评审确定 N 体育工程公司为第一中标候选人，W 建设工程公司为第二中标候选人。

在中标候选人公示期间，W 建设工程公司以第一中标候选人 N 体育工程公司投标文件《开标一览表》中的施工工期、免费保修期均为空白，未严格按规定格式填写，未实质性响应招标文件，应认定为无效投标为由，向采购人某市教育局提出质疑。某市教育局电教中心对 W 建设工程公司的质疑作出"经评委讨论，一致认为 N 体育工程公司投标有效"的答复。

W 建设工程公司向某市政府采购办公室投诉，被投诉人为某市教育局电教中心，提出：评委未严格依照《政府采购法》和招标文件规定进行评标，缺乏公平公正性；N 体育工程公司的投标依照《政府采购法》和招标文件的规定应认定为无效投标。某市政府采购办公室向 W 建设工程公司作出书面答复函，答复称：根据《招标投标法》第三十八条、第四十四条，《政府采购货物和服务招标投标管理办法》第四十四条、第五十四条、第五十八条，评标委员会独立开展评标，任何单位和个人不得非法干预、影响评标方法的确定以及评标过程和结果，评标应当遵循投标文件初审程序进行资格性审查和符合性审查，评标委员会成员对所提出的评审意见承担个人责任。针对三所学校塑胶运动场采购项目，评委在投标文件初审阶段，经过认真查阅该公司的投标文件，尽管其开标一览表中施工工期、保修期为空白，但在其投标文件售后服务中有免费保修期承诺、施工计划进度表中有工期承诺的阐述内容，已对招标文件作出了实质响应，一致认为 N 体育工程公司投标有效，并在投标文件符合性审查表中说明了确认的原因，五个评委均签了字。因此，此项目评标过程符合法律规定，我办尊重评委评审结果。综上，驳回 W 建设工程公司的投诉。

分 析

本案例中，N 体育工程公司在《开标一览表》中未填写施工日期、免费保修期，属于细微瑕疵，不应认定为无效投标，理由如下。

第一，评标委员会应当根据全部投标文件和全部资料，从整体上审查投标文件是否对招标文件的实质性要求全面作出了响应，不应局限于投标文件的某一部分、某一方面。某市教育局的招标文件明确了投标文件的三个组成部分，投标人提交的全部文件和资料都属于"投标文件"的范畴。

开标一览表主要的功能是报价功能，开标一览表与投标文件其他部分的内容效力是相等的。

本案 N 体育工程公司虽然在《开标一览表》中未填写施工日期、免费保修期，但作为投标文件的《售后服务承诺》《施工计划进度表》中有免费保修期承诺和工期承诺的内容，评委完全可以根据全部投标文件和全部资料，从整体上审查《开标一览表》以外的投标文件是否对招标文件的实质性要求作出了响应，最终审查认定 N 体育工程公司中标有效与否，符合招标程序和法律规定。

第二，招标文件规定"未宣读的投标价格等实质性内容，评标时不予承认"。首先，该条特指的是投标价格，招标文件中明确将不予认可的情形也界定为"未宣读的投标价格等实质性内容"，并未涉及工期、免费保修期等其他内容。而且，开标一览表实质内容就是报价表，主要的功能是报价功能。在开标一览表中设置了工期、免费保修期栏目，仅是为了评标时的方便，招标文件也并未将在《开标一览表》中漏填工期和免费保修期规定为重大偏差。因此，N 体育工程公司虽在《开标一览表》中漏填工期、免费保修期，但在其他招标文件中作出了实质性响应，应当予以认可。

第三，对投标文件出现的瑕疵，应区别情况正确处理。《政府采购货物和服务招标投标管理办法》第六十三条规定的投标无效情形（如：未按照招标文件的规定提交投标保证金的，投标文件未按招标文件要求签署、盖章，不具备招标文件中规定的资格要求，报价超过招标文件中规定的预算金额或者最高限价，投标文件含有采购人不能接受的附加条件），都属于未实质性响应招标文件要求的重大偏差。该办法第五十一条还规定，对于投标文件中含义不明确、同类问题表述不一致或者有明显文字和计算错误的内容，评标委员会应当以书面形式要求投标人作出必要的澄清、说明或者补正。本案例中，N 体育工程公司只是在《开标一览表》中漏填工期、免费保修期，但是该内容在其他部分有反映，故不属于未实质性响应招标文件要求的重大偏差而判定为无效投标的情形，也不属于"投标文件中含义不明确、同类问题表述不一致或者有明显文字和计算错误的内容"需要澄清的情形。

综上，W 建设工程公司所持 N 体育工程公司的《开标一览表》中有应当填写的内容而没有填写、应认定为无效投标的理由，不能成立。N 体育工程公司虽在《开标一览表》中漏填工期、免费保修期，但在其他招标文件中作出了实质性响应，评标委员会认定 N 体育工程公司投标有效，符合招标文件和法律规定。

⚖ 启 示

（1）评审委员会进行符合性检查，应依据招标文件规定，从投标文件的有效性、完整性和对照招标文件的响应程度进行审查，应根据投标人全部投标文件资料从整体上审查是否对招标文件的实质性要求和条件作出了响应。

（2）投标人应当完整、准确地响应招标文件实质性的要求和条件，并按照招标文件对格式内容的要求填写、编制投标文件，防止不必要的投标失败风险和损失。

60 评标方法设计的不一致性导致评标结果不一致

案 情

某大型工业厂房建设项目，采用全额国有资金投资建设。在施工总承包招标中，建设单位为进一步优选中标单位，丰富了评审内容，加大了对评审主观要素分值设置，其中施工组织设计、施工管理服务、管理协同伴随服务的分值设置比较高。

评标结果显示：投标人 A 为第一中标候选人。招标代理机构向建设单位提交评标报告，建设单位在确认评审结果时发现各评审专家对于各评审要素评审的分值离散程度较大。即便是对于同一评审要素，各位评审专家给出的分值也不尽相同。评标报告显示：评标委员会共推了了三名中标候选人分别是投标人 A、B、C。建设单位对该结果表示惊讶并提出质疑，为此，对评标结果不予确认。而后，其邀请具有丰富经验的专家对于该项目评标结果进行分析。该专家认为：招标文件载明的评审方法中有多个评审要素存在从属并列或对立关系，是造成评审分值离散度较大的主要原因。

于是，建设单位召集原评标委员会重新开展评标活动，并要求评标委员会认真研究评标方法，希望尽量统一各评委对各评审要素的理解。为统一评判尺度、便于评审，建设单位向评标委员会出具了有关评标要素解释说明性文件。评标委员会按建设单位要求重新开展评标活动，同时充分采纳了招标人有关评标要素的解释说明性文件。重新评标结束后，评标委员会向建设单位推荐了三名中标候选人分别为 D、E、F 公司。招标人对此结果表示满意，并随即确认了该评标结果。

在后续中标候选人公示期间，招标人收到了投标人 A 的书面异议。投标人 A 在异议文件中表示，其掌握了其在第一次评标活动中被评审为中标候选人的信息，并认为招标人委托评标委员会重新评标是无效的。对此，招标人立即约见招标代理机构商议对策。招标代理机构认为本次招标活动合法有效，并提议招标人对于投标人 A 的异议不予理睬。

分 析

1. 招标人可以向评标委员会提供评标所必需的信息

《招标投标法实施条例》第四十八条第一款规定："招标人应当向评标委员会提供评标所必需的信息，但不得明示或者暗示其倾向或者排斥特定投标人。"关于评标环节招标人进一步向评标委员会提供便利于评标的项目材料情况，业界有不同的认识。

一种观点认为：为增强评标的针对性、科学性，保证评标委员会顺利评标，招标人有必要根据实际情况向评标委员会提供招标文件没有载明或者已经载明，但短时间内评标委员会成员不容易准确把握理解的，且为准确评标所必需的客观真实信息，主要包括：招标项目范围、性质和特殊性，招标项目的质量、价格、进度等需求目标和实施要点等。

另一种观点则认为从招标程序的严谨性看，应尽可能将上述内容在招标文件中提早详细、清晰描述，以便于投标人做出响应，以及评标专家从招标文件角度全面考虑。这种观点认为，招标活动进入评标环节，投标环节已经结束，投标人对于招标文件的响应已经完结。另行增加招标文件内容可能导致投标人响应的不彻底性，尤其对于评标活动会造成一定的干扰。

笔者认同第一种观点，允许招标人向评标委员会提供评标所必需的信息，可以增强评审针对性，既提高了评标质量，也提高了评标效率。

2. 招标人不得侵害评标专家的独立评审权利

评标专家的核心权利是独立评审权利，该权利是法律赋予的权利，也是相对独立于招标人、投标人、其他单位或个人，不受非法干预的权利。专家独立评标制度是招标投标法律体系中一个重要的制度安排，包括评标专家抽取使用、评审权的行使规则、招标参与方的监管职责等一系列内容。《招标投标法》还从招标人、投标人或其他人的义务的角度来进行阐述，《招标投标法实施条例》第四十八条第一款在规定招标人应当向评标委员会提供评标所必需的信息的基础上强调不得明示或者暗示其倾向或者排斥特定投标人。

因此，为了促使招标活动公平性，减少提供信息对评标的误导或不当干扰，招标人所提供的信息不得超出招标文件范围，不得借机向评标委员会作倾向性、误导性的解释或者说明，不得以明示或者暗示的方式倾向或者排斥特定投标人。

3. 对本案例的评析

结合本案例，建设单位的做法应该说是不甚严谨，甚至可能是不合法的。投标人编写投标文件、评标委员会开展评标活动，应以招标文件为依据。评标委员会各成员具有独立评审权利，评标过程不应受到任何干扰。建设单位以评标要素设置不合理为由，要求评标委员会复审是不妥的。复审中，向评标委员会提供超出招标文件内涵的评审要素解释说明文件也是不妥的。应该说，这种解释说明性文件，可能超出了招标文件中所载明的评标方法和评标标准的内涵，未能将涉及评标规则的内容事前向投标人广泛公开，违背了招投标活动公开性原则，也将使得评标公正性受到影响。

此外，本案例评标办法在内容的一致性设计上存在缺陷。由于评审要素之间存在从属与对立情形，导致评标委员会对同一投标文件的理解或对同一文件多次评审结果不一致，其主要原因包括：部分评审内容欠明确、主观评审要素占比过大、分值设置间隙过大等。为确保评审科学性，应尽力消除评审因素不一致的现象。当然，即使评标方法设计上再科学，鉴于采购标的的复杂性或特殊性，评标方法设计与项目实际需要仍可能存在差距，导致评标委员会对投标人实际能力与水平的衡量不客观。这有待于改进评标方法，比如适当延长评标时间、扩展参考资料、提供充分评审条件及强化评审准备等。

⚖ 启　示

科学设计评标办法十分重要。国家法律法规、项目行政审批文件及招标文件中评标办法是评标活动的重要依据。不建议将超出招标文件载明的内容作为评审依据。这是因为投标人对项目信息的掌握与招标人相比是非对称性的。只有有针对性地制定评标办法，结合项目具体需要细化评标内容，遵照评标程序组织评标活动，遵从公开、公平、公正及诚实信用原则，才能切实确保评标过程的顺利进行。

61　评标过程中发现招标文件内容错误应如何处理

⚖ 案　情

某高速公路施工项目招标文件"已标价工程量清单"中规定："投标人应按照《工程量清单》的要求逐项填报工程量清单，包括工程量清单说明、投标报价说明、计日工说明、其他说明及工程量清单各项表格（表 1.1-1.5）。"工程量清单表格 1.3 中列明各项暂估价工程量，其中详细列明 A-D 路段土石方填挖工程量，分别为 A 路段 220 万元、B 路段 110 万元、C 路段 240 万元、D 路段 80 万元，A-D 路段土石方填挖合计为 300 万元。

招标文件"评标办法"中的否决投标条件规定："已标价的工程量清单中的工程量与招标文件工程量清单中的工程量应完全一致，投标人擅自改变工程量清单（包括工程量、暂估价、暂列金额、招标人提供设备、材料表等内容）的，相应投标人的投标文件作否决投标处理。"即该高速公路施工项目招标文件要求投标人不得对招标人在招标文件中给定的工程量清单进行任何形式的修改、变更。

评标过程中，评标专家发现招标文件中工程量清单表格 1.3 中 A-D 路段土石方填挖工程量合计存在计算错误，即招标文件给定 A-D 路段土石方填挖各项之和为 300 万元，但按照招标文件给定的 A、B、C、D 各路段土石方填挖工程量计算，A-D 路段土石方填挖各项之和实际应为 650 万元。除投标人大地公司认真核实并填写为 650 万元外，其余投标人高原公司、河海公司、B 公司等均按照招标文件给定 A-D 路段土石方填挖各项计数 300 万元进行了响应。评标专家经初评，除高原公司、河海公司外，本施工标包其余投标人因其他原因均被否决投标。

评标专家经讨论，形成几种处理意见：一是按照实际合计数 650 万元对投标人价格进行修正，但修正后河海公司等多家投标人报价增加将导致超过最高限价，仅剩余高原公司、B 公司修正后未超最高限价（招标文件规定超过最高限价的将被否决投标）；二是由于大地公司已被否决投标，其余投标人该项报价均为 300 万元，建议按照合计 300 万元继续评标；三是由于进入详评的仅有两家投标人，如评标专家认为本项目竞争性不足，可以否决全部投标；四是上述错误可能影响合同签订和履行，招标人和投标人均有错误，导致本包无法继续评标，建议本高速公路施工项目终止招标，之后重新招标。

📝 分　析

对于第一种修正报价的处理方式，笔者认为不妥，原因是如河海公司等多家投标人由于修正报价超过最高限价被否决投标，可能引起多家投标人对评标结果提出异议。招标文件编制错误系招标人原因，需承担由此产生的责任。

对于第二种继续评标的处理方式，笔者认为剩余投标人对该项报价均为 300 万元，继续评标对投标人而言不存在不公平的情形，且该部分费用计列在暂估价部分，根据招标文件规定，暂估价部分据实结算，总价合计笔误不改变单价，对该项结算不构成影响。但存在后续合同履行上的风险，即招标环节未对该错误进行修正和处理，后续将影响合同签订，且由于本包已规定了最高限价，该项报价投标人少报了 350 万元，意味着其他工程量单价被提高以分摊该少报金额，未来结算审计存在风险。

对于第三种因竞争性不足决定否决全部投标的处理方式，笔者认为根据《评标委员会和评标方法暂行规定》第二十七条"评标委员会根据本规定第二十条、第二十一条、第二十二条、第二十三条、第二十五条的规定否决不合格投标后，因有效投标不足三个使得投标明显缺乏竞争的，评标委员会可以否决全部投标。投标人少于三个或者所有投标被否决的，招标人在分析招标失败的原因并采取相应措施后，应当依法重新招标"的规定，进入详评的投标人不足三家使得投标明显缺乏竞争的，评标委员会可以否决全部投标，招标人应当及时修改上述招标文件错误后，依法重新招标。

对于第四种终止招标的处理方式，笔者认为根据《招标投标法实施条例》第三十一条"招标人终止招标的，应当及时发布公告，或者以书面形式通知被邀请的或者已经获取资格预审文件、招标文件的潜在投标人。已经发售资格预审文件、招标文件或者已经收取投标保证金的，招标人应当及时退还所收取的资格预审文件、招标文件的费用，以及所收取的投标保证金及银行同期存款利息。"及《工程建设项目施工招标投标办法》第十五条"招标文件或者资格预审文件售出后，不予退还。除不可抗力原因外，招标人在发布招标公告、发出投标邀请书后或者售出招标文件或资格预审文件后不得终止招标。"和第七十二条"招标人在发布招标公告、发出投标邀请书或者售出招标文件或资格预审文件后终止招标的，应当及时退还所收取的资格预审文件、招标文件的费用，以及所收取的投标保证金及银行同期存款利息。给潜在投标人或者投标人造成损失的，应当赔偿损失"等相关规定看，除不可抗力原因外，招标人在发布招标公告、发出投标邀请书后或者发出招标文件或资格预审文件后不得终止招标。如因不可抗力，招标人需要在发布招标公告、发出投标邀请书或者售出招标文件或资格预审文件后终止招标的，应当及时公告或书面通知潜在投标人，退还所收取的资格预审文件、招标文件的费用，以及所收取的投标保证金及银行同期存款利息。给潜在投标人或者投标人造成损失的，应当赔偿损失。本案中由于招标文件本身规定错误，导致无法继续评标甚或可能影响合同签订和履行的，招标人出于保护自身利益的需要可以终止该项目招标；但本案情况不符合法定因不可抗力终止招标情形，虽然法律法规未明确规定招标人擅自终止招标对应的法律责任，但实践中招标人承担的法律后果可能包括赔偿投标人投标文件制作费、差旅费等投标损失。

综上所述，我们认为如评标委员会认为本项目竞争性不足，则应当否决全部投标；如招标人选择终止招标，则应当赔偿投标人包括投标文件制作费、差旅费在内的相应损失。

启 示

招标文件是招标人依据招标项目特点和实际需要编制的，说明招标项目技术要求、报价要求、评标标准和方法以及合同条款等内容的文件。招标人应当依据《招标投标法》《招标投标法实施条例》和相关部门规章要求，根据招标项目特点和实际需要，合理设置投标人资格条件、投标报价要求、评标方法、合同条款、技术标准等实质性要求，编制满足项目需求的招标文件；招标文件中的各项技术标准应符合国家强制性标准。

62 中标人逾期对招标人的澄清作出答复的后果

案 情

2019 年 4 月 29 日，B 公司受×铜业股份有限公司委托就硫磺制酸生产承包项目进行公开招标，招标文件明确澄清答疑时间中提出问题的截止时间为 2019 年 5 月 11 日 18 时；书面澄清的截止时间为 2019 年 5 月 14 日 18 时；投标截止时间为 2019 年 5 月 21 日 9 时 30 分；开标时间为 2019 年 5 月 21 日 9 时 30 分。

W 公司参与该项目的投标，并于 2019 年 5 月 17 日向 B 公司电子转账支付投标保证金 400000 元。

2019 年 5 月 17 日，B 公司作为招标人对投标人作出《硫磺制酸生产承包项目招标澄清函一》，对提出高原温差大，散热保温情况如何，系统转化是否需要辅助加热，负荷多大等问题作出答复：系统运行 2007 年的设备，地处海拔 4500 米缺氧，散热量大，转化温度达不到，需挂电路生产才能使转化率超过 95%，电耗较内地高，吨耗在 160-170 度电。该澄清函已于 2019 年 5 月 17 日向 W 化工公司送到。

2019 年 5 月 21 日开标评标中确定 W 化工公司为第一中标候选人。

2019 年 6 月 4 日 W 公司以 B 公司发出的招标文件中，没有披露该套生产硫磺装置设备的购置、使用年限；没有安排时间组织投标人现场踏勘装置设备等重大事项没有披露，导致 W 公司生产成本出现重大偏差，向 B 公司提出《中标候选人放弃函》，B 公司向 W 公司发送了不再退付保证金的回复。

W 公司以 B 公司故意隐瞒事实真相误导错误的投标为由提请诉讼，请求：判令撤销 W 公司《中标通知书》以及 B 公司立即退还 W 公司投标保证金 400000 元等。

法院认为：《招标投标法》第二十三条规定：招标人对已发出的招标文件进行必要的澄清或者修改的，应当在招标文件要求提交投标文件截止时间至少十五日前，以书面形式通知所有招标文件收受人。该澄清或者修改的内容为招标文件的组成部分。B 公司于 2019 年 5 月 17 日作出澄清函，澄清系统运行为 2007 年设备，是对运行设备年份的披露，W 公司提出 B 公司存在对运行设备年份重大事项未在《招标文件》中披露的主张不予认定。B 公司在 2019 年 4 月 29 日《招标文件》中确定书面澄清的截止时间为 2019 年 5 月 14 日 18 时，投标截止时间为 2019 年 5 月 21 日 9 时 30 分。B 公司作为招标人在 2019 年 5 月 17 日的《招标澄清函一》回复中作出澄清，该澄清函依据法律规定应在要求投标文件截止时间至少十五日前作出。而案涉招标文件规定的投标截止时间在 2019 年 5 月 21 日，不符合法律规定的时间。本案中 B 公司在 2019 年 5 月 17 日作出澄清答复后应当顺延提交投标文件日期在 2019 年 6 月 2 日前。B 公司未顺延提交投标文件截止时间，存在瑕疵。但 W 公司在收到澄清答复之后应在提交投标文件 10 日前提出异议，应当在顺延日期后的前 10 日，即 W 公司提出异议应当在 2019 年 5 月 23 日前。庭审查明 W 公司向 B 公司提出异议日期在 2019 年 6 月 4 日，W 公司已明显超出应当顺延日期后提出异议时间，视为对澄清函无异议，故 W 公司以 B 公司存在隐瞒重大事项及 B 公司此次招标存在程序瑕疵的主张不能成立，其诉求不予支持。B 公司提出 W 公司在中标后弃标，因此 W 公司投标保证金不予返还的辩称合理，予以采纳。遂判决驳回 W 公司的全部诉讼请求。

分 析

1. 投标人超时对招标人的澄清作出答复应视为对澄清函无异议

关于对招标文件的澄清或者修改以及提出异议等，法律法规有明确的规定，《招标投标法》第二十三条规定："招标人对已发出的招标文件进行必要的澄清或者修改的，应当在招标文件要求提交投标文件截止时间至少十五日前，以书面形式通知所有招标文件收受人。该澄清或者修改的内容为招标文件的组成部分。"《招标投标法实施条例》

第二十一条规定："招标人可以对已发出的资格预审文件或者招标文件进行必要的澄清或者修改。澄清或者修改的内容可能影响资格预审申请文件或者投标文件编制的，招标人应当在提交资格预审申请文件截止时间至少 3 日前，或者投标截止时间至少 15 日前，以书面形式通知所有获取资格预审文件或者招标文件的潜在投标人；不足 3 日或者 15 日的，招标人应当顺延提交资格预审申请文件或者投标文件的截止时间。"第二十二条规定："潜在投标人或者其他利害关系人对资格预审文件有异议的，应当在提交资格预审申请文件截止时间 2 日前提出；对招标文件有异议的，应当在投标截止时间 10 日前提出。招标人应当自收到异议之日起 3 日内作出答复；作出答复前，应当暂停招标投标活动。"

本案例中，招标文件中确定书面澄清的截止时间为 2019 年 5 月 14 日 18 时，投标截止时间为 2019 年 5 月 21 日 9 时 30 分，B 公司在 2019 年 5 月 17 日作出澄清，该澄清函不符合法律规定时间，依据上述规定，B 公司在该日作出澄清答复后应当顺延提交投标文件日期在 2019 年 6 月 2 日前，但 B 公司未顺延提交投标文件截止时间，存在瑕疵。W 公司在收到澄清答复之后应在提交投标文件 10 日前提出异议，应当在顺延日期后的前 10 日，也就是应当在 2019 年 5 月 23 日前提出异议，但 W 公司提出异议日期在 2019 年 6 月 4 日，已明显超出应当顺延日期后提出异议的时间，视为对澄清函无异议。

2. 中标人擅自放弃中标资格，投标保证金不予退还

《招标投标法》第四十五条第二款规定："中标通知书对招标人和中标人具有法律效力。中标通知书发出后，招标人改变中标结果的，或者中标人放弃中标项目的，应当依法承担法律责任。"在招标投标活动，中标通知书发出后，招标项目合同即告成立，中标人应遵循诚信原则，履行与招标人订立的合同，不得擅自放弃中标资格，否则应承担相应的责任。对此，《招标投标法实施条例》第七十四条规定："中标人无正当理由不与招标人订立合同，在签订合同时向招标人提出附加条件，或者不按照招标文件要求提交履约保证金的，取消其中标资格，投标保证金不予退还。对依法必须进行招标的项目的中标人，由有关行政监督部门责令改正，可以处中标项目金额 10‰以下的罚款。"

在本案例中，W 公司在准备不充分的情况下盲目投标，自身存在过错，中标后又以 B 公司将报废装置按正常装置发布招标公告，违反了诚实信用原则，导致其公司生产成本出现重大偏差为由弃标，擅自放弃中标资格。根据上述法律规定，中标人不履行与招标人订立的合同的，投标保证金应不予退还。

启 示

（1）招标人可以对已发出的资格预审文件或者招标文件进行必要的澄清或者修改。澄清或者修改的内容可能影响资格预审申请文件或者投标文件编制的，招标人应当在提交资格预审申请文件截止时间至少 3 日前，或者投标截止时间至少 15 日前，以书面形式通知所有获取资格预审文件或者招标文件的潜在投标人；不足 3 日或者 15 日的，招标人应当顺延提交资格预审申请文件或者投标文件的截止时间。

（2）投标人应根据自身实力响应招标文件的要求；中标通知书发出后，中标人应依

法与招标人订立合同，并依法全面履行合同，不得擅自放弃中标资格，不得违约，否则应承担相应的违约责任。

63 投标人被列入经营异常名录、行政处罚名单是否失去中标候选人资格

案 情

某培训楼电动窗帘采购（标段二）项目评标结束，在公示评标结果期间，投诉人某窗饰有限公司向某省发改委投诉，投诉事项及主张：中标候选人某公司（被投诉人）被某市某区市场监督管理局列入经营异常名录且未被解除，多次被某市某区市场监督管理局予以行政处罚，其不具备良好履约能力及售后服务体系，不符合招标文件规定的投标人资格条件，请求责令该项目重新招标。

某省发改委查明：

（一）对列入经营异常名录的投标人，招标文件未作出限制或禁止性规定。

（二）国家企业信用信息公示系统显示，被投诉人于 2020 年 3 月 30 日因"通过登记的住所或者经营场所无法联系的"被某市某区市场监督管理局列入经营异常名录，2020年 4 月 13 日因"提出通过登记的住所或者经营场所可以重新取得联系"被移出经营异常名录。被投诉人在投标文件递交截止时间时，并未被列入经营异常名录。

（三）国家企业信用信息公示系统显示，被投诉人于 2019 年 1 月 25 日因"其他广告违法行为"被某市某区市场监督管理局实施行政处罚，但未被列入严重违法失信企业名单（黑名单）。

某省发改委认为：被市场监督管理部门列入经营异常名录、行政处罚的情形并未违反本项目招标文件的禁止性要求。投诉缺乏事实根据和法律依据。根据《工程建设项目招标投标活动投诉处理办法》第二十条第（一）项的规定，作出驳回投诉的处理决定。

分 析

1. 投标人被列入经营异常名录、被行政处罚并非必然失去中标候选人资格

现行法律法规、规范性文件并未明确规定被列入经营异常名录、被行政处罚的主体不得参与投标或者丧失中标候选人资格。招标文件对投标人资格条件作出规定限制或禁止被列入经营异常名录、被行政处罚的主体参与投标或中标的，则被列入经营异常名录、被行政处罚的投标人才丧失中标候选人资格。《招标投标法》第二十六条规定："投标人应当具备承担招标项目的能力；国家有关规定对投标人资格条件或者招标文件对投标人资格条件有规定的，投标人应当具备规定的资格条件。"《企业信息公示暂行条例》第十八条规定："县级以上地方人民政府及其有关部门应当建立健全信用约束机制，在政府采购、工程招投标、国有土地出让、授予荣誉称号等工作中，将企业信息作为重要考量因素，对被列入经营异常名录或者严重违法企业名单的企业依法予以限制或者禁入。"上

述规定本身并未直接明确在工程招投标中，对被列入经营异常名录或者严重违法企业名单的企业予以限制或者禁入。只有招标文件将上述情形列入否决投标情形，评标委员会方可依据招标文件规定否决其投标。

本案例中，招标文件对列入经营异常名录、被行政处罚的投标人未作出限制或禁止性规定，且被投诉人虽然曾经被列入经营异常名录，但在投标文件递交截止时间时已被移出经营异常名录。故投诉人关于被投诉人被列入经营异常名录且未被解除，多次被行政处罚，不具备良好履约能力及售后服务体系，不符合招标文件资格条件要求的投诉，缺乏事实和法律依据。

2. 投标人被列入经营异常名录、被行政处罚后参与投标不必然构成提供虚假的信用状况弄虚作假骗取中标行为

《招标投标法》第三十三条规定："投标人不得以低于成本的报价竞标，也不得以他人名义投标或者以其他方式弄虚作假，骗取中标。"《招标投标法实施条例》第四十二条第二款规定："投标人有下列情形之一的，属于招标投标法第三十三条规定的以其他方式弄虚作假的行为：……（四）提供虚假的信用状况。"第五十一条规定："有下列情形之一的，评标委员会应当否决其投标：……（七）投标人有串通投标、弄虚作假、行贿等违法行为"。现有规定明确投标人提供虚假的信用状况弄虚作假骗取中标的，评标委员会应否决其投标，但未明确曾经被列入经营异常名录、被行政处罚的，系属于提供虚假的信用状况弄虚作假骗取中标，应被评标委员会否决投标的情形。当然，如果招标文件要求投标人必须如实声明其有无被列入经营异常名录、被行政处罚的记录，而投标人故意隐瞒情况未予说明的，则属于弄虚作假行为，可以依据上述规定否决投标。

综上，本案例中，投标人曾经被列入经营异常名录、被行政处罚，但并未被列入严重违法企业名单，不属于提供虚假的信用状况弄虚作假骗取中标或招标文件规定的禁止或否决投标之列，不应被否决投标。

启 示

（1）作为招标人，为与诚信经营的中标人合作，确保项目顺利推进，可视需要在招标文件中明确限制或禁止被列入经营异常名录或因特定原因被行政处罚的市场主体参与投标。

（2）对于投标人，应依法规范经营行为，避免被列入经营异常名录、严重违法失信企业名单（黑名单）或被行政处罚；应委派专人密切关注市场监督管理等部门对外公示的本企业信息，便于及时处理异常情形。

64 投标人隐瞒事实将导致投标无效

案 情

T 县交通局委托 G 公司开展新增出租汽车经营权的招投标工作。招标文件规定："提

交的材料必须完整真实，如果申请人有缺项、隐瞒有关情况或提供虚假材料，将被视为无效投标。"经综合评判，J 出租公司被评为第一中标候选人，F 运输公司为第二中标候选人，Q 出租公司为第三中标候选人。公示中标候选人名单后，由于接到投诉，T 县交通局作出《变更中标人的通知》，撤销了 J 出租公司的中标资格，中标人依次序变更为 F 运输公司，并进行了公示。T 县交通局向 F 运输公司发出了《中标通知书》。J 出租公司提起行政诉讼，请求确认 T 县交通局作出的《变更中标人的通知》无效。法院判决撤销《变更中标人的通知》，由 T 县交通局重新确定中标人。

判决后，T 县国土资源局向 T 县交通局作出《情况说明》，J 出租公司租赁场地为×中药公司集体土地，双方签订租赁合同时，该宗用地手续正在申报审批中，中药公司并未取得该宗地使用权，该租赁行为违反了中药公司与 T 县政府签订的《协议书》，不符合用地规定。T 县交通局据此作出《再次通知》，以 J 出租公司隐瞒《协议书》事实及租赁的场地不符合用地规定为由，取消其第一中标候选人资格，按照评委评分排名，依次将第二中标候选人 F 运输公司确定为第一中标候选人。J 出租公司仍不服提起行政诉讼，要求确认 T 县交通局作出的《再次通知》无效。

法院认为，J 出租公司没有提供中药公司与 T 县政府签订的《协议书》，存在隐瞒事实的真相，不符合招标文件的要求。T 县交通局依据调查报告等文件作出《再次通知》，取消 J 出租公司第一中标候选人资格，按照评委评分排名，依次将第二中标候选人 F 运输公司确定为本项目的第一中标候选人，并没有违反法律法规的规定。最终，法院判决驳回 J 出租公司的诉讼请求。

📝 分 析

1. 投标人隐瞒事实的行为界定

案涉项目为政府采购项目，《政府采购法》及其实施条例未对政府采购应当否决的事项进行规定。《政府采购货物和服务招标投标管理办法》第六十三条规定："投标人存在下列情况之一的，投标无效：（一）未按照招标文件的规定提交投标保证金的；（二）投标文件未按招标文件要求签署、盖章的；（三）不具备招标文件中规定的资格要求的；（四）报价超过招标文件中规定的预算金额或者最高限价的；（五）投标文件含有采购人不能接受的附加条件的；（六）法律、法规和招标文件规定的其他无效情形。"其中虽未直接规定投标人隐瞒事实应当认定投标无效，但是对于具有"法律、法规和招标文件规定的其他无效情形"的，也可以判定投标无效，也就是说允许招标文件在合法、合理的前提下自行设定投标无效情形。《招标投标法》《招标投标法实施条例》《评标委员会和评标方法暂行规定》中有关否决的条款中均没有出现"隐瞒事实"或者类似表述。隐瞒事实的否决事项一般规定在招标文件中，例如本案中招标人就是在招标文件中规定了"提交的材料必须完整真实，如果申请人有缺项、隐瞒有关情况或提供虚假材料，将被视为无效投标"。

本案例中，J 出租公司所隐瞒的事实是其为履约所租赁的场地不符合用地规定，存在瑕疵。由于该租赁地用于停车场和学习场所，对于出租汽车公司而言是中标后履约的重要一环，租赁场地的瑕疵将极大可能导致中标人履约不能。故可以认为 J 出租公司所隐瞒的事实将导致其投标不满足招标文件实质性要求，J 出租公司隐瞒合同的行为应当依据招标文件规定认定为无效投标。

2. 中标通知书发出之前发现推荐中标人隐瞒事实的，招标人可以变更中标结果

针对中标通知书发出前，政府采购人能否改变中标结果，《政府采购法实施条例》第四十四条第二款规定"采购人或者采购代理机构不得通过对样品进行检测、对供应商进行考察等方式改变评审结果"。本案属于推荐中标人存在违反招标文件的行为，不属于该款规定的禁止行为，故政府采购人可以依法变更中标结果。再者，根据《政府采购法实施条例》第四十四条第一款规定"除国务院财政部门规定的情形外，采购人、采购代理机构不得以任何理由组织重新评审"。因此，本案中由于 J 出租公司隐瞒事实，导致影响中标结果，不符合中标条件，故 T 县交通局有权依法变更中标结果，依据推荐中标人的排序确定第二中标候选人 F 运输公司为中标人。

启　示

（1）投标人应遵守诚实信用原则，在制作投标文件时，对于自身资质、能力的真实情况以及权利是否有瑕疵等信息都应当完整如实提供，否则有可能因不满足招标文件实质性要求或弄虚作假而遭到评标委员会否决，轻则导致投标无效，重则可能被扣留投标保证金、被行政监督部门行政处罚甚至取消一定年限的投标资格。

（2）政府采购主体改变评审结果应当依法进行。《政府采购法》及其实施条例对变更评审结果与重新采购有明确的规定。若政府采购主体违法变更评审结果，依照《政府采购法》第七十一条、七十八条，《政府采购法实施条例》第六十八条，将被处以警告、罚款，代理机构可能被处以一至三年内禁止其代理政府采购业务，甚至被追究刑事责任。

65　建设工期不符合要求应否决投标

案　情

某实验学校多联式空调采购及安装工程招标，招标人某市开发区投资发展公司委托某市公共资源交易中心组织开标、评标活动。该项目招标文件第一章"投标须知及前附表"前附表第 4 项"交货期及安装工期"规定"除教工公寓楼及行政综合楼确保在 2016 年 7 月底完成安装、调试外，其余单体确保在 2016 年 5 月 30 日前完成安装、调试"。该项目共有 11 家单位参加投标，H 建设工程公司在投标函中载明"交货、安装工期为交货期 20 天、安装期 130 天"。

经评标委员会评审，H 建设工程公司的投标被否决，否决原因为：投标函中的工期为交货期 20 天，安装期 130 天，与招标文件在第 4 页投标须知及前附表载明的交货期及安装工期的要求"除教工公寓楼及行政综合楼确保在 2016 年 7 月底前完成安装、调试外，其余单体确保在 2016 年 5 月 30 日前完成安装、调试"不一致，评标委员会根据招标文

件评标办法第 64 页"二、投标文件实质性格式要求响应性审查"中第（五）项规定，作为投标文件实质性格式要求响应性审查不通过，不再进行后续审查。

H 建设工程公司对评标报告的评标结果不服，向某市开发区投资发展公司提出异议，某市开发区投资发展公司对 H 建设工程公司的异议作出回复，认为 H 建设工程公司的投标函中的工期不满足招标文件的实质性要求，驳回其异议。H 建设工程公司提出投诉，开发区建设交通局受理投诉后作出《投诉处理回复》，认为投诉人的投诉事项缺乏相应理由，作出《招标投标投诉处理决定书》，决定驳回 H 建设工程公司的投诉。

分 析

本案争议焦点为，开发区建设交通局作出的《招标投标投诉处理决定书》是否合法。围绕该争议焦点，也即被告认定 H 建设工程公司的投标文件是否实质性响应招标文件的要求，具体为投标函"交货、安装工期为交货期 20 天、安装期 130 天"是否实质性响应了招标文件关于"除教工公寓楼及行政综合楼确保在 2016 年 7 月底完成安装、调试外，其余单体确保在 2016 年 5 月 30 日前完成安装、调试"的要求。

招标文件记载了招标项目所有实质性要求和条件，是投标人编制投标文件的最主要依据。《招标投标法》第十九条规定："招标人应当根据招标项目的特点和需要编制招标文件。招标文件应当包括招标项目的技术要求、对投标人资格审查的标准、投标报价要求和评标标准等所有实质性要求和条件以及拟签订合同的主要条款。国家对招标项目的技术、标准有规定的，招标人应当按照其规定在招标文件中提出相应要求。招标项目需要划分标段、确定工期的，招标人应当合理划分标段、确定工期，并在招标文件中载明。"第二十七条规定："投标人应当按照招标文件的要求编制投标文件。投标文件应当对招标文件提出的实质性要求和条件作出响应。"招标文件的实质性要求和条件主要是影响投标人投标资格、决定招标投标双方当事人实质性权利义务的内容，建设工期就是其中重要内容之一，这一点在《最高人民法院关于审理建设工程施工合同纠纷案件适用法律问题的解释（一）》第二条中将"工程范围、建设工期、工程质量、工程价款"列为合同的实质性内容，足以证明其重要地位。实践中，招标文件一般都将建设工期作为合同的必备条款和主要事项，也就是作为实质性条件和要求予以规定。投标文件没有对招标文件的实质性要求和条件作出响应的，依据《招标投标法实施条例》第五十一条规定，评标委员会应当否决其投标。

本案例中，H 建设工程公司的投标文件中"交货期 20 天、安装期 130 天"并不能推断出其符合招标文件要求的"除教工公寓楼及行政综合楼确保在 2016 年 7 月底完成安装、调试外，其余单体确保在 2016 年 5 月 30 日前完成安装、调试"这一实质性要求，因此评标委员会认定该投标文件未实质性响应招标文件对工期的要求，根据《招标投标法实施条例》第五十一条规定否决其投标，具有法律依据和事实依据。

启 示

（1）招标人应当结合招标项目实际需求将招标项目的所有实质性要求和条件完全体

现在招标文件之中，并明确不能满足任何一项实质性要求的投标文件将被拒绝。

（2）投标人在编制投标文件时，一定先把招标文件中提出的所有实质性要求和条件梳理清楚，并在投标文件中对招标文件的实质性要求逐项明确应答，避免仅概括明确为"响应"，或出现投标文件响应与招标文件要求有实质性差异或者遗漏重要响应事项等情况，以提高投标应答质量。

（3）评标委员会成员应当依照招标投标相关法律规定，按照招标文件规定的评标标准和方法，客观、公正地对投标文件进行评审。招标文件没有规定的评标标准和方法不得作为评标的依据。

66　投标文件中的检测报告应齐全

案　情

某粮库委托公共资源交易中心就市级储备小麦轮换采购项目进行公开招标。招标文件第四章"招标内容与技术要求"中《技术参数与配置要求明细表》载明：技术参数与配置要求为"小麦皮色检验按 GB/T 5493 执行……国家标准二等（含）以上（GB 1351—2008），容量≥770g/L，不完善粒≤6.0%……，色泽、气味正常……"。

A 公司作为投标人参与该招标活动。该项目开标时，经评标小组审查，A 公司在投标文件中出具的检验报告结果处未加盖检测机构公章，且没有皮色数据无法评审（招标文件中明确要求"采购硬质二等白麦"），评标小组认定 A 公司提供的投标文件不合格。A 公司向公共资源交易中心提出质疑，公共资源交易中心依据专家论证意见，作出了其投标无效的书面答复。A 公司对公共资源交易中心质疑答复函不满意，向某市财政局提交投诉书。

某市财政局经审查，认为 A 公司在投标文件及样品所提供的《某市粮油质量检测中心检验报告》的检验依据中没有"GB/T 5493"，未对小麦皮色数据进行检验，没有实质性响应招标文件中第六章"评标原则和方法"第三条"样品审查"中规定的要求，评标委员会作出的投标无效结论及质疑论证意见符合招标文件的要求，某市公共资源交易中心作出的废标公告符合法定程序，遂作出《政府采购投诉处理决定书》，驳回 A 公司的投诉。

A 公司不服提起行政诉讼。法院认为，根据公共资源交易中心招标文件第四章第二条"技术参数与配置要求"规定，政府要求采购的是"硬质白麦"，符合国家标准二等（含）以上 GB 1351—2008《小麦》要求。《小麦》（GB 1351—2008）第 4.1 条规定"硬质白小麦为种皮为白色或黄白色的麦粒不低于 90%，硬度指数不低于 60 的小麦"，第 6.3 条规定"小麦皮色检验按 GB/T 5493 执行"。A 公司提交的小麦样品质检报告，在检验依据一栏中没有引用 GB/T 5493 标准，在检测项目一栏中没有小麦皮色指标数据检验结果，即该质检报告没有进行小麦皮色检验。某财政局在投诉处理决定书中认为"A 公司提供的质检报告未对小麦皮色数据进行检验,没有实质性响应招标文件第六章第三条规定要求"的认定,事实清楚,主要证据充分。据此,某市财政局驳回 A 公司投诉适用法律正确。被诉行政行为合法,依法不予支持 A 公司赔偿请求。

分 析

1. 招标文件的规定是否合法

本案招标文件规定"小麦皮色检验按 GB/T 5493 执行……国家标准二等(含)以上(GB 1351—2008)",因此关于该规定是否合法的讨论主要集中于该规定是否存在不合理限制。

首先,招标文件是否可提出该参数和检验要求。《政府采购法》第二十二条第二款规定,采购人可以根据采购项目的特殊要求,规定供应商的特定条件。第二十三条规定,采购人可以要求参加政府采购的供应商提供有关资质证明文件和业绩情况,并根据本法规定的供应商条件和采购项目对供应商的特定要求,对供应商的资格进行审查。小麦是本次采购的标的物,小麦皮色是小麦评判的关键指标之一,是采购人需求和合同履行内容的重要组成部分,采购人可以要求投标人提供符合其特定要求的小麦皮色检验报告作为其资格证明文件。此外,GB 1351—2008《小麦》系由国家粮食局提出的强制性国家标准,其全部技术内容为强制性规定,该标准第 6 条检验方法明确规定:"小麦皮色检验按 GB/T 5493 执行。"根据《中华人民共和国标准化法》第二条、第二十五规定,标准(含标准样品)是指农业、工业、服务业以及社会事业等领域需要统一的技术要求;标准包括国家标准、行业标准、地方标准和团体标准、企业标准;国家标准分为强制性标准、推荐性标准,行业标准、地方标准是推荐性标准;强制性标准必须执行;不符合强制性标准的产品、服务,不得生产、销售、进口或者提供。采购人关于小麦皮色的检验要求是对国家强制性标准 GB 1351—2008 的具体执行。

其次,招标文件是否存在要求的检测机构不适当的情形。本案招标人仅规定了检测方法而未对检测机构作出要求,根据《检验检测机构资质认定管理办法》第十九条规定,原则上检验检测机构资质认定证书规定的检验检测能力范围包括该小麦皮色检验的检验检测机构都能够为该项目出具检验检测数据、结果,因此招标文件亦不存在对检验检测机构的不合理限制。

最后,招标文件规定是否清晰明确。在本案例中,招标文件对其检测内容、合格参数进行了明确规定,并且列明了其所适用的国家标准的名称,投标人均可从公共渠道获取上述国家标准的内容。因此,招标文件规定详尽客观,投标人应当根据招标文件的要求编制合格的投标文件,对招标文件提出的实质性要求和条件作出全面响应,既要符合法律规定也要符合项目实际。

2. 合格检测报告的认定

根据《检验检测机构资质认定管理办法》第二十一条规定,检验检测机构向社会出具具有证明作用的检验检测数据、结果的,应当在其检验检测报告上标注资质认定标志。当然,还应当加盖本机构公章,证明报告由其作出。而 A 公司提交的小麦样品质检报告,没有加盖检测机构的公章，证明该检测报告并非正式有效的证明文件，而且在检验依据一栏中没有引用 GB/T 5493 标准，在检测项目一栏中没有小麦皮色指标数据检验结果。因此，该质检报告无论是在内容上还是在形式上均不满足招标文件小麦皮色的检验要求，检测内容与招标文件中列明的检测项目相比有缺项，无从证明投标人 A 公司的投标产品在小麦皮色方面符合招标文件的实质性要求。根据《评标委员会和评标方法暂行规定》第二十五条规定，投标文件存在明显不符合技术规格、技术标准的要求的情形或是投标文件载明的检验标准和方法等不符合招标文件的要求的情形的，构成未能对招标文件作出实质性响应，按规定应作否决投标处理。因此，A 公司提供的检测报告不合格，属于未能对招标文件作出实质性响应，依法应当被否决。

⚖ 启 示

（1）对招标人而言，因招标文件提出的实质性要求和条件至关重要，因此招标文件关于此方面的规定应当清晰明确，以检验报告为例，招标文件应当对检测机构、检测内容、检测依据、合格参数、形式要求、报告有效期等关键指标进行明确，并且上述规定应在符合项目需求的前提下尽可能具有通用性，如检测依据采用国家标准，检测报告的出具为项目所必需，检测项目符合招标项目实际需要。

（2）对投标人而言，应仔细阅读和理解招标文件中关于检测报告的相应条款，兼顾内容与形式，根据招标文件的要求编制合格的投标文件，提供合格的检测报告，包括检测机构符合资质、检测项目无缺项、检测结果达到招标文件要求等，对招标文件提出的实质性要求和条件作出完全响应。

67 如何判定投标人的报价是否合理

案 情

某县直事业单位办公家具采购项目（简称本项目），投资规模约 800 万元，资金来源为财政性资金，采用公开招标方式，评标办法为综合评分法，采购配置清单（采购需求）包括沙发、茶几、柜子、桌子、椅子、智能档案柜等 100 余项内容。本项目在某县公共资源交易中心开标，经评标委员会评审，A 公司被确定为中标供应商。

投标人 B 公司向采购人和代理机构提出质疑。B 公司称：A 公司在本项目投标中关于智能档案柜的报价过低，属于明显恶意低价竞标，应作无效标处理。理由是：关于本项目 50 组智能档案柜的报价，A 公司仅为 30 万元，B 公司为 120 万元，另外 4 家投标人均为 100 万元及以上。质疑人要求采购人和代理机构组织评标委员会复评，对 A 公司作无效标处理。

采购人和代理机构组织本项目原评标委员会针对 B 公司的质疑事项进行了专家论证。评标委员会经论证认为，A 公司投标总报价 406 万元属于有效报价（注：其他 5 家投标人各自的投标总报价均为 600 万元及以上），不能认定其为恶意低价竞争；至于 A 公司智能档案柜报价只是其投标文件采购配置清单 100 余项中的 1 项，不能以此分项报价较低，而认定其投标总报价为无效报价。采购人和代理机构根据评标委员会的论证意见对 B 公司的质疑事项进行了答复，即质疑人的质疑事项不成立。

B 公司因对采购人和代理机构关于质疑的答复不满意，向政府采购监督部门提起投诉。政府采购监督部门依据《政府采购质疑和投诉办法》（财政部令第 94 号）向采购人、代理机构和中标供应商等当事人发出了投诉答复通知书及投诉书副本。各当事人进行了书面答复，均认为 A 公司投标总报价 406 万元属于有效报价，不能以其 100 余项分项中的 1 项即智能档案柜报价较低而认定其为恶意低价竞争。政府采购监督部门对投诉人的投诉事项及证明材料、被投诉人和相关当事人的答复意见及证明材料进行了书面审查。政府采购监督部门经审查认为，投诉人的投诉事项缺乏事实根据和法律依据，其投诉事项不能成立。政府采购监督部门遂作出《投诉处理决定书》，驳回了投诉人的投诉。

B 公司因对政府采购监督部门《投诉处理决定书》不服，向某县人民法院提起行政诉讼。某县人民法院作出《行政判决书》，判决驳回 B 公司的诉讼请求。

分 析

1. 评标委员会对报价合理性的论证意见有事实根据和法律依据

评标委员会对案涉项目的三个基本事实进行了研判：其一，本项目采购配置清单（采购需求）是由沙发、茶几、柜子、桌子、椅子、智能档案柜等 100 余项分项内容组成，智能档案柜属于其中 1 个分项内容。其二，本项目共计 6 家投标人对采购配置清单（采购需求）分别进行了总报价，对 100 余项分项内容分别进行了分项报价，总报价是由分项报价合计而成。A 公司投标总报价 406 万元，其他 5 家投标人各自的投标总报价为 600 万元及以上。其三，本项目分项内容之一智能档案柜采购需求为 50 组，本项目共计 6 家投标人分别对其进行了分项报价，A 公司为 30 万元，B 公司为 120 万元，另外 4 家投标人均为 100 万元及以上。

《政府采购货物和服务招标投标管理办法》第十二条规定："采购人根据价格测算情况，可以在采购预算额度内合理设定最高限价，但不得设定最低限价。"第六十条规定："评标委员会认为投标人的报价明显低于其他通过符合性审查投标人的报价，有可能影响产品质量或者不能诚信履约的，应当要求其在评标现场合理的时间内提供书面说明，必要时提交相关证明材料；投标人不能证明其报价合理性的，评标委员会应当将其作为无效投标处理。"

据此，评标委员会的论证意见，即"A 公司投标总报价 406 万元属于有效报价，不能认定其为恶意低价竞争；至于 A 公司智能档案柜报价只是其投标文件采购配置清单 100 余项中的 1 项，不能以此分项报价较低，而认定其投标总报价为无效报价"属于有事实根据和法律依据。需要说明的是，评标委员会在本项目初次评审和专家论证时，始终未"认为"A 公司投标报价"明显低于其他通过符合性审查投标人的报价"。

2. 采购人的答复及监督部门的处理符合法律规定

《政府采购质疑和投诉办法》第十三条规定："采购人、采购代理机构不得拒收质疑供应商在法定质疑期内发出的质疑函，应当在收到质疑函后 7 个工作日内作出答复，并以书面形式通知质疑供应商和其他有关供应商。"第十四条规定："供应商对评审过程、中标或者成交结果提出质疑的，采购人、采购代理机构可以组织原评标委员会、竞争性谈判小组、询价小组或者竞争性磋商小组协助答复质疑。"据此，采购人和代理机构根据有事实根据和法律依据的评标委员会的论证意见，对 B 公司的质疑事项进行了答复，即质疑人的质疑事项不成立，符合法律规定。

《政府采购质疑和投诉办法》第二十二条规定："被投诉人和其他与投诉事项有关的当事人应当在收到投诉答复通知书及投诉书副本之日起 5 个工作日内，以书面形式向财政部门作出说明，并提交相关证据、依据和其他有关材料。"第二十三条第一款规定："财政部门处理投诉事项原则上采用书面审查的方式。财政部门认为有必要时，可以进行调查取证或者组织质证。"第二十九条规定："投诉处理过程中，有下列情形之一的，财政部门应当驳回投诉：……（二）投诉事项缺乏事实依据，投诉事项不成立。"据此，政府采购监督部门经书面审查投诉人的投诉事项及证明材料、被投诉人和相关当事人的答复意见及证明材料，认定投诉人的投诉事项缺乏事实根据和法律依据并作出《投诉处理决定书》，驳回投诉人的投诉，属于程序正当、事实清楚、依据明确。

启　示

（1）判定投标人的报价是否合理应注意以下几点：其一，判定投标人的报价是否合理的主体通常是评标委员会，而不是由招标人、采购人或其他相关主体进行判断，这是由其极强的专业性所决定的，也是因为这属于评标职责范围之内的工作内容。其二，在投标人的报价是否低于成本可由评标委员会参考各地各部门出台的建筑工程预算定额标准或规范或市场价格审慎判定，很难有统一标准。

（2）严格依据《政府采购货物和服务招标投标管理办法》第六十条规定对不合理的低价进行审核，该条适用范围广泛，包含采用综合评标法和最低评标价法的政府采购货物和服务类项目；启动条件明确，即投标人的报价明显低于其他通过符合性审查投标人的报价，有可能影响产品质量或者不能诚信履约（注：此处投标人的报价只对总报价，不管分项报价，参照对象不是成本，而是其他通过符合性审查投标人的总报价，"低"且"可能影响"两个条件需同时具备）。

68　以当地最低工资水平衡量服务项目报价是否低于成本

案　情

"河×环境工程学院安保服务项目"公开招标项目确定瑞×保安服务有限公司为中标

供应商。京×保安服务有限公司提出质疑但未获得满意答复，提出投诉称：评标过程对于"最低报价"的评判有误。请求按招标文件以及相关法律要求将Z保安服务有限公司与D保安服务有限公司两家供应商的投标文件做无效投标处理，并根据有效最低报价重新对报价分数给予评定。

省财政厅查明以下事实：

（一）该项目招标文件规定，保安人员"年龄不做限制"，关于投标报价评分细则最低成本的计算方法是"最低成本＝最低工资水平＋五险费用＋税费"。

（二）根据招标文件规定、××市公布的最低工资标准，截至开标当日，最低成本估算如下：最低单人成本＝××市最低工资水平1650元/月＋养老保险569.87元/月（缴费基数2849.35元×20%）＋医疗保险287.25元/月（缴费基数3830元×7.5%）＋生育保险19.15元/月（缴费基数3830元×0.5%）＋失业保险28.73元/月（缴费基数2873元×1.0%）＋工伤保险13.10元/月（缴费基数2620.45元×0.5%）＝2568.10元/月。根据招标文件规定该项目"服务期为12个月，其中10个月需43名保安员，假期2个月需18名保安员"，在不计税金的情况下，最低成本＝最低单人成本2568.10元/月×（10个月×43名保安员＋2个月×18名保安员）＝1196734.60元。

经核查，在不计税金的情况下，D保安服务有限公司和Z保安服务有限公司的报价均低于最低成本，为无效报价。但是在评审环节，并未将其按无效报价处理，其结果影响了评标基准价，进而可能影响中标结果，符合《政府采购质疑和投诉办法》第三十二条的规定情形。

省财政厅决定：（一）Z保安服务有限公司和D保安服务有限公司的投标报价低于招标文件中规定的最低成本，为无效报价；（二）采购过程可能影响中标结果，根据《政府采购质疑和投诉办法》第三十二条的规定，责令重新开展采购活动。

分 析

1. 投标报价过低不具有合理性可能影响履约的投标无效

《招标投标法》第三十三条规定，投标人不得以低于成本的报价竞标；《招标投标法实施条例》第五十一条明确，投标报价低于成本的，应当否决投标。《政府采购货物和服务招标投标管理办法》第六十条规定："评标委员会认为投标人的报价明显低于其他通过符合性审查投标人的报价，有可能影响产品质量或者不能诚信履约的，应当要求其在评标现场合理的时间内提供书面说明，必要时提交相关证明材料；投标人不能证明其报价合理性的，评标委员会应当将其作为无效投标处理。"禁止以不合理低价投标，一是为了避免出现投标人在以低于成本的报价中标后，再以粗制滥造、偷工减料等违法手段不正当地降低成本，挽回其低价中标的损失；二是为了维护正常的投标竞争秩序，防止产生投标人以低于其成本的报价进行不正当竞争，损害其他以合理报价进行竞争的投标人的利益；三是报价不合理影响供货质量和履约能力，最终损害的还是招标人利益甚至社会公共利益。这里的"成本"是指投标人的个别成本，而不是社会平均成本或行业平均成本。如果投标人以低于社会平均成本投标但评审认为不影响履约能力，是应该允许和鼓励的，有利于促使投标人挖掘内部潜力，改善经营管理，提高管理水平。本案中评审委员会未否决瑞×保安服务有限公司投标报价，影响了评标基准价的计算，导致中标无效。

2. 劳务服务类采购项目中，服务地的最低工资标准是判断投标报价是否合理的有效参考

《劳动法》第四十八条、四十九条规定，国家实行最低工资保障制度，确定和调整最低工资标准应当综合参考劳动者本人及平均赡养人口的最低生活费用、社会平均工资水平、劳动生产率、就业状况、地区之间经济发展水平的差异等因素。《保安服务管理条例》第十八条规定"保安从业单位及其保安员应当依法参加社会保险"。本项目采购保安服务，投标人的成本应当包括保安的社会保险费用，招标文件投标报价评分细则中也规定"最低成本＝最低工资水平＋五险费用＋税费"。最低成本是投标人在符合法律规定的前提下所能实现的最低的个别成本，因此，评标时可以根据服务地最低工资水平，按照上述公式计算出项目的最低成本，并据此判断投标人是否低于成本报价、是否具有合理性。其他项目也可以按照这一思路，利用外部数据作为判断是否低于成本报价、是否具有合理性的参考，如工程施工项目中可以参考建设行政主管部门发布的工程定额，原材料成本为主的货物采购项目中可以参考相关原材料交易所、行业协会等公布的原材料价格。

3. 以低于成本为由判定投标无效时须经过澄清程序

《评标委员会和评标方法暂行规定》第二十一条规定：在评标过程中，评标委员会发现投标人的报价明显低于其他投标报价或者在设有标底时明显低于标底，使得其投标报价可能低于其个别成本的，应当要求该投标人作出书面说明并提供相关证明材料。投标人不能合理说明或者不能提供相关证明材料的，由评标委员会认定该投标人以低于成本报价竞标，应当否决其投标。《政府采购货物和服务招标投标管理办法》第六十条规定，评标委员会认为投标人的报价明显低于其他通过符合性审查投标人的报价，有可能影响产品质量或者不能诚信履约的，应当要求投标人提供书面说明，必要时提交证明材料证明其报价合理性，否则将作为无效投标处理。因此，在实践中即使根据最低工资标准判断投标报价不合理，也不能直接认定为无效投标，仍须向投标人发出澄清要求其作出说明并提供证明材料，只有在投标人不能对其报价合理说明或者不能提供相关证明材料的情况下，才能作投标无效处理。

启 示

（1）评标时应对投标报价的合理性进行分析，如怀疑存在低于成本报价、不具有合理性影响履约的情况，应向投标人发出澄清要求其作出说明并提供证明材料，如投标人不能对其报价合理说明或者不能提供相关证明材料，应否决其投标或作投标无效处理，避免出现应当否决的报价未予否决的情况，影响评标基准价计算和评标结果。

（2）判断投标报价是否低于成本或不具有合理性时，可利用最低工资、工程定额、权威交易机构公布的原材料价格等外部数据或其他投标人报价态势作为参考。

69 项目经理更换未进行网上变更是否有效

案 情

某安置房施工项目，投资额约 1.2 亿元，资金来源为政府投资。该项目在某市公共资源交易中心开标，经评标委员会评审，A 公司被推荐为第一中标候选人，B 公司为第二中标候选人，C 公司为第三中标候选人，在评标结果公示期内，B 公司向某市公管局提起投诉。某市公管局经审核投诉材料，依据招标投标相关法律法规，决定予以受理。

B 公司诉称：A 公司投标项目经理（项目负责人）D 某在 H 省 F 市某体育馆施工项目中担任项目经理且未按照政府主管部门规定进行有效的项目经理变更手续，该工程目前尚未完工，属于 D 某有在建工程。B 公司要求某市公管局予以核查并依据招标文件规定取消 A 公司第一中标候选人资格。B 公司提供了 F 市某体育馆施工项目中标结果公示和施工现场图片等有关证明材料。

某市公管局向 A 公司送达《陈述、申辩告知书》。A 公司向某市公管局提交了《陈述、申辩书》，并附 F 市某体育馆施工项目中标通知书、施工合同和项目经理变更表等陈述、申辩材料。项目经理变更表显示：A 公司提出项目经理由 D 某（一级建造师）变更为 E 某（一级建造师）的申请，理由为项目建设地址发生变更，现场暂停施工；F 市某体育馆施工项目建设单位（发包方）和监理单位均予以同意。

某市公管局赴 F 市有关单位对 B 公司所反映的问题及 A 公司陈述、申辩材料进行了调查了解。F 市某体育馆施工项目建设单位和监理单位对 A 公司提供的项目经理变更表的内容予以确认和证实。F 市建设行政主管部门向调查组说明：A 公司在 F 市某体育馆施工项目中有关项目经理变更情况未报该部门及有关部门进行网上变更，下一步将督促 A 公司尽快进行网上变更。

某市公管局经研究认为：A 公司投标项目经理 D 某在 F 市某体育馆施工项目中的项目经理职务此前已经建设单位（发包方）和监理单位同意变更，该变更行为符合《注册建造师执业管理办法（试行）》（建市〔2008〕48 号）第十条第（二）项及住建部《关于〈注册建造师执业管理办法〉有关条款解释的复函》（建市施函〔2017〕43 号）的规定精神，D 某目前属于无在建工程状态，B 公司投诉其有在建工程的理由不成立。某市公管局遂依据《工程建设项目招标投标活动投诉处理办法》第二十条第（一）项之规定，于 2017 年 9 月 28 日作出《投诉处理决定书》，驳回 A 公司投诉。

分 析

1. 施工单位项目经理（项目负责人）变更的法定情形包含建设单位（发包方）同意更换

《注册建造师管理规定》（建设部令第 153 号，根据 2016 年 9 月 13 日住房和城乡建设部令第 32 号《住房城乡建设部关于修改〈勘察设计注册工程师管理规定〉等 11 个部门规章的决定》修订）第三条规定："本规定所称注册建造师，是指通过考核认定或考试合格取得中华人民共和国建造师资格证书（以下简称资格证书），并按照本规定注册，取得中华人民共和国建造师注册证书（以下简称注册证书）和执业印章，担任施工单位项目负责人及从事相关活动的专业技术人员。未取得注册证书和执业印章的，不得担任大中型建设工程项目的施工单位项目负责人，不得以注册建造师的名义从事相关活动。"《注册建造师执业管理办法（试行）》（建市〔2008〕48 号）第五条规定："大中型工程施工项目负责人必须由本专业注册建造师担任。一级注册建造师可担任大、中、小型工程施工项目负责人，二级注册建造师可以承担中、小型工程施工项目负责人。"第十条规定："注册建造师担任施工项目负责人期间原则上不得更换。如发生下列情形之一的，应当办理书面交接手续后更换施工项目负责人：（一）发包方与注册建造师受聘企业已解除承包合同的；（二）发包方同意更换项目负责人的；（三）因不可抗力等特殊情况必须更换项目负责人的。建设工程合同履行期间变更项目负责人的，企业应当于项目负责人变更 5 个工作日内报建设行政主管部门和有关部门及时进行网上变更。"由此可见，建设单位（发包方）同意更换是施工单位项目经理（项目负责人）变更的法定情形之一。

2. 项目经理（项目负责人）更换未报建设行政主管等部门进行网上变更不影响其效力

根据行政法一般原理，行政许可，又称行政审批，是指行政机关根据公民、法人或者其他组织的申请，经依法审查，准予其从事特定活动的行为。从行政许可的性质、功能和适用条件的角度来说，大体可以划分为五类：普通许可、特许、认可、核准、登记。《行政许可法》第四条规定："设定和实施行政许可，应当依照法定的权限、范围、条件和程序。"第十七条规定："除本法第十四条、第十五条规定的外，其他规范性文件一律不得设定行政许可。"住建部《关于〈注册建造师执业管理办法〉有关条款解释的复函》（建市施函〔2017〕43 号）规定："……根据《注册建造师执业管理办法（试行）》（建市〔2008〕48 号）第十条规定，建设工程合同履行期间变更项目负责人的，经发包方同意，应当予以认可。企业未在 5 个工作日内报建设行政主管部门和有关部门及时进行网上变更的，应由项目所在地县级以上住房城乡建设主管部门按照有关规定予以纠正。"由此可见，"建设工程合同履行期间变更项目负责人的，企业应当于项目负责人变更 5 个工作日内报建设行政主管部门和有关部门及时进行网上变更"的规定，并不能理解为项目经理（项目负责人）的变更需要相关行政主管部门行政许可（审批），也不能理解为企业未于项目经理（项目负责人）变更 5 个工作日内报建设行政主管部门和有关部门进行网上变更的应视为其变更无效。因而，项目经理（项目负责人）更换未报建设行政主管等部门进行网上变更的不影响其效力。

启 示

公共资源交易主管等部门也应不断完善项目经理（项目负责人）更换管理制度，包括：明确施工单位在投标时拟委派的项目经理（项目负责人）应无"在建工程"；要求施工单位项目经理（项目负责人）更换后的人员不得低于原投标承诺所具有的资格和业绩条件；强调违规更换施工单位项目经理（项目负责人）应追责，包括对中标人、招标人、备案部门等相关主体追责；强调对未在 5 个工作日报建设行政主管部门和有关部门进行网上变更的企业及个人进行通报或依法记不良记录等内容。

70 招标人发现评审错误影响中标结果的该如何救济

案 情

某省道改建工程机电工程施工项目公示中标候选人名单之后，招标人某市交通运输局向某省发改委投诉。投诉事项及主张：某省道改建工程机电工程第 JD01 标段评标委员会存在评标错误，主张复评。根据评标委员会出具的评标报告，本项目投标人某交通工程公司的其他评审得分为 1 分。按照招标文件评标办法，某交通工程公司的其他评审得分应为 1.5 分，评标委员会的打分不符合事实，影响本项目评审结果。

被投诉人评标委员会申辩：在评审过程中，遗漏了某交通工程公司提供的信用评价结果使用承诺书，导致该单位信用等级分"0.5 分"未加，存在评标错误。

某省发改委查实了上述情况。根据《工程建设项目招标投标活动投诉处理办法》第二十条第二项的规定，认为评标委员会违反《招标投标法实施条例》第四十九条规定的"按照招标文件规定的评标标准和方法，客观、公正地对投标文件提出评审意见"，依据《招标投标法实施条例》第七十一条第三项的规定，作出责令评标委员会改正的处理意见。

分 析

1. 评标委员会成员应当依照招标投标法律法规规定和招标文件规定的评标标准和方法，客观、公正地对投标文件提出评审意见

《招标投标法》第四十条规定："评标委员会应当按照招标文件确定的评标标准和方法，对投标文件进行评审和比较。"第四十四条第一款规定："评标委员会成员应当客观、公正地履行职务，遵守职业道德，对所提出的评审意见承担个人责任。"《招标投标法实施条例》第四十九条第一款规定："评标委员会成员应当依照招标投标法和本条例的规定，按照招标文件规定的评标标准和方法，客观、公正地对投标文件提出评审意见。"《评标委员会和评标方法暂行规定》第十七条第一款规定："评标委员会应当根据招标文件规定的评标标准和方法，对投标文件进行系统地评审和比较。招标文件中没有规定的标准和方法不得作为评标的依据。"本案例中，某交通工程公司提供了信用评价结果使用承诺书，按照招标文件规定的评审标准，该单位可得信用等级分"0.5 分"，评标委员会在评审过程中遗漏该项得分，存在评标错误，属于"不按照招标文件规定的评标标准和方法评标"的情形。

2.评标委员会成员未按照招标文件规定的评标标准和方法评标经投诉查实的，由有关行政监督部门责令改正

《招标投标法》第六十五条规定："投标人和其他利害关系人认为招标投标活动不符合本法有关规定的，有权向招标人提出异议或者依法向有关行政监督部门投诉。"《招标投标法实施条例》第六十条规定："投标人或者其他利害关系人认为招标投标活动不符合法律、行政法规规定的，可以自知道或者应当知道之日起10日内向有关行政监督部门投诉。投诉应当有明确的请求和必要的证明材料。"第七十一条第三项规定："评标委员会成员有下列行为之一的，由有关行政监督部门责令改正：……（三）不按照招标文件规定的评标标准和方法评标。"《工程建设项目招标投标活动投诉处理办法》第二十条也规定，行政监督部门应当根据调查和取证情况，对投诉事项进行审查，按照下列规定做出处理决定：……（二）投诉情况属实，招标投标活动确实存在违法行为的，依据《中华人民共和国招标投标法》《中华人民共和国招标投标法实施条例》及其他有关法规、规章作出处罚。本案例中，评标委员会未按照招标文件规定的评标标准和方法评标，存在评标错误，招标人作为利害关系人有权依法向有关行政监督部门投诉，有关行政监督部门调查属实后，应依法责令评标委员会改正。

启　示

（1）招标文件是投标和评标的依据，评标委员会应仔细研读招标文件，了解和熟悉以下内容：①招标的目标；②招标项目的范围和性质；③招标文件中规定的主要技术要求、标准和商务条款；④招标文件规定的评标标准、评标方法和在评标过程中考虑的相关因素。依照招标投标法律法规规定和招标文件规定的评标标准和方法，客观、公正地对投标文件进行评审并提出评审意见。

（2）招标人收到评标报告后，发现评标错误影响中标结果的，可直接要求评标委员会重新评审以提高处理效率。如果评标委员会不予纠正，招标人可依法向有关行政监督部门投诉，要求责令评标委员会改正，重新做出正确的评审结论，以维护自身权益。

71　评标委员会错误否决投标应由招标人承担法律责任

案　情

某建工集团获悉某林科所委托某建院监理公司代理对森林公园道路、隧道工程进行招标，遂向该项目的建设指挥部出具介绍信及法定代表人委托书，委托甲以该公司的名义参加该项目投标活动。该项目召开开标评标会时，某建工集团委托代表乙、丙参加，并向某林科所送达关于参加开标评标事宜的授权委托书，代理人分别为乙与戊。当日，评标委员会作出初审报告："在对某建工集团的投标文件进行审查时，发现某建工集团擅自变更法定代表人委托人，又不澄清和说明，依据《工程建设项目施工招标投标办法》

及《评标委员会和评标方法暂行规定》之规定，评标委员会对其投标按否决投标处理。"

某建工集团不服该否决投标决定，且认为某林科所和某建院监理公司的代表不听取其申辩的行为严重损害了该公司的合法权益，故诉至法院，请求法院判决二被告取消原告投标资格的行为无效并共同赔偿原告因此遭受的损失 581013.68 元。

审理中，被告辩称：①某建工集团的否决投标决定是评标委员会独立作出的，与被告没有关系；②原告诉请的损失错误适用了违约责任的计算方式，本案发生在缔约过程中，不能适用违约责任，只能适用缔约过失责任。

法院经审理认为：第一，评标委员会称系依据《工程建设项目施工招标投标办法》及《评标委员会和评标方法暂行规定》作出否决投标决定，但上述法律均未规定投标人擅自变更委托人可予以否决投标。受托人变更并不影响委托人的信用，对于合同缔约相对方而言不形成任何商业风险。评标委员会作出否决投标决定属错误理解法律法规，违背了诚实信用原则。第二，因评标委员会的错误认识给投标人造成损失时，投标人有权获得司法救济，但评标委员会不应作为承担民事责任的主体，招标人与评标委员会的关系可界定为委托关系，评标委员会行为的法律后果由招标人，即某林科所承担。第三，原告诉请的赔偿金额 581013.68 元，其中包含原告认为的预期利润 550163.68 元，但本案适用缔约过失责任，赔偿范围不能包括预期利益损失，因此对该部分损失的赔偿法院不予支持，但招标人应返还投标保证金 20000 元并赔偿投标人缔约过程中的直接损失和差旅费共计 29192.3 元。最后，二被告为委托关系，某建院监理公司行为的法律后果由某林科所承担，原告对被告提起民事诉讼没有事实和法律依据。因此驳回原告其他诉请。

分 析

《招标投标法》第三十七条建立了评标委员会制度，目的在于制约招标人的权利，保障评标工作的独立性、公正性。但是在实践中，评标委员会成员错误评标、违法违纪现象层出不穷，影响评标结果，违背公平、公正和诚信的基本原则。本案就是因评标委员会错误评标引起的纠纷。

1. 评标委员会否决投标的情形

否决投标必须以法律法规或招标文件的规定为依据。根据《工程建设项目施工招标投标办法》第五十条及《评标委员会和评标方法暂行规定》第二十条、第二十一条、第二十二条、第二十三条、第二十五条的相关规定，评标委员会否决投标的主要情形包括：①投标文件未经投标单位盖章和单位负责人签字；②投标联合体没有提交共同投标协议；③投标人不符合国家或者招标文件规定的资格条件；④同一投标人提交两个以上不同的投标文件或者投标报价，但招标文件要求提交备选投标的除外；⑤投标报价低于成本或者高于招标文件设定的最高投标限价；⑥投标文件没有对招标文件的实质性要求和条件作出响应；⑦投标人以他人的名义投标、串通投标、弄虚作假、行贿等违法行为；⑧投标人拒不按照要求对投标文件进行澄清、说明或者补正；⑨投标文件存在重大偏差。

本案例中，评标委员会以某建工集团擅自变更法定代表人委托人为由作出了否决投标决定，而评标委员会依据的《工程建设项目施工招标投标办法》和《评标委员会和评标方法暂行规定》均没有规定投标人擅自变更委托人可予以否决投标。参加投标作为投标人的一种经营活动，委托及变更委托均为投标人的意思自治范畴，受托人行为的法律后果由委托人承担，受托人的变更并不影响委托人的履约能力和信用，只要其持有有效的授权书即可代表投标人作出意思表示，对于合同缔约相对方而言不形成任何商业风险，因此本案评标委员会作出否决投标决定属错误理解法律法规所致。

2. 评标委员会评标行为的法律后果由招标人承担

评标专家所在的评标委员会既不属于法人也不属于非法人组织，而是招标人根据法律规定组建的临时评标工作组，属于非实体性组织，决定了其无法作为承担民事责任的主体。故此，《招标投标法》第三十七条规定："评标由招标人依法组建的评标委员会负责。"第四十四条第一款规定："评标委员会成员应当客观、公正地履行职务，遵守职业道德，对所提出的评审意见承担个人责任。"在因评标委员会认识错误下的行为造成投标人的损失的，投标人有权获得司法救济。评标委员会成员承担的这种"个人责任"，包括民事责任，也包括行政责任或者刑事责任。

根据《民法典》关于委托合同的规定，由于招标人与评标专家之间的委托合同关系（另一种观点是雇佣合同关系），评标专家因其过错给招标人造成损失的，应当向招标人赔偿；评标专家因执行招标人交办的事项给投标人或其他第三人造成损失时，应由招标人承担赔偿责任，之后可以向评标专家追偿。正如在（2004）九中民一初字第09号民事判决书中，江西省九江市中级人民法院认为："评标委员会的非实体及无自身利益的性质决定了其不应作为承担民事责任的主体。专家委员在评标过程中的认识错误实质是专家依凭专业知识进行主观性判断时难以彻底避免的风险。招标人虽不能控制这种风险，但这种风险早已隐藏在招标人组建评标委员会时所包含的对专家委员的信任关系之中，即便此等信任是因国家强制力而引起，信任中的风险亦应由招标人承担。另评标委员会虽以独立于招标人的意志进行评标，但其工作任务在于确定招标人提出的招标项目的中标人，类似于受托人完成委托人的委托事项。故评标委员会与招标人可界定为委托关系，评标委员会行为的法律后果由招标人承担。"

上述观点从《民法典》也能找到依据，该法第九百二十九条规定："有偿的委托合同，因受托人的过错造成委托人损失的，委托人可以请求赔偿损失。无偿的委托合同，因受托人的故意或者重大过失造成委托人损失的，委托人可以请求赔偿损失。受托人超越权限造成委托人损失的，应当赔偿损失。"因此，评标专家存在过错给招标人造成损失的，应当赔偿招标人的损失；给投标人造成损失的，先由招标人负责赔偿，招标人承担责任后，可以向评标专家追偿。

因此，本案因评标委员会错误评标给投标人造成损失的，由招标人承担民事赔偿责任。

3. 招投标过程中招标人给投标人造成损失应承担缔约过失责任

《招标投标法》第四十五条规定："中标通知书对招标人和中标人具有法律效力。中标通知书发出后，招标人改变中标结果的，或者中标人放弃中标项目的，应当依法承担法律责任。"也就是说，招标人和投标人是否建立合同关系，以招标人发出中标通知书为依据。招标投标属于竞争性缔约行为，此时尚未发出中标通知书，也就是尚未订立合同，处于订立合同过程中，根据《民法典》第五百条，当事人有下列情形之一，造成对方损失的，应当承担赔偿责任：假借订立合同，恶意进行磋商；故意隐瞒与订立合同有关的重要事实或者提供虚假情况；有其他违背诚信原则的行为，也就是要承担缔约过失责任。本案例中，根据上述规定，因处于招标投标过程中，也就是处于合同的缔约阶段，此时招标人因评标委员会的错误评标行为给投标人造成损失，应依据上述规定承担缔约过失责任，而非违约损害赔偿责任，主要差别在于只赔偿直接损失不赔偿预期利润。

启　示

（1）评标委员会应当按照招标文件规定的评标标准和方法独立、客观、公正评标，招标文件中没有规定的标准和方法不得作为评标的依据。对于否决投标事项，应当严格按照法律法规规定和招标文件为依据作出评审决定。

（2）招投标活动中，招标人与招标代理机构、与评标委员会之间都可视为委托关系，受托人行为的法律后果由委托人即招标人承担。因此，招标人应当审慎选择招标代理机构，依法抽取或选择具有评标资格且相关专业水平较高的专家委员，以便更好地实现招标采购的目的。

72　公示投标人的违法行为是否侵害其名誉权

案　情

2018 年 12 月，某电网公司发出 2019 年第一批配网项目物资框架采购协议采购招标公告，对公司 2019 年投资计划内的项目进行公开招标。某水泥制品公司参加了该项目的投标，2019 年 1 月 28 日，评标工作结束。2019 年 2 月 1 日，某电网公司在阳光电子商务平台网站上公告了评标结果。2019 年 3 月 7 日，某电网公司在阳光电子商务平台发布《关于某水泥制品公司等 6 家供应商串通投标的公告》。2019 年 3 月 19 日，某电网公司发布了《关于对某水泥制品公司等 6 家供应商串通投标处理决定的公告》。对此，某水泥制品公司认为某电网公司在无事实和依据的情况下在其官网发布认定某水泥制品公司存在串标行为，侵害了某水泥制品公司的名誉权。为此，某水泥制品公司诉至法院，请求判令某电网公司停止其名誉侵害，撤销发布的《关于对某水泥制品有限公司等 6 家供应商串通投标处理决定的公告》，为其消除影响、恢复名誉、在省级刊物上公开赔礼道歉，并承担本案所需的费用。

法院经审理认为，名誉权是由民事法律规定的民事主体所享有的获得和维持对其名誉进行客观公正评价的人格权。《民法通则》第一百零一条规定："公民、法人享有名誉权，公民的人格尊严受法律保护，禁止用侮辱、诽谤等方式损害公民、法人的名誉。"（注：对应《民法典》第一千零二十四条）侵害名誉权的行为，作为侵害行为的一种，必须具备侵权行为的一般特征，受害人确有名誉被损害的事实、行为人行为违法、违法行为与损害后果之间有因果关系、行为人主观上有过错。从本案发生的经过来看，某电网公司作为招标单位，于2018年12月发出招标公告，评标工作于2019年1月28日结束，某电网公司于2019年3月7日、3月19日发布公告称包括某水泥制品公司在内的6家供应商串通投标及进行处罚，事实上是作为招标人对投标人未中标的原因所作的说明及在招标过程中存在的不当行为所作的处理决定，是正常履行招标人职责的行为，不构成名誉侵权。另依照《招标投标法》第六十五条规定，投标人和其他利害关系人认为招标投标活动不符合本法有关规定的，有权向招标人提出异议或者依法向有关行政监督部门投诉。某电网公司认定某水泥制品公司在投标过程中存在串标行为，对此，某水泥制品公司不服应当向行政监督部门投诉，由相关行政监督部门确定，某水泥制品公司径行以侵害名誉权主张权利不符合上述规定，本院不予支持。据此，法院判决如下：驳回某水泥制品公司的诉讼请求。

分　析

1. 侵害法人名誉权的构成要件

名誉权，是指公民或法人保持并维护自己名誉的权利，是公民或法人享有的就其自身特性所表现出来的社会价值而获得社会公正评价的权利。《民法典》第一千零二十四条明确规定："民事主体享有名誉权。任何组织或者个人不得以侮辱、诽谤等方式侵害他人的名誉权。名誉是对民事主体的品德、声望、才能、信用等的社会评价。"该条是在原《民法通则》（注：现已废止）第一百零一条基础上修改而来的。法人的名誉表示社会的信誉，这种信誉是法人在比较长的时间内，在它的整个活动中逐步形成的，特别是企业法人的名誉，反映了社会对它在生产经营等方面表现的总的评价，往往对其生产经营和经济效益发生重大的影响。

从名誉权侵权构成要件看，是否构成侵害名誉权，应当根据受害人确有名誉被损害的事实、行为人行为违法、违法行为与损害后果之间有因果关系、行为人主观上有过错等四方面认定，缺一不可。其一，受害法人需要证明其依法受法律保护的名誉遭受到他人侵害，并证明其存在依法受法律保护的社会评价被降低或者合法财产受损害等被损害的事实。其二，侵权人存在违法违规行为，例如侵权人发布的公告内容，带有侮辱、诽谤性质。其三，侵权人存在的违法违规行为与受害法人社会评价被降低或者合法财产受损害存在因果关系。其四，侵权人具有刻意追求恶意损毁受害法人合法名誉的效果，主观上存有过错。

从上述构成要件看，是否构成侵害法人名誉权主要焦点在于行为违法性与损害后果的判断上。第一，只要行为人实施了诋毁、诽谤法人的行为，使法人的名誉受到损害，即违反了相关法律规定，则可认定该行为具有违法性。如果行为人正当行使言论自由、批评建议、舆论监督等合法权利或者为维护自己的合法权利而客观上对法人名誉造成影响，则其行为不具有贬损法人名誉的违法性，不构成侵害名誉权的违法行为。第二，从损害后果来看，法人与个人名誉权受侵害大不相同，认定标准也不一样。个人名誉权受侵犯，表现为个人受到他人公开的诋毁、诽谤、侮辱，并且为他人或公众所知，就可认为对自身名誉造成侵害。而法人名誉权的受侵犯，不仅要有侵害的事实，还要看损害后果是否存在，法人的社会评价及生产经营是否因此受到影响，如果造成实质性影响，则可认为法人名誉权受到侵犯；否则，因为法人没有"精神痛苦"，不具有自然人的思想感情，无从认定法人名誉权受到侵害的事实并且得到赔偿。

2. 招标人公示投标人违法行为不构成侵害名誉权

法人名誉权侵权的表现形式多为捏造、散布虚假事实，损害企业法人的商誉、商品信誉，在公开媒体上发表内容不实的文章或者进行有失公允的评论。根据上述侵犯法人名誉权的构成要件和表现形式来看，正如本案法院所判决的，招标人按照招标文件规定公示投标人未中标的原因及对串通投标不当行为作出的处理决定，是其依法正常履行职责的行为，不构成名誉侵权。理由如下：

（1）根据《招标投标法》及其实施条例规定，企业作为投标人的追究责任的情形主要包括：①与投标人相互串通投标，排挤其他投标人的公平竞争，损害招标人或者其他投标人的合法权益；②与招标人串通投标，损害国家利益、社会公共利益或者他人的合法权益；③以向招标人或者评标委员会成员行贿的手段谋取中标；④以他人名义投标或者以其他方式弄虚作假，骗取中标；⑤出借或者出租资格、资质证书供他人投标；⑥故意捏造事实、伪造材料或者以非法手段取得证明材料进行投诉；⑦与招标人有利害关系，经核实可能影响招标公正性；⑧在招标、投标过程中与招标人进行协商谈判；⑨拒绝有关部门监督检查或者提供虚假情况；⑩其他违反招标投标法律法规的行为。如果招标人只是公示投标人存在的上述违法违规行为，不存在歪曲事实、夸大事实的情况，公示内容也不具有任何侮辱、诽谤性质，则不属于违法行为，不构成侵权。

（2）判断招标人的公示行为是否构成侵权不仅要结合其行文结构、上下文的含义及语境、集中表达的中心思想等方面进行整体判断，还要结合招标人的主观目的、身份等因素加以综合判断。本案例中，招标人公示投标人违法行为是招标投标活动的行业惯例，通常招标人在发布的招标文件中往往含有"若投标人存在违法违规行为，招标人将按法律规定以及招标人制度规定进行处理并公示相关内容"的规定，其目的是维护招投标活动的市场秩序，确保公平竞争，不存在恶意损毁投标人合法名誉的主观过错。此时投标人参与投标，则视为接受招标人约定的条件。也就是说，招标人发布对投标人违法违规行为的处理结果已事先取得了投标人的同意，因此，公示投标人违法行为不具有违法性，不构成侵权。

⚖ **启　示**

（1）为了促进招标投标信用体系建设，健全招标投标失信惩戒机制，规范招标投标当事人行为，国家法律法规规定对于违法行为应当予以惩戒，如《招标投标违法行为记录公告暂行办法》第二条明确规定"对招标投标活动当事人的招标投标违法行为记录进行公告。"

（2）招标人可以对供应商串通投标、弄虚作假等不良行为采取公示、限制投标等惩戒措施，但是必须在招标文件中作出明确规定，提前告知投标人。投标人参与投标或应答，视为接受招标文件约束。招标人根据招标文件规定公示投标人的违法行为不具有违法性，故不构成侵犯名誉权。

（3）招标人对外发布的公示公告信息应当严格审查，发布的信息是否客观真实、准确无误，是否存在猜想、臆测、侮辱、诋毁等性质的意思表示，避免有虚假、不实的内容。对于相关信息的真实性难以判断或者证据不足时，不应对外发布；如确需发布，应当隐去具体单位的名称或个人的姓名，以规避侵犯他人名誉权的法律风险。

73 建设单位项目办能否同意项目经理更换

案情

某退城进园 EPC 总承包项目，投资额约 8000 万元，资金来源为国有企业投资。该项目在某市公共资源交易中心开标，经评标委员会评审，A 公司被推荐为第一中标候选人，B 公司为第二中标候选人，C 公司为第三中标候选人。评标结果公示期内，B 公司向某市公管局提起投诉。某市公管局经审核投诉材料，依据招投标相关法律法规，决定予以受理。

B 公司诉称：A 公司投标项目经理 D 某（一级注册建造师）在 F 市绕城高速公路收费道口改扩建施工项目担任项目经理，该工程未完工，属于 D 某有在建工程。B 公司要求某市公管局予以核查并依据招标文件规定取消 A 公司第一中标候选人资格。B 公司提供了 F 市绕城高速公路收费道口改扩建施工项目招标公告、中标结果公示和施工现场图片等有关证明材料。

某市公管局向 A 公司送达《陈述、申辩告知书》。A 公司向某市公管局提交了《陈述、申辩书》，并附《关于 F 市绕城高速公路收费道口改扩建施工项目经理变更报告》（A 公司提出项目经理变更申请，原因为公司岗位调整，该报告加盖有 A 公司公章）、《关于同意 F 市绕城高速公路收费道口改扩建施工项目经理变更的通知》（F 市绕城高速公路收费道口改扩建施工项目建设单位项目办同意 A 公司经理变更申请，该通知加盖有项目办公章）等陈述、申辩材料。

某市公管局赴 F 市有关单位对 B 公司所反映的问题及 A 公司陈述、申辩材料进行了调查了解。F 市绕城高速公路收费道口改扩建施工项目建设单位项目办向调查组说明：《关于同意 F 市绕城高速公路收费道口改扩建施工项目经理变更的通知》系由该办出具，项目经理 D 某更换无需报建设单位 E 公司同意。F 市绕城高速公路收费道口改扩建施工项目建设单位 E 公司向调查组说明：E 公司对 F 市绕城高速公路收费道口改扩建施工项目经理变更不知情。E 公司亦未提供授予其项目办具有同意办理项目经理变更权限的相关文件或材料。

　　某市公管局经研究认为：A 公司投标项目经理 D 某在 F 市绕城高速公路收费道口改扩建施工项目中担任项目经理，该工程未完工，属于 D 某有在建工程。A 公司虽向建设单位项目办提出项目经理变更申请并获其同意，但建设单位（发包方）E 公司对 F 市绕城高速公路收费道口改扩建施工项目经理变更不知情，也无证据证明 E 公司已授予其项目办具有同意办理项目经理变更的权限，故 A 公司投标项目经理 D 某变更未经建设单位（发包方）同意，该变更行为不符合《注册建造师执业管理办法（试行）》（建市〔2008〕48 号）第十条第（二）项之规定，应不予认可。某市公管局遂依据《工程建设项目招标投标活动投诉处理办法》第二十条第（二）项之规定，作出《投诉处理决定书》，要求招标人根据招标文件规定取消 A 公司第一中标候选人资格，并依据《招标投标法实施条例》第五十五条办理相关事宜。

分　析

1. 施工单位项目经理变更的法定情形包含建设单位（发包方）同意更换

　　《注册建造师管理规定》第三条规定："本规定所称注册建造师，是指通过考核认定或考试合格取得中华人民共和国建造师资格证书（以下简称资格证书），并按照本规定注册，取得中华人民共和国建造师注册证书（以下简称注册证书）和执业印章，担任施工单位项目负责人及从事相关活动的专业技术人员。未取得注册证书和执业印章的，不得担任大中型建设工程项目的施工单位项目负责人，不得以注册建造师的名义从事相关活动。"《注册建造师执业管理办法（试行）》第十条规定："注册建造师担任施工项目负责人期间原则上不得更换。如发生下列情形之一的，应当办理书面交接手续后更换施工项目负责人：（一）发包方与注册建造师受聘企业已解除承包合同的；（二）发包方同意更换项目负责人的；（三）因不可抗力等特殊情况必须更换项目负责人的。建设工程合同履行期间变更项目负责人的，企业应当于项目负责人变更 5 个工作日内报建设行政主管部门和有关部门及时进行网上变更。"上述规章及规范性文件明确了建设单位（发包方）同意更换是施工单位项目经理变更的法定情形之一。

2. 案涉建设单位（发包方）项目办未经授权无权同意施工单位项目经理更换

　　《民法典》第五十七条规定："法人是具有民事权利能力和民事行为能力，依法独立享有民事权利和承担民事义务的组织。"第七十六条规定："以取得利润并分配给股东等出资人为目的成立的法人，为营利法人。营利法人包括有限责任公司、股份有限公司和其他企业法人等。"第一百二十六条规定："民事主体享有法律规定的其他民事权利和利益。"据此，案涉 F 市绕城高速公路收费道口改扩建施工项目建设单位项目办为建设单位 E 公司的办事机构，不具有独立的法人资格，不能行使应由建设单位（发包方）E 公司行使的民事权利，其同意更换 F 市绕城高速公路收费道口改扩建施工项目经理的行为不符合《注册建造师执业管理办法（试行）》第十条第（二）项之规定，应不予认可。某市公管局的投诉处理认定事实清楚，适用法律法规正确。此外，依据法律的一般原理，《注册建造师执业管理办法（试行）》第十条第（二）项规定的发包方（建设单位）同意更换项目负责人（项目经理）的权利只能由发包方（建设单位）行使，当然发包方（建设单位）也可以明确授权其分支机构、办事机构等部门行使该权利。未经发包方（建设单位）明确授权，其分支机构、办事机构作出的同意施工单位项目经理更换的行为无效。

启　示

（1）施工单位申请项目经理更换应有合理事由，不可恣意而为之。申请项目经理更换的合理事由主要包含：项目经理死亡或不具有完全民事行为能力；项目经理因违法违规行为不能继续从事施工现场管理工作；项目经理注册证书被依法注销、撤销；项目经理岗位资格证书、职称证书失效；项目经理因患病、发生意外等身体原因不能在施工现场进行管理；项目经理被建设单位（发包方）认为履责不力等原因不宜继续从事施工现场管理工作；法律法规规章规定的其他情形等。

（2）建设单位应严格把关项目经理更换申请，不能滥用同意权利。建设单位（发包方）应对施工单位项目经理更换的事由进行认真审核，如：死亡或丧失行为能力，应审核相应证明材料；因违法违规行为不能继续从事施工现场管理工作，应审核事故调查报告或处罚决定书等文书；注册证书被依法注销、撤销，应审核注册部门出具的注销、撤销证明；岗位资格证书、职称证书失效，应审核发证部门出具的失效证明；因患病、发生意外等身体原因不能在施工现场进行管理的，应审核相关医疗机构出具的疾病诊断书和住院、休养证明或伤病丧失工作能力证明等。

（3）项目经理更换后应及时进行网上变更，不应规避行政部门监管。《注册建造师执业管理办法（试行）》第十条第二款明确规定"建设工程合同履行期间变更项目负责人的，企业应当于项目负责人变更5个工作日内报建设行政主管部门和有关部门及时进行网上变更"，少数企业对此款规定置若罔闻，项目经理经建设单位同意更换后不及时报相关主管部门进行网上变更，既加大了行政部门监管难度，也为后期项目经理变更的认定（注：项目经理变更的认定与招标投标活动中项目经理在建工程的认定密切相关）带来困扰。需要注意的是，各地对项目经理更换后进行网上变更的流程的规定不完全一致，施工单位应认真研究工程建设项目所在地的相关规定，不可凭主观臆断办事。

74　中标候选人公示后发现投标无效应如何处理

案　情

某区水厂设备采购及安装工程项目（简称本项目），投资规模约1.2亿元，资金来源为财政性资金，采用公开招标方式，评标办法为综合评估法，商务标采用中位值评审方法（从参与本项目的投标人中抽取一定数量的单位的投标总报价用于有效值的计算）。本项目在某区公共资源交易中心开标，经评标委员会评审，A、B、C公司依次为第一、第二、第三中标候选人。

评标结果公示期内，B 公司向招标人提出异议。B 公司称：A 公司在最近三年内因重大工程质量问题受到行政处罚，依据本项目招标文件规定，应拒绝其参加本次投标（按无效投标处理）。招标人对异议事项进行核实后，组织评标委员会进行了专家论证。评标委员会认为，招标人可以依据招标文件"投标人存在下列情形之一的，拒绝其参加本次投标（已投标的按无效标处理）……（5）在最近三年内因重大工程质量问题受到行政处罚的（以行政监督部门的行政处罚决定书为准）；……"的规定，取消 A 公司第一中标候选人资格。评标委员会还建议招标人按照《招标投标法实施条例》第五十五条办理后续事宜，即依次递补中标候选人为中标人或重新招标。招标人书面答复了 B 公司的异议事项，答复主要内容：取消 A 公司第一中标候选人资格；依次递补 B 公司为中标人。招标人将答复意见抄送了 A、C 公司。

C 公司向公共资源交易监督部门提起投诉。C 公司称：A 公司投标无效后，依据本项目招标文件商务标的评审办法，评标基准值及商务标分数应重新评审，C 公司总得分最高，应为本项目第一中标候选人；评标委员会的专家论证意见和招标人的答复意见均违反了法律法规及招标文件的规定。C 公司要求公共资源交易监督部门依法责令评标委员会和招标人改正其违法行为。公共资源交易监督部门依法听取了被投诉人等各方主体的陈述、申辩意见，并对评标委员会的专家论证意见和招标人的答复意见进行了书面审查。公共资源交易监督部门认为，评标委员会的专家论证意见有事实和法律依据，符合法律法规和招标文件规定；招标人的答复意见有事实和法律依据，未违反招投标相关法律法规规定；C 公司要求责令招标人和评标委员会改正的诉求，其事实根据和法律依据不足。公共资源交易监督部门遂依据《工程建设项目招标投标活动投诉处理办法》规定，作出《投诉处理决定书》，驳回 C 公司的投诉。

C 公司因对公共资源交易监督部门《投诉处理决定书》不服，向某区人民法院提起行政诉讼。某区人民法院作出行政判决，判决驳回 C 公司的诉讼请求。

分 析

本案争议的焦点：中标候选人公示后，若相关主体发现投标人（中标候选人）的投标无效（否决投标），是由招标人直接取消其中标资格并办理后续事宜，还是由评标委员会重新评审后再进行重新排序？

1. 评标委员会的专家论证意见符合法律规定

评标委员会的专家论证意见的核心内容，就是招标人可以依据招标文件关于投标无效的条款，取消 A 公司第一中标候选人资格。换句话说，就是在评标结束、中标候选人公示后，B 公司所异议的关于 A 公司投标无效的事项可以由招标人直接判定，无需启动评标委员会重新评审（包括商务标评审）。应该说，评标委员会的专家论证意见是符合法律规定的。

理由是：其一，评标委员会针对异议事项的专家论证既非评标也非重新评标，其法律后果也不同于评标和重新评标。依据《招标投标法实施条例》第四十九条和第五十三条的规定，评标委员会应当依照招投标相关法律法规，按照招标文件规定的评标标准和方法，客观、公正地对投标人的投标文件提出评审意见；评标工作完成后，评标委员会应当向招标人提交评标报告及标明排序的中标候选人名单。据此，本项目评标活动在中标候选人公示前已经完成，评标委员会针对异议事项的专家论证并非评标。其二，依据《招标投标法实施条例》第七十条、第八十一条及《工程建设项目施工招标投标办法》第七十九条等规定，评标委员会的组建、确定或更换违反法律法规之规定的应重新评标；招标投标活动违反法律法规之规定且不能采取补救措施予以纠正的，应当重新招标或评标。据此，本项目评标委员会针对异议事项的专家论证并非重新评标。其三，评标委员会在本项目评标过程中并无过错，不存在依据《招标投标法实施条例》第七十一条的规定而责令其改正之情形。评标委员会在评标时很难发现投标人是否存在"在最近三年内因重大工程质量问题受到行政处罚"的情形。法谚云："法律不强人所难。"同理，招标文件的规则也不应强评标委员会之所难，要求评标委员会能掌握一切情况。因而，在本项目评标结束、中标公示后，B公司所异议的关于A公司投标无效的事项完全可以由招标人直接判定，无需启动重新评审程序。

2. 招标人关于异议的答复意见符合法律规定

招标人关于异议的答复意见的主要内容，就是取消A公司第一中标候选人资格并依次递补B公司为中标人。应该说，招标人的答复意见是符合法律规定的。

理由是：其一，本项目招标文件设置的关于"投标人存在下列情形之一的，拒绝其参加本次投标（已投标的按无效标处理）……（5）在最近三年内因重大工程质量问题受到行政处罚的（以行政监督部门的行政处罚决定书为准）……"的条款，符合《工程建设项目施工招标投标办法》第二十条"资格审查应主要审查潜在投标人或者投标人是否符合下列条件：……（四）在最近三年内没有骗取中标和严重违约及重大工程质量问题"规定的精神，即该条款的内容合法。其二，在本项目评标结束、中标候选人公示后，B公司所异议的关于A公司投标无效的事项，本质上就是A公司不符合招标文件规定的中标条件，该事项属于招标人可以直接判定事项，招标人依据招标文件规定直接取消A公司第一中标候选人资格属于有事实和法律依据。其三，招标人依次递补B公司为中标人符合法律规定。《招标投标法实施条例》第五十五条规定"国有资金占控股或者主导地位的依法必须进行招标的项目，招标人应当确定排名第一的中标候选人为中标人。排名第一的中标候选人放弃中标、因不可抗力不能履行合同、不按照招标文件要求提交履约保证金，或者被查实存在影响中标结果的违法行为等情形，不符合中标条件的，招标人可以按照评标委员会提出的中标候选人名单排序依次确定其他中标候选人为中标人，也可以重新招标。"据此，招标人依据招标文件规定取消A公司第一中标候选人资格后，依次递补B公司为中标人，属于招标人在法定职权范围内依法行使权利，符合法律规定。

⚖ 启　示

（1）应厘清中标候选人公示后发现投标无效或否决投标的处理方式。第一种情况，中标候选人公示后发现投标无效的情形，若属于评标委员会评审事项如资质、资格要求等，且评标委员会确实存在未按照招标文件规定的标准和方法评标或对应当否决的投标不提出否决意见等违法违规行为，公共资源交易监督部门应当责令评标委员会改正。第二种情况，中标候选人公示后发现投标无效的情形，若不属于或招标文件未明确规定属于评标委员会评审事项，招标人或行政监督部门应当直接取消投标人（中标候选人）的中标资格，无需启动评标委员会重新评审。

（2）厘清招投标不同阶段发现投标无效（否决投标）的处理方式及结果。在评标阶段，若投标无效情形属于评标委员会评审事项，评标委员会当然应当否决其投标，否则，评标委员会应承担相应的法律责任；若投标无效情形不属于评标委员会评审事项，但评标委员会发现并能够现场确证的应否决其投标，不能够现场确证的应将有关线索移交给招标人或行政监督部门；若投标无效情形不属于评标委员会评审事项，且评标委员会未发现的，就不能强评标委员会之所难，评标委员会不能由此承担任何法律责任。中标公示后，若发现投标无效情形，招标人核实后予以纠正。合同签订后，若发现投标无效情形属于违反法律法规强制性规定的事项，中标人的合同当然属于无效，依法应当恢复原状，不能恢复原状的中标人应当赔偿相关主体因此造成的损失；若发现投标无效情形仅属于违反招标文件规定的事项而不涉及违反法律法规强制性规定，要视具体情况处理，不能一概而论。

第五部分　定标

75　招标项目多标段定标问题探讨

案　情

　　某高等学校新址迁建工程项目，总投资规模约 10 亿元人民币，资金来源为全额政府投资。由于项目建设体量庞大，为此，招标人决定将项目分南、北两标段同步实施，其中一标段建设规模约 7 亿元，建设内容主要是教学区及学生运动设施及宿舍；二标段投资规模约 3 亿元，建设内容主要是科研区及学校部分家属楼。施工总承包招标公告约定，当同一投标人同时取得两标段中标候选人资格时，招标人将只确定其中一个标段中标。为了同步推进两标段实施，经招标代理机构精心组织，两标段施工总承包同步发布了招标公告、同步进行了资格预审、同步发售了招标文件。但由于两标段规模不均衡，在招标过程中，招标代理机构发现，虽然两标段投标报名的施工企业从数量及名单上很相近，但由于一标段建设规模庞大，投标积极性明显高于二标段。

　　在项目评标近乎同时结束后，投标人 A 实力突出，在两标段中标候选人中均位列第一名。中标候选人公示期间，招标人将确定投标人 A 中标其中一个标段。此时，建设单位向投标人 A 致函，要求其自行任意放弃一个标段中标资格。对此，投标人 A 向招标人回函表示：不放弃任何标段的中标资格，并坚持认为，既然同时成为两个标段的第一中标候选人，就有资格同时获得两个标段的中标资格，且项目招标文件的评标方法中并未就是否投标人只中选一个标段做出明确约定。与此同时，由于招标公告中明确载明任何投标人只能中选其中一个标段，作为二标段第二中标候选人的投标人 B，也书面致函建设单位表示：若投标人 A 放弃二标段中标资格后，B 公司应当递补取得中标资格。

　　而后招标人组织招标代理机构就这一情况紧急研究。招标代理机构给出了如下建议：一是招标人先行对一标段进行定标，并授予投标人 A 中标资格。二是在一标段授予中标资格完毕后，再开展二标段定标活动，将中标资格授予投标人 B。三是依据招标公告载明的关于只允许中标一个标段的情况，回函告知投标人 A 与 B，招标人将据此原则定标。招标人听取了招标代理机构建议，后续招标活动进展仍十分艰难。

分　析

　　1. 关于"多个标段，投标人兼投不兼中"

　　"多个标段，投标人兼投不兼中"的做法在大型工程招标或大型国企集中采购活动中比较常见，招标人需求量大、涉及地域广或者工程体量大、对承包商履约能力有较高要求，一个供应商产能或服务能力无法满足招标人的生产需要，或者一个承包商的实力同时承揽多个标段有一定难度，所以需要多家供应商共同提供标的或多家承包商分担工程。这种情况下，可以将采购项目分为多个标段，按照供货区域、供货数量、供货份额或者工程量划分标段，从而实现多个中标人中标。引入多家供应商、承包商，还可以防止少数几家企业"寡头垄断"

被供应商"绑架"、有多家供应商提供技术支持、后续扩容时增加谈判空间等诸多好处。

实践中，如果同一投标人可能在多个标段均排名第一但只允许中一个标段时，在中标人选择顺序上主要存在以下几种选择：一是按照标段顺序选择，从第一个标段开始，逐个确定；二是根据情况随机确定选择顺序；三是在所有标段综合评审结束后，获得第一名的先确定，重复标段的第一名先"挑选"，不重复的直接确定；四是由投标人自己在投标文件中明确优先中标顺序；五是按照排名第一的标段的金额中的最大者确定为中标人。建议在招标文件中事前约定采取哪种确定方式。

2. 关于本案例的分析

本案例招标人设计了"当同一投标人同时取得两标段中标候选资格时，招标人将只确定其中一个标段中标"的竞争规则，即"多个标段，投标人兼投不兼中"的做法，这一点在招标公告中已经有明确规定。招标人将项目分为体量不等的标段，使得各标段存在竞争差异，从而增大了定标难度。投标人 A 回函表示不放弃任何标段的中标资格，说明招标活动的组织过程不够严谨。当两标段同时公示，并确定投标人 A 作为第一中标候选人，在公示后，若未收到任何异议，招标人就应该确定投标人 A 为两个标段的中标人。招标人组织定标之所以被动，是由施工总承包招标公告所约定"当同一投标人同时取得两个标段中标候选资格时，招标人将只确定其中标其中一个标段"，但是招标文件、招标公告中均未就确定中选哪一个标段的规则做出更加明确的约定所导致。

因此，本案例仅在招标公告中载明投标人只能中选一个标段，显然是不够周全的，有必要在招标文件中，就招标公告中如何确保每个标段只能中选一个中标人做出一系列配套约定，比如要求投标人自行承诺若多个标段评审排名第一时优先选择哪个标段中标，作为招标人定标的依据。

启　示

（1）当招标项目被划分多个标段时，应尽量确保各标段规模、工作量均匀，力争使得各标段对投标人的吸引力和竞争性保持均衡的水平。既要避免规模过小，导致部分投标人失去参与投标竞争的机会，又要避免规模过大，可能因资格能力条件过高而降低投标竞争性，这都有利于减少定标的对抗性和难度。

（2）多标段招标条件下，当标段划分规模不均等，某些标的明显更具竞争性优势时，招标代理机构应就定标规则事前在各标段招标文件中载明，还应尽可能详细地统筹安排多标段招标活动各环节组织的时序。原则上应先组织标的竞争性较强标段（如本案例中的一标段）的招标活动，并使得多标段招标各环节时点适当错开。

76　招标人能否确定第二中标候选人为中标人

案　情

某化工公司是国有企业，对其生产设备某一重要零部件组织公开招标，评标委员会经过评审，推荐了两名中标候选人，其中排名第一的中标候选人甲公司技术分、商务分都略高于排名第二的中标候选人乙公司，但是乙公司投标价格低于甲公司价格五个点。该公司招标领导小组定标时，就确定谁为中标人产生分歧，有人认为，本公司作为国有企业，应当依据《招标投标法实施条例》第五十五条规定，确定排名第一的中标候选人甲公司为中标人。也有人提出，《招标投标法实施条例》第五十五条规定的是对国有资金占控股或者主导地位的依法必须进行招标的项目，才应当由排名第一的中标候选人作为中标人，本项目虽然采用国有资金采购，但不是依法必须进行招标的项目，因此不是必须要确定排名第一的中标候选人甲公司为中标人，可以确定乙公司为中标人。最后，经向本单位律师咨询，确定了乙公司为中标人。

分 析

1. 国有资金占控股或者主导地位的依法必须进行招标的项目，应当确定排名第一的中标候选人为中标人

《招标投标法实施条例》按照分类管理、区别对待的原则，对国有资金占控股或者主导地位的依法必须进行招标的项目和其他招标项目做出不同的定标规则，赋予非国有资金控股或者主导的招标项目更大的定标自主权。该条例第五十五条规定："国有资金占控股或者主导地位的依法必须进行招标的项目，招标人应当确定排名第一的中标候选人为中标人。排名第一的中标候选人放弃中标、因不可抗力不能履行合同、不按照招标文件要求提交履约保证金，或者被查实存在影响中标结果的违法行为等情形，不符合中标条件的，招标人可以按照评标委员会提出的中标候选人名单排序依次确定其他中标候选人为中标人，也可以重新招标。"

根据该条规定，正常情况下，对国有资金占控股或者主导地位的依法必须进行招标项目，招标人应当选择排名第一的中标候选人为中标人，避免招标投标活动因随意确定中标人而失去规范性、严肃性和公信力。但排名第一的中标候选人有特殊情形的，可突破上述一般规定，按照评标委员会提出的中标候选人名单排序依次确定其他中标候选人为中标人，或者重新进行招标。根据《招标投标法实施条例》第五十五条规定，这些特殊情形包括：①排名第一的中标候选人放弃中标；②因不可抗力不能履行合同；③不按照招标文件要求提交履约保证金；④被查实存在影响中标结果的违法行为。当然碰到上述情形，第一名中标候选人不合格的，是否由排名在后的中标候选人递补中标，还是决定重新招标，由招标人根据招标项目需求、投标竞争态势来决定。

第一中标候选人放弃中标后，招标人应理性地做出顺延中标人或重新招标的选择。《中华人民共和国招标投标法实施条例释义》对《招标投标法实施条例》第五十五条的释义是这样讲述的："本条虽然赋予了招标人选择权，但招标人要理性行使这一权利。在其他中标候选人符合中标条件，能够满足采购需求的情况下，招标人应尽量依次确定中标人，以节约时间和成本，提高效率。当然，在其他中标候选人与采购预期差距较大，或者依次选择中标人对招标人明显不利时，招标人可以选择重新招标。例如，排名在后的中标候选人报价偏高，或已在其他合同标段中标，履行能力受到限制，或存在串通投标等违法行为等，招标人可以

选择重新招标。"第一名不适宜中标的,并非第二名必然递补中标,也可以重新招标,其决定权在招标人。实践中,如果第一中标候选人和第二中标候选人的报价差距不大,或者扣留的投标保证金能够弥补这种价格差距的,招标人可以直接选择顺延中标人的方式。

顺延中标人可以提高采购效率,避免重复采购,节约采购成本,使采购项目能够按时、按计划完成。但是在选择这种方式时,招标人一定要慎重。比如,一些供应商为了赚取高额利润,组成利益共同体,以第一中标候选人放弃中标的方式抬高中标价格。此时,招标人应分析第一中标候选人放弃中标的理由是否足够充分,第一、第二中标候选人的投标文件是否有相似之处……总之,要谨防第一中标候选人为第二中标候选人铺路抬高价格的情况上演。

2. 非国有资金占控股或者主导地位的依法必须进行招标项目,招标人可以从其他中标候选人中选择确定中标人

对于非国有资金占控股或者主导地位的依法必须进行招标的项目以及非依法必须进行招标的项目,《招标投标法实施条例》第五十五条并没有做出明确的限制性规定。招标人在中标候选人名单中自主确定中标人即可,并未强制要求必须是排名第一的中标候选人中标。对国有企业而言,非依法必须招标的项目可以在中标候选人中任意确定中标人。本着公开透明、诚实信用原则,应当在招标文件中明确列明排名第一的中标候选人不一定必然中标,招标人可能依据价格优先、技术优先等原则从中标候选人中确定中标人。

在本案例中,某化工公司虽然是国有企业,但是其购买零部件进行更换,不属于依法必须招标的项目,所以定标不执行《招标投标法实施条例》第五十五条"应当选择排名第一的中标候选人为中标人"的规定,确定价格更低的乙公司为中标人,并不违反法律规定。

启 示

(1)正常情况下,国有资金占控股或者主导地位的依法必须进行招标的项目,应当由排名第一的中标候选人作为中标人,但排名第一的中标候选人有特殊情形(如排名第一的中标候选人放弃中标;因不可抗力不能履行合同;不按照招标文件要求提交履约保证金;被查实存在影响中标结果的违法行为)不符合中标条件的,按照评标委员会提出的中标候选人名单排序依次确定其他中标候选人为中标人,或者重新招标。

(2)国有资金不占控股或者主导地位的依法必须招标项目,以及尽管国有资金占控股或者主导地位但该项目并不属于依法必须招标项目,招标人可以事先在招标文件中规定具体的定标规则,尤其明确哪些情形下将可能确定排名第二或第三的中标候选人为中标人。

77 第一中标候选人不符合中标条件时招标人 有权选择递补中标或重新招标

案 情

招标人 M 市政府投资建设项目管理中心就 M 市实验小学建设工程进行招标,其评

标结果为：第一中标候选人为 A 工程公司，第二中标候选人为 B 工程公司，第三中标候选人为 C 工程公司。公示期内，C 工程公司不服上述评标结果，向招标人提出异议，并进而向 M 市住建局进行投诉。

M 市住建局作出回复，认定 A 工程公司、B 工程公司的中标候选人资格无效。招标人发布招标失败公告，决定对案涉工程重新招标。对此，C 工程公司再次向 M 市住建局提交《投诉书》，投诉请求为：①责令招标人撤销《M 市实验小学建设工程（施工）招标失败公告》；②责令招标人依法依规确定 C 工程公司为案涉工程招投标项目的中标人。M 市住建局作出《投诉处理决定》，驳回了 C 工程公司该次投诉申请。C 工程公司不服申请行政复议。M 市政府维持了 M 市住建局的《投诉处理决定》。

C 工程公司仍不服，向法院提起行政诉讼。

法院认为：根据《招标投标法实施条例》第五十五条及《工程建设项目施工招标投标办法》第五十八条的规定：首先，确定中标人是招标人的权利，即招标人应当确定排名第一的中标候选人为中标人；其次，招标人有选择权，即排名第一的中标候选人放弃中标或者不符合中标条件的情况下，招标人可以选择按中标候选人名单排序依次确定其他中标候选人为中标人，也可以选择重新招标；再次，招标人要理性行使选择权，即在其他中标候选人符合中标条件，能够满足采购需求的情况下，招标人应尽量依次确定中标人。在其他中标候选人与其采购预期差距较大或者依次选择中标人对招标人明显不利时，招标人可以选择重新招标。

本案中，C 工程公司拟派的项目技术负责人陈某在中标的兴×市兴×花园公租房在建项目担任项目负责人，不能完全满足招标文件第一章对项目管理班子的要求，即不能充分履行项目负责人和项目技术负责人必须全程跟踪负责的职责，若 C 工程公司为中标人，招标人存在对中标人不能守约履约，项目难以正常推进的合理担忧。同时，C 工程公司曾经存在"主要负责人、项目负责人未履行安全生产管理责任"和"使用国家明令淘汰、禁止使用的危及施工安全的工艺、设备、材料"而被当地建设行政主管部门诚信扣分的事实，所以招标人没有选择在排名第二、第三的中标候选人中确定中标人，而是选择重新招标，体现了招标人比较理性地行使了选择权。

综上，M 市住建局作出的被诉处理决定事实清楚，程序合法，适用法律法规准确。法院判决驳回了 C 工程公司的诉讼请求。

分　析

1. 招标人具有递补中标与重新招标选择权

《招标投标法实施条例》第五十五条明确赋予了招标人在"中标结果公告后发现第一中标人不符合中标条件"时可以自由选择递补中标还是重新招标的权利。该条规定："国有资金占控股或者主导地位的依法必须进行招标的项目，招标人应当确定排名第一的中标候选人为中标人。排名第一的中标候选人放弃中标、因不可抗力不能履行合同、不按照招标文件要求提交履约保证金，或者被查实存在影响中标结果的违法行为等情形，不符合中标条件的，招标人可以按照评标委员会提出的中标候选人名单排序依次确定其他中标候选人为中标人，也可以重新招标。"

从该条规定中"……可以……也可以……"的表述可见，当第一中标候选人不符合中标条件时，是按照评标委员会提出的中标候选人名单排序依次确定其他中标候选人为中标人，还是重新招标，招标人明显具有选择的权利，而并未受到任何限制。

因此，在第一中标候选人不符合中标条件的情形下，招标人依据《招标投标法实施条例》享有自由选择递补中标还是重新招标的选择权。

2. 依次确定其他中标候选人与招标人预期差距较大，或者对招标人明显不利的，招标人可以重新招标

《工程建设项目施工招标投标办法》第五十八条第一款规定："国有资金占控股或者主导地位的依法必须进行招标的项目，招标人应当确定排名第一的中标候选人为中标人。排名第一的中标候选人放弃中标、因不可抗力提出不能履行合同、不按照招标文件的要求提交履约保证金，或者被查实存在影响中标结果的违法行为等情形，不符合中标条件的，招标人可以按照评标委员会提出的中标候选人名单排序依次确定其他中标候选人为中标人。依次确定其他中标候选人与招标人预期差距较大，或者对招标人明显不利的，招标人可以重新招标。"

《评标委员会和评标方法暂行规定》第四十八条也规定："……排名第一的中标候选人放弃中标、因不可抗力提出不能履行合同，或者招标文件规定应当提交履约保证金而在规定的期限内未能提交，或者被查实存在影响中标结果的违法行为等情形，不符合中标条件的，招标人可以按照评标委员会提出的中标候选人名单排序依次确定其他中标候选人为中标人。依次确定其他中标候选人与招标人预期差距较大，或者对招标人明显不利的，招标人可以重新招标……"

本案例中，法院在明确认定招标人享有《招标投标法》第五十五条所赋予的递补中标与重新招标的选择权的同时，亦认为案涉项目第二中标候选人 B 工程公司存在失信行为，第三中标候选人 C 工程公司履约能力欠佳，属于《工程建设项目施工招标投标办法》第五十八条第一款规定的"对招标人明显不利"的情形，因此，招标人选择重新招标合理合法。

⚖ **启 示**

（1）排名第一的中标候选人不符合中标条件的，是否由排名在后的中标候选人递补中标，还是决定重新招标，由招标人根据招标项目需求、投标竞争情势来自主决定。但以依次确定其他中标候选人为中标人为宜（若仅有一名中标候选人则只能重新招标），这样可以减少重新招标增加的费用支出和时间成本，提高采购效率，对投标人而言也更加公平。因为对于投标人而言，其投标价格已经公开，重新招标可能会改变其原有的竞争地位。

（2）依次确定其他中标候选人与招标人预期差距较大，或者对招标人明显不利的，可以重新招标。对于何为"预期差距较大""对招标人明显不利"，具体应根据项目实际判断。如其他中标候选人响应的技术参数或投标报价离招标人期望值差距较大，可以重新招标，这一判定权在招标人。

78 财政部门有权决定中标结果无效

案 情

某区交易中心按照区财政局下达的采购计划，对区综治委采购警用电瓶巡逻车项目进行公开招标，招标文件中"车型参数配置"规定：外形尺寸（长×宽×高）为★3280毫米×1380毫米×2030毫米、电池为★LEOCH≥6V225AH×8只；"项目商务要求"中规定：集中采购机构接收样品后进行统一编号，然后由评委进行逐一判定是否合格或是否完全满足招标文件的要求。"无效投标条款"第（九）项规定：投标样品不合格或不满足招标文件的参数要求。

经评标，某区交易中心宣布某观光车公司为预中标人。同日，某工贸公司以某观光车公司样车电池不符合招标文件要求为由，对评标结果提出质疑。区交易中心作出政府采购质疑回复。

某工贸公司对区交易中心回复不服，向区财政局提出投诉。区财政局经调查认为，某观光车公司投标文件中车辆外形尺寸没有满足招标文件要求，为无效投标；评委未按招标文件中由评委进行逐一判定是否合格或是否完全满足招标文件要求、投标样品不合格或不满足招标文件参数要求系无效投标的规定，对样车电池等是否符合要求进行判定，故认定评委未按照招标文件规定的评标方法和标准进行评标，违反了《政府采购货物和服务招标投标管理办法》第七十七条规定，中标结果无效，责令重新开展采购活动。

某观光车公司不服向法院起诉，请求撤销区财政局作出的政府采购投诉处理决定；判令区财政局确认招投标程序合法、结果有效及确认某观光车公司为该项目中标单位。

法院审理认为：对于某观光车公司投标文件中车辆外形尺寸的技术参数是否满足招标文件的要求问题。首先，从《政府采购招标文件》来看，此次采购项目货物应为特殊定制产品。其次从招标文件车型参数配置看，设置了17个项目，只有在外形尺寸和电池两个项目前面加注了"★"号，其他部分项目设置有"≥、≤"符号。因此，这里的"★"号应理解为产品的关键技术参数，即在这17个项目中这两项参数最关键，投标人的产品应当满足该参数才符合要求。本案采购车辆招标文件设置的外形尺寸为（长×宽×高）3280毫米×1380毫米×2030毫米，而某观光车公司投标文件中车辆外形尺寸为（长×宽×高）3550毫米×1500毫米×2000毫米，其外形尺寸与招标文件要求不符，未满足招标文件要求。

对于评标委员会成员是否按招标文件规定的评标方法和评标标准评标的问题。本案中，某观光车公司投标文件中车辆外形尺寸未满足招标文件中对车辆外形尺寸的要求。评委本应在符合性检查中就确定某观光车公司投标文件未对招标文件的实质性要求作出响应，并依据无效投标条款中"投标样品不合格或不满足招标文件的参数要求"认定为无效投标的规定，认定某观光车公司的投标属于无效投标。而该采购项目的评委未按上述评审标准审查认定，错误确定某观光车公司为合格投标人。

对于某观光车公司提出的即使招标活动违反《政府采购货物和服务招标投标管理办法》第七十七条规定，评委的行为只有影响中标结果的，中标结果才无效，并非当然无效的主张，法院认为，政府采购应遵循公开透明、公平竞争、公正、诚实信用原则。评委的评审意见关系着各位投标人能否中标。评标委员会成员应当按照招标文件规定的评标方法和标准进行评标，对评审意见承担责任。本案中电瓶巡逻车采购项目的评委未按招标文件规定的评标方法和标准进行评标，其行为影响了中标结果，中标结果应无效。

综上，本案中由于评标委员会成员未按照招标文件规定的评标方法和评标标准进行评标，其评标行为影响了中标结果，且采购合同未签订，应重新开展采购活动。法院判决驳回某观光车公司的诉讼请求。

分　析

1. **评标委员会应按招标文件规定的评标方法和标准进行评标**

《政府采购货物和服务招标投标管理办法》第五十条规定："评标委员会应当对符合资格的投标人的投标文件进行符合性审查，以确定其是否满足招标文件的实质性要求。"第五十二条规定："评标委员会应当按照招标文件中规定的评标方法和标准，对符合性审查合格的投标文件进行商务和技术评估，综合比较与评价。"因此，评标委员会专司评标职责，就是按照招标文件规定的评标标准和方法对投标文件进行资格性审查、符合性审查以及综合比较评价，推荐中标供应商；对供应商资格不合格或投标文件不满足招标文件实质性条件和要求的作出投标无效决定。

本案例中，评标委员会在进行符合性检查时，应依据招标文件的规定，从投标文件的有效性、完整性和对招标文件的响应程度进行审查，以确定是否对招标文件的实质性要求作出响应，对于某观光车公司投标文件中车辆外形尺寸不符合招标文件的实质性要求这一情形，应作出投标无效决定，但评标委员会并未评为无效投标，区财政局据此认定评委未按招标文件规定的评标方法和标准进行评标，并无不当。

2. **政府采购项目要求供应商提供样品的，应明确评审标准**

《政府采购货物和服务招标投标管理办法》第二十二条规定，采购人、采购代理机构一般不得要求投标人提供样品，仅凭书面方式不能准确描述采购需求或者需要对样品进行主观判断以确认是否满足采购需求等特殊情况除外。要求投标人提供样品的，应当在招标文件中明确规定样品制作的标准和要求、是否需要随样品提交相关检测报告、样品的评审方法以及评审标准。需要随样品提交检测报告的，还应当规定检测机构的要求、检测内容等。

本案例中，采购文件仅在无效投标条款中规定"投标样品不合格或不满足招标文件的参数要求"，除是否满足参数要求可以根据招标文件的参数规定判断外，样品是否合格的判断标准，是否需要提交检测报告等均未规定，不完全符合样品评审要求。

3. 财政部门有权决定中标结果无效，责令重新开展采购活动

《政府采购法实施条例》第七十一条规定，有政府采购法第七十一条、第七十二条规定的违法行为之一，影响或者可能影响中标、成交结果的，如已确定中标或者成交供应商但尚未签订政府采购合同的，中标或者成交结果无效，从合格的中标或者成交候选人中另行确定中标或者成交供应商；没有合格的中标或者成交候选人的，重新开展政府采购活动。

本案例中，评标委员会未按招标文件规定的评标方法和标准进行评标，将样品不符合参数要求的某观光车公司确定为中标人，影响了中标结果，中标结果应无效；由于招标人仅公布了某观光车公司一名预中标人，没有其他合格的中标候选人可供补选，因此需要重新进行政府采购活动。

启 示

（1）政府采购如要求供应商提供样品，应按照法律法规规定相关要求，并明确样品是否作为评审依据。

（2）评标委员会应严格按照招标文件规定的方法和标准对投标文件进行评审，在否决投标或评分时，既不能以招标文件未规定的内容为依据，也不能遗漏招标文件已规定的否决条款或评分项。

79　中标通知书未发出则合同并不成立

案 情

H区国资运营中心下发《链条式热水锅炉项目政府采购招标文件》，"招标内容"载明：采购内容为3台链条式热水锅炉，预算资金1800万人民币。另载明："投标人投标产品（设备）不齐全，不符合招标文件要求的，应视为招标文件未全部响应招标文件规定的实质性条款，投标文件无效""采购中心应当在中标结果公告之日起七个工作日内，向中标人发出中标通知书；中标通知书是合同的有效组成部分"。L公司投标文件载明的项目名称为"搬迁改造工程锅炉"，标价为1639.5万元，设备数量为2台。

经评审，L公司为第一顺位中标供应商。H区国资运营中心对案涉项目中标结果进行了公示，公示拟中标供应商为L公司，中标价格1639.5万元；第二名为S公司，报价为1677万元，公示期为三个工作日。公示期满后，H区国资运营中心未向L公司发放中标通知书，而是发布中标结果变更公示，以L公司在投标文件中未全部响应招标文件的实质性要求为由，取消了其中标资格，并将拟中标供应商变更为S公司。L公司起诉请求法院确认本案招投标采购合同成立并合法有效。

法院认为，L公司没有完全响应招标文件的实质性要求和条款，属于无效投标文件，应当认定其不具备中标资格。H区国资运营中心并未向L公司发出中标通知书，更没有

订立书面合同即没有作出订立合同的承诺，招标投标买卖合同尚未成立。故法院驳回 L 公司的诉讼请求。

分 析

1. L 公司的投标是否应当被否决

《招标投标法》第二十七条规定，"投标人应当按照招标文件的要求编制投标文件。投标文件应当对招标文件提出的实质性要求和条件作出响应"；《招标投标法实施条例》第五十一条规定，"有下列情形之一的，评标委员会应当否决其投标：……（六）投标文件没有对招标文件的实质性要求和条件作出响应"。这里的实质性要求和条件可以参考《民法典》第四百八十八条的规定，包括标的、数量、质量、价款等。本案例中，招标文件中的项目名称为链条式热水锅炉项目，数量为 3 台，L 公司投标文件中载明的项目名称却为供热站搬迁改造工程锅炉，设备数量为 2 台，标的与数量均不满足招标文件要求，应当认为其没有对招标文件的实质性要求和条件作出响应，故按照前述法律规定，L 公司的投标应当被否决。

2. 招标人未发出中标通知书则双方并不存在合同关系

《民法典》第四百七十一条规定，"当事人订立合同，可以采取要约、承诺方式或者其他方式"；第四百七十三条规定，"要约邀请是希望他人向自己发出要约的表示。……招标公告……为要约邀请"。结合《民法典》的规定来看，招标人与中标人通过招标投标方式订立合同，采取要约邀请—要约—承诺的方式。招标是招标人采取招标公告或者投标邀请书的方式吸引他人投标的意思表示，属于要约邀请。招标文件是招标公告内容的具体化，也属于要约邀请。投标是投标人按照招标人要求在规定的期限内向招标人发出的包括合同主要条款的意思表示，属于要约。招标人收到投标文件后，经过法定的开标、评标、定标程序，确定中标人后应当向中标人发出中标通知书，该中标通知书是招标人在确定中标人后向中标人发出的通知其中标的书面凭证，实质上就是招标人的承诺，是接受中标人的投标的意思表示。中标通知书一经发出即产生法律效力，也就是对招标人和中标人发生法律拘束力。也就是说，中标通知书是否向中标人发出并到达中标人，决定了承诺是否生效，也就决定了合同是否成立。本案例中，L 公司公示中标结果的行为，就是 L 公司在经招投标程序后，对外公示其决定对原告的要约予以承诺（即决定与原告订立买卖合同）的行为，但并不能以此认定双方之间的合同就已成立。只有当 L 公司向原告发出中标通知书，且中标通知书到达中标人时，L 公司的承诺才生效，双方之间的合同始告成立。

启 示

在评标结束，招标人应当公示评标结果，也就是公示中标候选人名单，接受投标人及其他利害关系人的监督。待无异议或者异议经调查予以处理结束，即可确定中标人。只有中标通知书发出，合同才告成立。公示评标结果或者中标结果，都不能构成招标人做出承诺。

80　虽未发出中标通知书但客观存在中标事实的按中标处理

案情

某酒店管理公司邀请某装饰工程公司参加某国际大酒店装饰、安装工程的投标工作。招标文件规定：投标保证金数额 50 万元。

评审结束后，某酒店管理公司在会上宣布某装饰工程公司中标但未发出中标通知书。之后，某酒店管理公司主持几次工程协调会，洽谈装饰合同具体细节，并要求尽快制作样板间。某装饰工程公司为履行中标项目，成立了项目部，并开始制作样板间。由于双方对装饰工程款垫资问题理解不同发生分歧，某装饰工程公司撤回施工人员，并拒绝签订装饰施工合同。某装饰工程公司向某酒店管理公司主张支付制作样板间费用被拒绝，故双方发生纠纷。某装饰工程公司向法院起诉，请求判令某酒店管理公司立即归还投标保证金 50 万元并支付延期付款利息。

本案的争议焦点：一是某装饰工程公司是否中标；二是某装饰工程公司的诉讼请求是否应得到法律支持。

针对第一个问题，法院认为：某酒店管理公司向某装饰工程公司发出招投标要约，某装饰工程公司投标并交纳 50 万元投标保证金。某酒店管理公司如期开标，在会议上宣布某装饰工程公司中标，但未发出书面中标通知书。此后某装饰工程公司为履行中标义务，成立项目部，并开始制作样板间。某酒店管理公司为签订装饰合同，召开了几次协调会，进一步洽谈装饰合同具体细节。通过双方以上行为可以明确招标、投标、中标的事实客观存在，双方均对该事实不持异议。某装饰工程公司以未发书面中标通知书而主张中标无效的观点与其后期筹备项目部、制作样板间、参加协调会的事实相矛盾，不能成立，故某装饰工程公司为案涉项目中标单位。

针对第二个问题，法院认为：某装饰工程公司在样板间制作期间对某酒店管理公司的配套设施设备予以考察，并认为某酒店管理公司消防、电源电路、冷热水、通风等施工进度缓慢。加之年底，某装饰工程公司施工人员准备回家过年，一旦签订装饰合同，很难在合同工期内完工。某装饰工程公司称因某酒店管理公司要求其再增加垫资 700 万元，使其不能承受，故未签订合同。但从招标文件可见，已约定工程进度款按 60% 支付，如再增加 700 万元垫资，总垫资额高达 1400 万余元，与工程总价 1800 万元相比，不符合常理，且其未提出证据予以证明。某酒店管理公司虽主持几次协调会，但均未形成书面记录。加之双方没有认真沟通，相互猜疑，缺少信任感，导致未能签订装饰合同。双方对此均有一定过错。综合全案考虑，某装饰工程公司的过错行为应承担 60% 责任，某酒店管理公司应承担 40% 责任。故判决被告返还原告投标保证金 20 万元，驳回原告其他诉讼请求。

✎ **分 析**

1. 中标人已事实上履行合同义务，招标人未提出异议并接受的，即使未发出中标通知书，中标亦为有效且合同成立

《民法典》第四百九十条规定："当事人采用合同书形式订立合同的，自当事人均签名、盖章或者按指印时合同成立。在签名、盖章或者按指印之前，当事人一方已经履行主要义务，对方接受时，该合同成立。法律、行政法规规定或者当事人约定合同应当采用书面形式订立，当事人未采用书面形式但是一方已经履行主要义务，对方接受时，该合同成立。"建设工程合同是法律规定应当采取书面形式订立的合同。在本案例中，招标人未发出中标通知书，双方也未签订书面合同，但某装饰工程公司已成立项目部，开始制作样板间；某酒店管理公司为签订装饰合同召开了多次协调会，某装饰工程公司参加进一步洽谈装饰合同具体细节。上述情况表明，原告已经履行合同主要义务，被告也并未以未签订合同为由对原告履行义务的行为提出异议，还通过召开协调会等方式予以配合和回应，应认定中标有效、合同成立。

2. 因未发出中标通知书和签订合同导致争议，双方均有过错，应按比例分担损失

本案例中，某装饰工程公司在没有发出中标通知书和签订合同的情况下，就进场开展工作，导致自身发生垫资等经济损失；某酒店管理公司不及时发出中标通知书并与某装饰工程公司签订合同，导致双方权利义务无法确定。因此，双方对争议发生均有过错，根据《民法典》第五百九十二条第一款"当事人都违反合同的，应当各自承担相应的责任"的规定，双方按比例分担损失，故法院最终判决双方分担责任，招标人只退还部分投标保证金。

⚖ **启 示**

（1）中标结果确定后，招标人应当及时发出中标通知书，中标人也须督促招标人发出中标通知书并签订合同，以尽快确定双方权利义务，避免发生争议。

（2）未取得中标通知书并签订合同前，中标人应谨慎履行合同义务，避免招标人以未发出中标通知书和签订合同为由，拒绝履行付款义务，导致中标人垫付资金无法得到及时有效补偿。

81 逾期领取中标通知书不影响采购结果

⚒ **案 情**

投诉人 A 物业管理有限公司因对某市中医医院年度保洁服务外包项目采购结果及质疑答复不满，提起投诉称：中标单位 B 物业管理有限公司未按照招标文件规定在中标公告发布之日起 2 个工作日内领取中标通知书，视为放弃中标资格，应取消其中标资格，

由投诉人顺位中标或者重新组织招标。

某市财政局经调查查明：一、本项目于 7 月 4 日发布招标公告，7 月 26 日开标，共有 B 物业管理有限公司、A 物业管理有限公司等五家公司参加投标。经评审，评审小组推荐 B 物业管理有限公司为中标供应商。本项目发布中标公告后，投诉人 A 物业管理有限公司于 8 月 3 日对采购结果提出质疑，被投诉人某建设投资咨询有限公司于 8 月 7 日进行了质疑答复。本项目中标单位和采购人已签订政府采购合同。二、采购文件第二章第 37 条规定，某建设投资咨询有限公司在中标公告公示 1 个工作日无异议后，由招标代理单位以书面形式发出中标通知书。中标人应于本公告发布之日起两个工作日内至招标代理单位领取中标通知书，逾期领取的后果自负，中标人与采购单位须在中标通知书发出后 3 个工作日内签订合同。该项目中标公告于 7 月 27 日公示后，A 物业管理有限公司授权代表通过 QQ 向代理公司提出质疑，8 月 3 日早上 9 时，正式提交书面质疑函，10 时左右撤回。某建设投资咨询有限公司向中标人发放中标通知书。B 物业管理有限公司领取中标通知书后，A 物业管理有限公司再次提交质疑函。

某市财政局认为：招标文件第二章第 37 条约定中标公告公示 1 个工作日无异议后，由招标代理单位以书面形式发出中标通知书。中标人应于中标公告发布之日起两个工作日内至招标代理单位领取中标通知书，逾期领取的后果自负。这是招标代理机构编制采购文件不严谨，逾期领取中标通知书并不影响采购结果。

综上，某市财政局认定投诉人的投诉事项缺乏事实依据，投诉事项不成立。某市财政局根据《政府采购法》第五十六条和《政府采购质疑和投诉办法》第二十九条第（二）项的规定，决定驳回投诉。

分 析

1. 中标通知书发出时即生效，中标人是否领取不影响中标结果

招投标是缔结合同的一种特殊过程，根据《民法典》第六百四十四条的规定，通过招投标程序订立的合同优先适用招标投标相关法律规范的规定。在招投标活动中，中标通知书是招标人作为受要约人向中标人发出的承诺，但与一般合同缔约过程中承诺到达要约人时生效的规定不同，《招标投标法》第四十五条第二款规定，"中标通知书发出后，招标人改变中标结果的，或者中标人放弃中标项目的，应当依法承担法律责任"；《政府采购法》第四十六条第二款也规定，"中标、成交通知书对采购人和中标、成交供应商均具有法律效力。中标、成交通知书发出后，采购人改变中标、成交结果的，或者中标、成交供应商放弃中标、成交项目的，应当依法承担法律责任"，即中标通知书发出即产生法律效力。据此，按照特别法优先于一般法的原则，中标通知书发出时即生效，无需通过中标人领取等方式送达中标人。本案例中，中标人虽未按时领取中标通知书，但并不因此影响中标结果。

2. 招标文件不应规定未在规定时间内领取中标通知书将产生不利后果

中标通知书发出后即生效，中标人取得中标资格，招标人、中标人负有签订合同的义务。因此，招标文件如要求中标人必须在规定时间内领取中标通知书，否则丧失中标

资格、招标人有权拒绝签订合同或产生其他不利后果，属于没有法律法规依据减损中标人的权利或加重其义务的不合理规定。此外，《招标投标法实施条例》第七十三条规定，招标人在订立合同时向中标人提出附加条件，要承担相应法律责任。《政府采购货物和服务招标投标管理办法》第七十七条也规定："采购人有下列情形之一的，由财政部门责令限期改正；情节严重的，给予警告，对直接负责的主管人员和其他直接责任人员由其行政主管部门或者有关机关依法给予处分，并予以通报；涉嫌犯罪的，移送司法机关处理：……（四）向中标人提出不合理要求作为签订合同条件的。"招标人如以中标人在规定时间内领取中标通知书作为签订合同的前提条件，属于不合理要求。

⚖ 启　示

（1）招标文件针对中标人领取中标通知书，只需作出时间、地点（如为电子招投标，则为下载电子中标通知书的方式）等程序性规定，不应将领取中标通知书规定为确定中标资格、签订合同的前提条件。

（2）是否领取中标通知书不影响中标人的中标资格，招标人不得以中标人未领取中标通知书为由，单方面取消其中标资格或拒绝签订合同。但中标人从防范风险、避免发生类似本案争议的角度出发，应注意按照招标人通知要求及时领取中标通知书。

第六部分　合同

82　招标人发出中标通知书后未订立合同应承担违约责任

案　情

Z 管道公司参与新×公司案涉项目投标，并于 2017 年 5 月 24 日收到了新×公司发出的中标通知书。此后 Z 管道公司多次向新×公司发函催告签订施工合同并确定开工日期，并积极配合新×公司开展了一系列实质性工作，进行了路由预调查等工作。至 2018 年初，新×公司才启动本项目合同的签订工作，由于工期迟延、材料上涨等因素造成施工成本增加，双方对合同价款调整问题多次进行协商。2018 年 4 月，Z 管道公司将施工船舶调至施工海域，新×公司组织人员登船进行了考察。2018 年 10 月 28 日，双方就合同价款中材料费调整问题达成意向并签订会议纪要，确定十日内完成合同签订工作。但新×公司单方面于 2018 年 11 月 29 日发出通知取消 Z 管道公司的中标资格，另行与他人签订了施工合同。

Z 管道公司遂起诉追究新×公司的违约责任，请求法院判令新×公司赔偿损失 2000 万元。

法院认为：一、双方之间形成何种法律关系。本案中，新×公司向 Z 管道公司发出的招标邀请函属于要约邀请，Z 管道公司投标行为的性质应为要约，新×公司向 Z 管道公司发送的中标通知书属于承诺，前述招投标文件对双方均具有法律约束力。施工合同签署与否并不影响双方依据招标邀请函、投标文件、中标通知书等材料所确立的权利义务关系，本案双方当事人的权利义务应依据 Z 管道公司的投标文件、新×公司的招标文件、中标通知书及相关证据予以认定。

二、双方就 Z 管道公司被取消中标资格的过错及责任认定。①施工合同未及时订立的过错。招标邀请函属于要约邀请，投标书属于要约，在投标书已明确工程开工日期的情况下，新×公司发出中标通知书，应视为对投标书的承诺。工程开工日期作为建设工程施工合同的重要内容，理应及早确定。Z 管道公司自收到中标通知书后多次要求新×公司明确施工时间并签订施工合同，但案涉工程一直未及时签订施工合同，也未开工，施工合同显然超出了一般工程施工合同可允许的延长签订时间。案涉工程在 2018 年 5 月 30 日通过主管部门的立项审核，但新×公司却在 2017 年 5 月即提前招标并确定了中标单位，其违反法律规定导致施工合同无法按时签订，理应对案涉工程无法及时签订合同的后果承担责任。②新×公司被取消中标资格的过错。尽管案涉工程一直未能开工，但案涉工程于 2018 年 5 月立项后具备签订施工合同并履行的条件；新×公司也根据 Z 管道公司的请求对案涉工程价款进行上调，双方于 2018 年 10 月 28 日达成签订合同的一致意见并形成会议纪要，十日内完成承包合同的签订，但 Z 管道公司在明知招投标文件明确合同总价款的前提下仍然要求增加工程价款，并在新×公司同意增加工程价款以弥补 Z 管道公司损失时拒绝签订合同，其应对取消中标资格承担责任。与此同时，Z 管道公司增加合同价款亦系新×公司长期未能履行施工合同签订事宜、原材料价格上涨等因素导致，故新×公司亦应对Z管道公司被取消中标资格承担部分责任。

三、新×公司主张的损失是否应当支持。

本案中，无论双方是否签署正式施工合同，双方均已形成了由招投标文件内容确定的权利义务关系，各方的违约责任可依约判定。根据前述分析，本案因新×公司违反法律规定提前招投标，以致不能及时签订施工合同，最终导致Z管道公司损失，本院酌定其应就无法签订施工合同、Z管道公司被取消中标资格导致的损失承担70%的主要责任；Z管道公司在与新×公司就工程款达成一致意见后拒绝签订施工合同，应承担30%的次要责任。因此，新×公司应赔偿Z管道公司的损失金额为5928609.32元（8469441.88×70%）。

分　析

本案反映的焦点问题，就是中标通知书发出后合同是否成立，其缘由是《招标投标法》对中标合同的成立没有具体规定，《招标投标法》第四十五条第二款规定："中标通知书对招标人和中标人具有法律效力。中标通知书发出后，招标人改变中标结果的，或者中标人放弃中标项目的，应当依法承担法律责任。"

中标通知书发出后，一方当事人不按中标通知书内容签订"中标合同"的情形时有发生。根据上述规定，招标人改变中标结果或者中标人放弃中标项目的，应当承担相应的法律责任。但对于该法律责任，是缔约过失责任、违约责任抑或是违反预约的违约责任，法律却没有具体规定，理论界和实务界一直有争论，存在"缔约过失责任说""违约责任说""预约的违约责任说"三种观点。争议的缘由是中标通知书的法律效力，也就是对中标通知书发出后合同何时成立、生效存在认识上的分歧。目前，以中标通知书发出为分界点主要存在以下四种观点：①发出中标通知书时合同尚未成立，需要在招标人和中标人签署书面合同之后，合同才成立并同时生效；②中标通知书发出后合同成立但未生效，招标人、中标人签订书面合同后合同生效；③发出中标通知书时，招标人和投标人在要约和承诺方面已经达成一致，书面合同成立并生效；④发出中标通知书后，招标人和投标人之间已经成立合同并生效，但双方成立的是预约合同，违反合同应承担预约合同的违约责任。最高人民法院民事审判第一庭编著的《最高人民法院新建设工程施工合同司法解释（一）理解与适用》对各种观点都有详细分析，同时提出最高人民法院倾向于认为，招标人发出中标通知书后，即产生在招标人、中标人之间成立书面合同的效力。正如最高人民法院在（2019）最高法民申2241号民事判决书中所阐述的："在招标活动中，当中标人确定，中标通知书到达中标人时，招标人与中标人之间以招标文件和中标人的投标文件为内容的合同已经成立。签订书面合同，只是对招标人与中标人之间的业已成立的合同关系的一种书面细化和确认，其目的是为了履约的方便以及对招投标进行行政管理的方便，不是合同成立的实质要件。"

站在实务的角度，基于诚信原则，招标人既然已经确定中标人发出中标通知书，就等同于认可了对方作为合同主体的法律地位，认可了对方的投标文件已经构成合同基本内容的事实。因此，确定中标通知书到达中标人时合同成立，符合招标人、投标人的意思自治，也有利于尽快促成交易。因此，中标通知书能够产生合同成立的法律效力。至于中标通知书发出以后，双方按照招标文件和中标人的投标文件订立的书面合同，只不过是对双方已成立的合同关系的进一步确认和细节补充，它并不影响当事人之间已形成的合同关系。中标通知书发出后，任何一方毁标、拒绝订立合同的，必须承担违约责任而非缔约过失责任。

本案法院认为"施工合同签署与否并不影响双方依据招标邀请函、投标文件、中标通知书等材料所确立的权利义务关系"，本案双方当事人的权利义务应依据招标文件、中标通知书及中标人的投标文件予以认定，而且按照责任大小判别了各自违约责任来处理案件，明显采取了合同成立并生效的观点作出了判决。

启　示

中标通知书发出后，招标人和中标人应当按照招标文件和投标人的中标文件订立中标合同，应包括工程范围、工期、工程价款、工程项目性质等中标结果中所包含的实质性内容，不得另行签订协议予以变更。招标人不得变更工程范围、工程质量等，中标人也不得提出增加工程价款等要求，双方都不得拒绝签订合同。

83　招标人发出中标通知书后不得更改合同实质性内容

案　情

某县 GZ 路 DF 路工程建设指挥部（简称工程指挥部）对某县 GZ 路 DF 路道路路灯工程项目发出招标公告，H 照明装饰公司参加了投标。工程指挥部组织评标、定标，最后确认 H 照明装饰公司为中标人，并发出中标通知书，同时提出了更改投标文件关键内容（增加部分工程内容、压缩工期）。H 照明装饰公司在接到中标通知书后，以传真方式致工程指挥部，认为更改投标文件内容的要求不可接受，并拒绝签订施工合同。工程指挥部认为 H 照明装饰公司在中标前提下拒绝签订施工合同，按招投标文件的相关规定不予退还投标保证金 8 万元。H 照明装饰公司以工程指挥部招标违法为由起诉，要求退还其保证金 8 万元。

法院认为，《招标投标法》第二十三条规定：招标人对已发出的招标文件进行必要的澄清或者修改的，应当在招标文件要求提交投标文件截止时间至少十五日以前，以书面形式通知所有招标文件收受人。工程指挥部向 H 照明装饰公司发出中标通知，要求 H 照明装饰公司签订施工合同，但同时对投标文件的关键内容提出更改要求而被 H 照明装饰公司拒绝。因此，H 照明装饰公司未在工程指挥部规定的时间内签订施工合同的行为是对工程指挥部违约行为的抗辩，未违反法律的规定，对 H 照明装饰公司要求工程指挥部退还 8 万元保证金的诉讼请求予以支持，驳回 H 照明装饰公司的其他诉讼请求。

📝 **分 析**

1. 招标人不得要求中标人签订改变招投标文件实质性内容的合同

《招标投标法实施条例》第五十七条规定：招标人和中标人应当依照招标投标法和本条例的规定签订书面合同，合同的标的、价款、质量、履行期限等主要条款应当与招标文件和中标人的投标文件的内容一致。招标人和中标人不得再行订立背离合同实质性内容的其他协议。改变合同的标的、价款、质量、履行期限等实质性内容，足以排除其他投标人中标的可能或者提高其他投标人中标条件，也会对招标人、中标人的权利义务产生重大影响，因此法律作出上述强制性规定，以保证招投标结果能够落到实处，防止招标人或投标人迫使对方在合同价格等实质性条件上做出让步，或者招标人与中标人串通签订"阴阳合同"、影响公平竞争，损害国家利益和社会利益。本案例中，工程指挥部在中标通知书发出后，要求增加部分工程内容、压缩工期，是要求对合同的标的、履行期限进行变更，违反了上述规定。如 H 照明装饰公司按照上述违法要求与工程指挥部签订了合同，根据《招标投标法实施条例》第七十五条的规定，有关行政监督部门应责令改正，且双方都可能受到中标项目金额 5‰ 以上 10‰ 以下的罚款。

2. 中标人拒绝按照招标人违法要求签订合同的，不构成无正当理由拒绝签订合同

根据《招标投标法》第四十五条第二款之规定，中标通知书对招标人和中标人具有法律效力，中标通知书发出后，招标人改变中标结果的或者中标人放弃中标项目的，应当承担法律责任。《招标投标法实施条例》第七十四条规定，中标人无正当理由不与招标人订立合同，在签订合同时向招标人提出附加条件，或者不按照招标文件要求提交履约保证金的，取消其中标资格，投标保证金不予退还。对依法必须进行招标的项目的中标人，由有关行政监督部门责令改正，可以处中标项目金额 10‰ 以下的罚款。但在本案例中，工程指挥部在中标通知书发出后，对投标文件的关键内容提出更改要求，并要求 H 照明装饰公司按此签订合同，属于改变中标结果的违法行为。H 照明装饰公司拒绝按照工程指挥部的违法要求签订合同，属于依法行使抗辩权，不构成无正当理由拒绝签订合同的违法行为，也不应承担取消中标资格、投标保证金不予退还、受到行政处罚等不利后果。

3. 如双方签订改变招投标文件实质性内容的合同，仍应以招投标文件作为结算工程价款的依据

《最高人民法院关于审理建设工程施工合同纠纷案件适用法律问题的解释（一）》第二十二条规定：当事人签订的建设工程施工合同与招标文件、投标文件、中标通知书载明的工程范围、建设工期、工程质量、工程价款不一致，一方当事人请求将招标文件、投标文件、中标通知书作为结算工程价款的依据的，人民法院应予支持。之所以如此规定，是由于招标人发出中标通知书后，即产生在招标人、中标人之间产生书面合同的效果，并对双方产生法律约束力。如双方另行签订与招投标文件不一致的合同，应以招投标文件作为结算工程价款的依据，这是严格贯彻执行《招标投标法》、维护招标投标秩序严肃性的必然要求，也是还原当事人真实意思的应有之义。

⚖ 启　示

（1）招标人不得在中标通知书发出后，要求投标人签订改变招投标文件实质性内容的合同，即合同中的标的、价款、质量、履行期限等实质性条款应当与招投标文件一致，不得在合同中另行变更。

（2）对于招标人在签订合同时提出的改变招投标文件实质性内容的要求，中标人有权拒绝，并要求招标人按照招投标文件实质性内容签订合同；如屈从招标人的不合法要求而与之签订改变招投标文件实质性内容的合同，中标人将可能受到行政处罚。

84　中标合同背离招投标文件时依据后者确定权利义务

⚖ 案　情

被告房地产开发公司就 1002 号地块商品房项目进行招标，经评审确定原告建设集团公司中标，中标价暂定造价 11000 万元下浮 10.8%，工期 720 日历天。招标文件中计价依据及标准、定额套用，根据浙江省 2010 年版预算定额为依据。取费标准，按《浙江省建设工程施工取费定额（2010 年版）》中的取费标准为依据。各专业工程补充定额、各类政策性调价文件均执行 2012 年 11 月 1 日前颁布的并由浙江省、宁波市造价管理机构发布的续存有效的管理文件，等等。

之后，原、被告签订建设工程施工合同。合同价款暂定 11000 万元，规定取费标准总价下浮 7%。合同工期 600 日历天；定额结算依据，土建、装饰按《浙江省建筑工程预算定额》（2003 年版），安装按《浙江省安装工程预算定额》（2003 年版），取费按《浙江省建设工程施工取费定额》（2003 年版）；工程预算时材料价格按 2013 年 4 月《宁波建设工程造价信息》，等等。工程通过竣工验收后，双方因工程价款支付产生纠纷，原告起诉。

法院认为，案涉工程主要为商品房项目，属依法必须招投标的建设工程项目。虽然双方当事人就案涉工程进行了招投标，但双方并未按照招投标文件签订建设工程施工合同。建设工程施工合同与招投标文件二者存在实质性差异：第一，下浮率不同，招投标文件下浮 10.8%，建设工程施工合同下浮 7%。第二，工期不同，招投标文件 720 天，建设工程施工合同是 600 天。第三，确定工程价款的依据不同，招投标文件主要依据《浙江省建筑工程预算定额（2010 年版）》、《浙江省安装工程预算定额（2010 年版）》《浙江省建设工程施工取费定额（2010 年版）》《宁波建设工程造价信息》（综合刊）《浙江造价信息》2012 年第 10 期、2012 年第 12 期～2015 年第 1 期，等等。建设工程施工合同主要依据《浙江省建筑工程预算定额》（2003 年版）、《浙江省安装工程预算定额》（2003 年版）》《浙江省建设工程施工取费定额》（2003 年版）》《宁波建设工程造价信息》（综合刊）2013 年第 4 期～2014 年第 10 期，等等。《招标投标法》第四十六条规定："招标人和中标人应当自中标通知书发出之日起三十日内，按照招标文件和中标人的投标文件订立书面合同。招标人和中标人不得再行订立背离合同实质性内容的其他协议。"虽然备案的建设工程施工合同与实际履行的建设工程施工合同一致，但备案合同与实际履行的合同都背离了招投标文件的实质性内容。建设工程施工合同因违反招投标法的强制性规定无效。建设工程施工合同无效，基于该合同的补充合同也应无效，故案涉工程价款的结算应依据招投标文件。

综上，法院根据招投标文件确定了被告应付工程款的数额及逾期利息。

分 析

1. 招标人与中标人应依据招投标文件订立合同

中标人的投标文件和中标通知书是招标人与投标人经过要约邀请—要约—承诺等严格的招投标程序达成的合意，其合意内容最终应当通过签订书面合同加以固定，《招标投标法》第四十六条第一款确立此原则，并明令禁止订立背离工程范围、建设工期、工程质量、工程价款等合同实质性内容的其他协议，要求："招标人和中标人应当自中标通知书发出之日起三十日内，按照招标文件和中标人的投标文件订立书面合同。招标人和中标人不得再行订立背离合同实质性内容的其他协议。"该条规定目的在于维护招投标市场秩序，保障建设工程质量安全，维护投标人公平竞争的权利。从实践情况看，招标人和中标人依据本条规定自中标通知书发出之日起三十日内按照招标文件和中标人的投标文件订立的书面合同，实际是根据招标文件和中标人的投标文件订立的合同书。因此，在当事人通过招标投标方式订立建设工程施工合同的情况下，招标文件、中标人的投标文件以及中标通知书，本身就是合同文本的组成部分。

从《民法典》分析，合同采取要约与承诺的方式订立，招标的法律性质为要约邀请，而投标的法律性质为要约，中标属于承诺。招投标文件和中标通知书都是书面形式，也是合同的组成部分。因此，招标人和中标人应当依据招标文件、中标人的投标文件以及中标通知书载明的内容来订立书面合同。由此，招投标文件虽然不是正式合同，但却是签订书面合同的直接依据，对招标人和投标人都有约束力。

2. 合同实质性内容与招投标文件规定不符时以招投标文件为准结算工程价款

实践中，存在双方签订的中标合同的实质性内容缺失或与招投标文件不一致，或者中标合同及之后当事人另外订立的合同都背离招投标结果，此时应当回归当事人做出"承诺"时的真实意思表示，回归合同的原本状态，就应当以招标文件、中标人的投标文件和中标通知书作为结算依据。如果任由当事人随意变更合同内容，则会将招投标制度落空。对此，《最高人民法院关于审理建设工程施工合同纠纷案件适用法律问题的解释（一）》（法释〔2020〕25号）第二十二条规定："当事人签订的建设工程施工合同与招标文件、投标文件、中标通知书载明的工程范围、建设工期、工程质量、工程价款不一致，一方当事人请求将招标文件、投标文件、中标通知书作为结算工程价款的依据的，人民法院应予支持。"该条规定确定以招投标文件为基础订立中标合同、确定当事人权利义务的基本原则必须信守，强调招投标文件和中标通知书的特殊法律地位，确立了其在工程结算时优先于合同的原则，且该规定不区分是否属于依法必须招标的项目，这是维护招投标秩序、体现招投标价值的核心要旨所在。因此，在建设工程施工合同有效的情况下，对于建设工程施工合同的工程范围、建设工期、工程质量、工程价款等实质性内容，应当以招标文件、投标文件、中标通知书为准。对于其他非实质性内容，以当事人的真实意思表示为准。

本案例中，因招标人和中标人订立的施工合同约定的计算工程价款的下浮率和造价依据以及工期等实质性内容与招投标文件规定不符，属于招标人和中标人再行订立背离合同实质性内容的其他协议，故法院判决以招标文件和中标人的投标文件的约定为依据结算工程价款。

⚖️ **启　示**

（1）实践中，经过招投标程序，合同当事人订立合同时可以就非实质性内容进行协商、变更，但不能在工程范围、建设工期、工程质量、工程造价、结算和计价方式等实质性内容方面背离招投标文件，应当正本清源，以招标文件、中标人的投标文件及中标通知书为依据确定当事人的权利义务、结算工程价款。

（2）招标人和中标人订立的合同未约定的合同实质性内容，而招投标文件有相应内容的，应当以招投标文件的约定为依据进行补充；招投标文件也没有约定的内容，应当依据《民法典》第五百一十条、第五百一十一条对合同条款漏洞进行补充。

85　建设工程施工合同背离招投标文件实质性内容的处理

⚖️ **案　情**

某局办公楼装修工程招标文件规定：本合同采用可调价格合同。某装饰公司经投标，中标承建该工程，双方签订《建设工程施工合同》一份，约定：工程内容为施工图范围内装修、水电安装工程；合同价款为1158912元；本合同采用可调价格合同，增加工程不让利，人工工资按省信息价补差。后，双方签订《补充协议书》，约定：本协议书为某局办公楼装饰工程施工合同的组成部分，原合同的有关条款及相关联系单适用本协议；工程增加办公楼铝合金门窗、外墙面改造装饰及弱电等施工内容；增加工程量约60万元。工程施工完成并交付钥匙，后因双方对欠付工程款金额争议巨大，且工程审计结果未出，故装饰公司诉至法院，请求判令某局支付办公楼装修工程欠款1241176元及利息。

法院经审理认为，《招标投标法》第四十六条第一款规定：招标人和中标人应当自中标通知书发出之日起三十日内，按照招标文件和中标人的投标文件订立书面合同。招标人和中标人不得再行订立背离合同实质性内容的其他协议。案涉工程在招标过程中，对工程施工范围以及工程价款都做了限定，双方在招投标完成且正式签订《建设工程施工合同》后，未经合法程序签订《补充协议书》，对于工程施工范围以及工程价款的约定都突破了招标文件限定的范围，该《补充协议书》显然已经违背《招标投标法》第四十六条第一款的规定，依法应认定无效。本案中，虽然原、被告订立合同部分无效，但案涉工程早已完工且已经实际投入使用多年，被告应当支付合理的对价。判决：一、被告支付原告工程款 517946 元；二、驳回原告的其他诉讼请求。

分 析

1. "实质性内容"的认定

首先，《民法典》第四百八十八条规定："承诺的内容应当与要约的内容一致。受要约人对要约的内容作出实质性变更的，为新要约。有关合同标的、数量、质量、价款或者报酬、履行期限、履行地点和方式、违约责任和解决争议方法等的变更，是对要约内容的实质性变更。"

其次，《招标投标法实施条例》第五十七条规定："招标人和中标人应当依照招标投标法和本条例的规定签订书面合同，合同的标的、价款、质量、履行期限等主要条款应当与招标文件和中标人的投标文件的内容一致。招标人和中标人不得再行订立背离合同实质性内容的其他协议。"

《最高人民法院关于审理建设工程施工合同纠纷案件适用法律问题的解释（一）》（法释〔2020〕25 号）第二条规定："招标人和中标人另行签订的建设工程施工合同约定的工程范围、建设工期、工程质量、工程价款等实质性内容，与中标合同不一致，一方当事人请求按照中标合同确定权利义务的，人民法院应予支持。招标人和中标人在中标合同之外就明显高于市场价格购买承建房产、无偿建设住房配套设施、让利、向建设单位捐赠财物等另行签订合同，变相降低工程价款，一方当事人以该合同背离中标合同实质性内容为由请求确认无效的，人民法院应予支持。"

上述法律规定，通过列举的方式明确了招标文件和中标人的投标文件的实质性内容，其主要包括标的、价款、质量、履行期限等。

2. 订立背离招投标文件"实质性内容"的协议的效力

若招标人和中标人订立背离招投标文件"实质性内容"的协议，该协议是否有效、招标人和中标人该如何结算工程价款？

首先，《招标投标法》第四十六条和《招标投标法实施条例》第五十七条明确规定，招标人与中标人应当按照招标文件和中标人的投标文件订立书面合同，不得再行订立背离合同实质性内容的其他协议，即不得变更合同的实质性内容。

前述规定规制的是招标人与中标人签订合同的行为本身，且只能按照招标文件和中标人的投标文件订立合同。

其次，从《招标投标法》的立法目的和宗旨来看，《招标投标法》及其实施条例对招标投标的范围、程序等作出了具体和明确的规定，以规范招标投标行为。

最后，根据《最高人民法院关于审理建设工程施工合同纠纷案件适用法律问题的解释（一）》（法释〔2020〕25 号）第二条的规定，最高人民法院对于招标人和中标人另行签订的建设工程施工合同背离招投标文件"实质性内容"的行为，也是给予无效的认定。

综上，招标人和中标人订立合同时，变更招标文件和中标人的投标文件的"实质性内容"的，变更的内容无效。建设工程施工合同背离招投标文件实质性内容的，应认定背离招投标文件实质性内容的条款无效，应当以招标文件和中标人的投标文件的相关规定作为工程结算的依据。在此基础上，《最高人民法院关于审理建设工程施工合同纠纷案件适用法律问题的解释（一）》就合同价款结算作出进一步规定，如第二十二条规定："当事人签订的建设工程施工合同与招标文件、投标文件、中标通知书载明的工程范围、建设工期、工程质量、工程价款不一致，一方当事人请求将招标文件、投标文件、中标通知书作为结算工程价款的依据的，人民法院应予支持。"第二十三条规定："发包人将依法不属于必须招标的建设工程进行招标后，与承包人另行订立的建设工程施工合同背离中标合同的实质性内容，当事人请求以中标合同作为结算建设工程价款依据的，人民法院应予支持，但发包人与承包人因客观情况发生了在招标投标时难以预见的变化而另行订立建设工程施工合同的除外。"

⚖ 启 示

招标人和中标人应当严格按照招标文件、投标文件及中标通知书等内容签订合同，明确双方的权利和义务，不得变更实质性内容，避免合同条款因背离招投标文件的实质性内容，而被认定无效的法律风险。

86 中标合同因发生情势变更可变更合同实质性内容

案 情

LG 医院作为发包人委托招标代理机构办理 LA 医院康复中心工程施工项目公开招标。该招标文件中第一部分合同协议书中第四条第 2 款载明合同价格形式：固定单价合同。第三部分专用合同条款中第 11 条"价格调整中"：11.1 市场价格波动引起的调整项下约定为市场价格波动是否调整合同价格的约定：不调整。因市场价格波动调整合同价格采用以下第 3 种方式对合同价格进行调整：……第 3 种方式：其他价格调整方式：工程造价风险执行 GB 50500—2013 规定。第 12 条"合同价格、计量与支付中"：12.1 合同价格形式项下约定为 1.单价合同。综合单价包含的风险范围：风险范围执行 GB 50500—2013 规定。风险费用的计算方法：合同双方按照 GB 50500—2013 规定承担各自风险范围内的风险费用。

JA 公司中标该项工程，中标价格 857.52 万元，JA 公司与 LA 医院签订建设工程施工合同，合同约定合同价格形式为固定总价合同。专用合同条款中第 11 条"价格调整"中：11.1 市场价格波动引起的调整项下约定为市场价格波动是否调整合同价格的约定：

不调整。工程开工后,受"环保风暴"及某市创建文明城市的影响,大批的石料厂、水泥厂等建材企业被关停,导致施工期间砂、石、水泥、钢材等建筑材料价格出现大幅度上涨。JA 公司分多次向监理单位和建设单位提出价格调整申请,监理单位和建设单位LG 医院分别确认签字,但工程结算时,双方就材料涨价部分发生争议。因此,JA 公司提起诉讼,请求判令 LG 公司支付材料上涨费 666206.17 元、鉴定费 20000 元。

法院认为,招标文件和建设工程施工合同关于价格条款存在不一致,以及招标文件条款存在冲突的情况下,出现施工期间因受环保因素影响导致部分材料价格上涨的客观事实,并且涨幅已经远大于签订合同时合同当事人所能预料的正常市场风险,如果继续按照原约定履行固定价将导致双方权利义务严重失衡,对于上涨的材料费用予以调整更符合公平原则,更有利于合同履行和平衡双方利益。经委托鉴定材料上涨费用 598551.41元,应当由 LG 医院承担。对于 JA 公司主张的鉴定费 20000 元,因本案材料上涨费用需要确定系因建材市场价格波动引起,非因双方的过错导致,应由双方平均分担为宜,故该费用酌情由 LG 医院承担 10000 元。

分 析

1. 签订的建设工程施工合同实质性内容与中标合同不一致的,按照中标合同确定权利义务

《招标投标法》第四十六条规定:"招标人和中标人应当自中标通知书发出之日起三十日内,按照招标文件和中标人的投标文件订立书面合同。招标人和中标人不得再行订立背离合同实质性内容的其他协议。"《招标投标法实施条例》第五十七条规定:"招标人和中标人应当依照招标投标法和本条例的规定签订书面合同,合同的标的、价款、质量、履行期限等主要条款应当与招标文件和中标人的投标文件的内容一致。招标人和中标人不得再行订立背离合同实质性内容的其他协议。"《最高人民法院关于审理建设工程施工合同纠纷案件适用法律问题的解释(一)》(法释〔2020〕25 号)第二条规定:"招标人和中标人另行签订的建设工程施工合同约定的工程范围、建设工期、工程质量、工程价款等实质性内容,与中标合同不一致,一方当事人请求按照中标合同确定权利义务的,人民法院应予支持。"可见,经过招投标程序签订的合同,招标人和中标人不得再行订立背离合同实质性内容的其他协议,尤其是建设工程施工合同的特殊性,其不仅关系到合同当事人的利益,也关系到其他竞标人甚至社会公众的利益。当签订的建设工程施工合同实质性内容与中标合同不一致的,当事人有权请求按照中标合同确定权利义务。

在本案例中,JA 公司与 LA 医院签订建设工程施工合同,合同约定合同价格形式为固定总价合同,与招标文件规定合同价格形式"固定单价合同"不一致,若因工程结算发生争议,应按照招标文件确定的合同价款形式进行结算。

2. 工程施工中建筑材料涨跌,计算工程款时是否应对建筑材料价格予以调整

《民法典》第五百三十三条规定:"合同成立后,合同的基础条件发生了当事人在订立合同时无法预见的、不属于商业风险的重大变化,继续履行合同对于当事人一方明显

不公平的，受不利影响的当事人可以与对方重新协商；在合理期限内协商不成的，当事人可以请求人民法院或者仲裁机构变更或者解除合同。人民法院或者仲裁机构应当结合案件的实际情况，根据公平原则变更或者解除合同。"可见，合同履约过程中，发生情势变更的，允许调整合同的实质内容。所谓"情势变更"是指合同依法成立后，因不可归责于双方当事人的原因发生了不可预见的情势变更，致使合同的基础丧失或动摇，若继续维持合同原有效力则显失公平，允许变更或解除合同。情势变更原则的适用条件：①应有情势变更的事实，也就是合同赖以存在的客观情况确实发生变化；②情势变更须为当事人所不能预见的；③情势变更必须不可归责于双方当事人，也就是由除不可抗力以外的其他意外事件所引起的；④情势变更的事实发生在合同成立之后、履行完毕之前；⑤情势变更后，如继续维持合同效力，则会对当事人显失公平。

在本案例中，案涉工程的材料价格变化超出了正常的市场价格涨跌幅度，严格来说，建筑材料价格的变化属于商业风险，承包人应有一定的风险承担和防控意识，材料价格涨幅应根据合同约定进行调整，但本案存在案涉工程的材料价格受到当地环保政策影响上涨的客观事实，并且价格涨幅已经远大于签订合同时合同当事人所能预料的正常市场风险，如果继续按照原约定履行价格，将导致双方权利义务严重失衡。因此，当发生上述情势变更事由时，双方合理协商对上涨的材料费用予以调整，更有利于合同履行和平衡双方利益。

启 示

（1）经过招投标程序签订的合同，合同双方签订合同时，应审核签订合同的实质性条款如合同的标的、价款、质量（技术规格/标准）、期限等主要条款，确认合同主要条款与招标文件和中标人的投标文件的内容一致，不得再行订立背离合同实质性内容的其他协议。

（2）合同履行过程中发生合同变更情况的，合同双方应就变更事项及时采用书面形式确认，如工程施工过程中，因设计变更、建设工程规划指标调整等客观原因，承、发包双方以补充协议、会谈纪要、往来函件、签证等洽商纪录形式，变更工期、工程价款、工程项目性质的书面文件。

（3）慎重适用情势变更原则，合理调整双方利益关系。一是结合工程实际情况约定合同变更、不可抗力情形的范围；二是发生实质性条款变更情形的，应识别变更情形类型，区分情势变更与商业风险，依法进行变更。

87 "应招未招"及超越资质等级签订的合同无效

案 情

某石刻文化艺术中心由某市人民政府投资。该项目设计未经招标，由发包人 A 公司与设计人 B 研究院签订《工程设计合同》约定：设计人承担某石刻文化艺术中心建筑景观设计；建设规模：景观 15 万平方米，设计费 218 万元，建筑面积 1.5 万平方米，设计费 120 万元，并注明本项目景观设计按 16 元/平方米、建筑按 80 元/平方米取费，最终设计费以施工图核定的设计面积为准。B 研究院持有某市规划委员会颁发的工程设计资质证书，资质等级为：建筑行业（建筑工程）乙级；风景园林工程设计专项乙级。

合同订立后，B 研究院按约定对石刻园进行建筑、景观设计，A 公司按 B 研究院的设计施工图完成了工程施工，石刻园已对外开放使用。A 公司按约定先后交付了定金及至提交施工图后五日内应付的设计费 321 万元，对于约定工程竣工验收后应付费部分未再给付而产生纠纷。

法院认为，《招标投标法》规定，大型基础设施、公用事业等关系社会公共利益、公众安全的项目，全部或部分使用国有资金投资的项目的勘察、设计、施工等必须进行招标。《风景园林工程设计专项资质标准》规定，乙级资质承接业务范围是可承接中型以下规模风景园林工程项目和投资额在 2000 万元以下的大型风景园林工程项目的设计。本案设计工程必须招标，而 A 公司与 B 研究院直接订立工程设计合同，违反法律的强制性规定，所签订的合同无效。案涉景观设计已被 A 公司使用，建成的景观也投入使用，B 研究院提供给 A 公司的智力成果已经无法返还，A 公司也未提供足够的证据证实 B 研究院的设计存在质量问题，故 A 公司应当参照双方约定全额支付相应的折价款。法院认定案涉设计价款为 5463792 元（景观施工图面积 266487 平方米×16 元/平方米＋建筑设计面积 15000 平方米×80 元/平方米＝5463792 元），扣除已付 321 万元，尚应给付 2253792 元。法院判决：A 公司给付 B 研究院设计费用 2253792 元。

分 析

1. "应招未招"签订的合同无效

根据《招标投标法》第三条规定："在中华人民共和国境内进行下列工程建设项目包括项目的勘察、设计、施工、监理以及与工程建设有关的重要设备、材料等的采购，必须进行招标：（一）大型基础设施、公用事业等关系社会公共利益、公众安全的项目；（二）全部或者部分使用国有资金投资或者国家融资的项目；（三）使用国际组织或者外国政府贷款、援助资金的项目。"《必须招标的工程项目规定》第二条解释："全部或者部分使用国有资金投资或者国家融资的项目包括：（一）使用预算资金 200 万元人民币以上，并且该资金占投资额 10%以上的项目；（二）使用国有企业事业单位资金，并且该资金占控股或者主导地位的项目。"显然，本案中石刻园由某市人民政府投资，向社会公众开放，因此其属于使用国有资金投资的关系社会公共利益的工程建设项目，从项目性质来看，在依法必须招标项目范围之列。

而且，《必须招标的工程项目规定》第五条进一步规定："本规定第二条至第四条规定范围内的项目，其勘察、设计、施工、监理以及与工程建设有关的重要设备、材料等的采购达到下列标准之一的，必须招标：（一）施工单项合同估算价在 400 万元人民币以上；（二）重要设备、材料等货物的采购，单项合同估算价在 200 万元人民币以上；

（三）勘察、设计、监理等服务的采购，单项合同估算价在 100 万元人民币以上。同一项目中可以合并进行的勘察、设计、施工、监理以及与工程建设有关的重要设备、材料等的采购，合同估算价合计达到前款规定标准的，必须招标。"从规模标准来看，案涉项目景观设计费 218 万元，建筑设计费 120 万元，均超过 100 万元的必须招标规模，故该项目设计依法必须进行招标。

但是发包人未经招标即与 B 研究院签订合同，根据《民法典》第一百五十三条"违反法律、行政法规的强制性规定的民事法律行为无效。但是，该强制性规定不导致该民事法律行为无效的除外。违背公序良俗的民事法律行为无效"的规定，双方订立的该合同无效。对此，最高人民法院《全国法院民商事审判工作会议纪要》（法〔2019〕254 号）也明确"违反招投标等竞争性缔约方式订立的合同"因违反"效力性强制性规定"而无效。

2. 超越资质等级签订的合同无效

国家对从事建设工程勘察、设计、施工、监理活动的单位，实行资质管理制度。《建筑法》第十三条规定："从事建筑活动的建筑施工企业、勘察单位、设计单位和工程监理单位，按照其拥有的注册资本、专业技术人员、技术装备和已完成的建筑工程业绩等资质条件，划分为不同的资质等级，经资质审查合格，取得相应等级的资质证书后，方可在其资质等级许可的范围内从事建筑活动。"《建设工程勘察设计管理条例》及相关部门规章有更为具体的资质管理规定。据此，建设工程设计单位应当在其资质等级许可的范围内承揽建设工程设计业务，禁止建设工程设计单位超越其资质等级许可的范围承担设计任务。

本案例中，B 研究院持有的设计资质证书为建筑行业（建筑工程）设计乙级、风景园林工程设计专项乙级，根据《风景园林工程设计专项资质标准》规定，乙级资质承接业务范围是可承接中型以下规模风景园林工程项目和投资额在 2000 万元以下的大型风景园林工程项目的设计，而本石刻园的投资额为 3.5 亿元，超出了 B 研究院可承接的业务范围。根据《民法典》第一百五十三条规定，A 公司与 B 研究院签订的《工程设计合同》因违反法律、行政法规的强制性规定而无效。

在合同确定无效后，B 研究院设计费用的支付属于合同无效后的责任承担问题，根据《民法典》第一百五十七条规定，对于无效合同，行为人应当返还其因该合同行为取得的财产；不能返还或者没有必要返还的，应当折价补偿；有过错的一方应当赔偿对方由此所受到的损失，各方都有过错的，应当各自承担相应的责任。因案涉的《工程设计合同》的标的物系智力成果，且 B 研究院已完成实际履行，A 公司亦已根据该智力成果完成了相应施工，故其不属于可返还的财产之列，因此应采取折价补偿的处理方式，即以签约合同价款为计算依据。

⚖ **启 示**

（1）发包人应依法选择己方项目的采购方式，对于依法必须进行招标的项目不得规避招标，否则，根据《招标投标法》第四十九条规定将会面临被责令限期改正，被处以项目合同金额千分之五以上千分之十以下的罚款，全部或者部分使用国有资金的项目还会被暂停项目执行或者暂停资金拨付，相关人员被依法给予处分等行政责任，其签订的合同也将因违反法律法规的强制性规定而无效。

（2）发包人应选择资质业绩合格的承包人，以保证工程的质量及合同的有效性，否则也将面临合同无效、工程无法通过竣工验收等风险。

（3）承包人应在己方资质范围内承揽业务，否则，不仅会面临合同无效、合同相对人索赔的法律风险，还将影响其后续的资质升级申请和增项申请。如《建设工程勘察设计资质管理规定》第十九条规定，从事建设工程勘察、设计活动的企业，申请资质升级、资质增项，在申请之日起前一年内有超越资质等级范围承揽工程勘察、工程设计业务情形的，资质许可机关不予批准企业的资质升级申请和增项申请。

88 招投标前进行实质性谈判中标无效合同亦无效

案 情

K 市政府与 L 公司签订《公路工程 BT 合同书》，对案涉工程的项目工期、工程价款、建设期资金占用成本以及回购期资金占用成本、违约金等事项进行了约定，并签订补充协议，明确了双方对于投资建设案涉公路的权利义务。

后来，K 市政府对外发布招标公告，L 公司参与投标。定标后，K 市政府发出中标通知书，并在次日根据中标结果与 L 公司订立《道路工程项目 BT 合同书》。该合同内容与此前双方所签合同、补充协议的内容基本一致。双方在签订了中标合同后，又签订补充合同书，再次明确中标合同与之前所签的合同互为补充，如有冲突，以原签订的合同书及补充协议为准。

后由于合同履行过程中发生纠纷，L 公司将 K 市政府诉至法院，请求 K 市政府向 L 公司支付垫资款及融资成本费违约金、建设期资金占用成本、工程进度款违约金、回购期资金占用成本等共计 8900 余万元。

法院认为，第一，案涉合同因违反法律禁止性规定，依照《招标投标法》应认定为无效；第二，合同无效，违约金条款无效。L 公司主张的违约金，于法无据，不予支持。但是 L 公司因案涉合同无效所遭受的实际损失，应当根据当事人双方的过错大小予以赔偿。故法院判决 K 市政府向 L 公司支付资金占用损失费 2960 余万元，并驳回 L 公司的其他诉讼请求。

分 析

本案争议焦点在于，招标人与投标人在招标前进行实质性谈判，签订的合同是否有效。

《民法典》第一百四十三条规定："具备下列条件的民事法律行为有效：……（三）不

违反法律、行政法规的强制性规定。"《招标投标法》第四十三条明确规定："在确定中标人前，招标人不得与投标人就投标价格、投标方案等实质性内容进行谈判。"该规定对规范招标投标活动，保护国家利益、社会公共利益和招投标双方当事人合法权益，具有重要意义。与该条规定的在确定中标人前，招标人不得与投标人就实质性内容进行谈判的行为相比，在进行招标投标之前就先行进行实质性谈判并确定了"中标人"的行为，是对《招标投标法》更为严重的违反，举轻以明重，应当认定当事人的行为违反法律强制性规定，合同无效。

实践中，明标暗定、补办招标，"先签约、后招标"，或在定标阶段，招标人与投标人进行谈判的情况常有发生，如招标人向投标人提出带有附加条件的中标承诺，或投标人为中标而向招标人进一步提出优惠条件。合同的标的、价款、质量、履行期限等主要条款都属于实质性条款，这些附加条件或优惠条件均可能改变招投标文件实质性内容。因此，在中标人确定之前，招标人不得与投标人就上述内容进行谈判，以维护公平公正的招投标竞争秩序。

实务中，虽然从形式上看招标人与投标人是通过招投标程序签订施工合同，但事实上在投标前，招标人与投标人就已经进行实质性谈判达成一致意见确定"中标人"、确定了施工合同内容，或者已经签订合同或执行合同项目之后补办招标程序，这实际属于"未招先定""明标暗定"的虚假招标投标行为，违反了《招标投标法》规定的招标投标程序，使得招标投标活动流于形式，违背诚实信用原则。

对在招标前进行实质性谈判这种违法行为，《招标投标法》第五十五条明确规定，依法必须进行招标的项目招标人违法与投标人就投标价格、投标方案等实质性内容进行谈判，影响中标结果的，中标无效。只有符合法律规定的中标结果，才会产生合法的中标合同。中标无效，则签订的合同失去合法的基础，应随之无效。对此，《民法典》第一百五十三条第一款规定："违反法律、行政法规的强制性规定的民事法律行为无效。但是，该强制性规定不导致该民事法律行为无效的除外。"《最高人民法院关于审理建设工程施工合同纠纷案件适用法律问题的解释（一）》第一条也明确规定："建设工程施工合同具有下列情形之一的，应当依据民法典第一百五十三条第一款的规定，认定无效：……（三）建设工程必须进行招标而未招标或者中标无效的。"也就是说，在依法履行招标投标程序定标之前已就实质性内容进行谈判签订的合同，或事前协商一致后补办招标程序订立的合同，也均因违反法律强制性规定而无效。

本案例中，案涉工程使用的资金属于政府预算资金，且超过了 400 万元，依照《必须招标的工程项目规定》属于依法必须招标的工程建设项目；合同双方在招投标程序完成之前已就施工合同实质性内容进行了谈判磋商，后又补办招标程序，且中标后双方所签订的合同与先前谈判过程所签订的合同基本一致，依据上述法律规定，订立的建设工程施工合同因中标无效而应认定为无效合同。

启　示

依法必须进行招标的工程项目，如果先施工后签订施工合同，先签订施工合同后进行招标，实际上就是在履行法定招标投标程序之前已经达成合意确定"中标人"，该行为还可能构成招标人虚假招标或招标人与投标人串通投标。因此，招标人在发出中标通知书之前应避免与潜在投标人、投标人对招标项目进行实质性内容谈判，不得先确定承包人再补办招标程序，不得未经招标投标即订立合同甚至已经实施合同。

89 联合体成员之间依法对招标人承担连带责任

案 情

A 公司对其铜冶炼技术提升改造工程公开招标，D 公司与 H 公司组成联合体投标并中标，D 公司为牵头方。后，A 公司与 D 公司、H 公司签订了《制氧站空分系统采购及安装合同》，合同约定："按照 3:3:3:1 的方式付款，即预付款 30%、发货款 30%、验收款 30%、质保金 10%"，还约定了相应的违约责任。

履约过程中，D 公司提出变更合同的付款方式，要求 A 公司再支付合同价 15% 的预付款，并将发货款与验收款的支付额度及时间提前。A 公司认为 D 公司单方面变更合同付款方式及时间的行为不仅违反合同约定，且违反了招投标的相关规定，存在较大交易风险，故不同意变更并派员前往 D 公司进行协商，未果。

A 公司向 D 公司发函通知中止履行合同，要求其限期提供能够履行合同的书面证据，并提供相应担保。D 公司未能提供，仍要求 A 公司增加预付款。A 公司于是向 D 公司发出《合同解除告知函》，解除双方签订的《制氧站空分系统采购及安装合同》，并要求返还前期支付的 2226 万元预付款，D 公司复函称如合同解除则不退回预付款。

A 公司起诉，请求法院判令解除 A 公司与 D 公司、H 公司签订的《制氧站空分系统采购及安装合同》；判令 D 公司、H 公司连带退还 A 公司预付款人民币 2226 万元并支付利息损失。

法院认为：A 公司与 D 公司就暂缓加工及合同履行期限变更达成一致意见，但 D 公司至 A 公司起诉前，没有向 A 公司发出合同约定的任何设备，却一再强调要求 A 公司再支付 15% 的货款等。后 A 公司派员前往 D 公司进行协商未果，D 公司仍然没有履行合同，D 公司不履行合同的行为已构成违约。A 公司要求解除与 D 公司、H 公司签订的《制氧站空分系统采购及安装》订货合同，依法予以支持。D 公司应当向 A 公司返还预付款 2226 万元，支付预付款 2226 万元至付清之日的利息损失。

H 公司与 D 公司组成投标联合体，D 公司为联合体牵头方，H 公司授权 D 公司作为联合体的投标人进行投标，中标后 H 公司、D 公司与 A 公司签订了合同，H 公司也是本案的合同主体。依据《招标投标法》第三十一条的规定，H 公司应当承担偿还 A 公司预付款 2226 万元并支付利息的连带清偿责任。

法院判决：解除 A 公司与 D 公司、H 公司签订的《制氧站空分系统采购及安装合同》；D 公司偿还 A 公司预付款 2226 万元，并向 A 公司支付利息，H 公司承担连带清偿责任。

分　析

1. 联合体成员承担连带责任

《招标投标法》第三十一条规定："两个以上法人或者其他组织可以组成一个联合体，以一个投标人的身份共同投标。……联合体中标的，联合体各方应当共同与招标人签订合同，就中标项目向招标人承担连带责任。……"

分析联合体的基本特点是，由多个法人或其他组织组成的临时组织、为一个投标主体、一致行动投标签约、内部按照联合体协议约定分工履约、对外承担连带责任。也就是说，联合体虽然不是一个法人或其他组织，但是对外投标以一个投标人身份共同参与，以所有组成联合体各方共同的名义进行，最终还要由联合体各方"共同与招标人签订合同"，其多个成员做出的是同一个意思表示，就应当就其在招标投标活动中的法律行为承担连带责任，也就是上述法条中规定的共同"就中标项目向招标人承担连带责任"。而且，联合体的投标行为，不管是合法行为还是违法行为，都属于联合体成员共同作出了同一的"意思表示"，发出了同一个要约，属于其共同的民事法律行为，就应对其共同的意思表示、共同的民事法律行为共同承担法律责任。招标人可以要求联合体的任何一方依法履行全部的义务，承担相应的法律责任；联合体的任何一方也均有义务履行招标人依法提出的债权要求或承担应当履行的法律责任。当然，联合体成员代他人履行相应义务的，取得求偿权。

2. 联合体承担的连带责任包括缔约过失责任和违约责任

前已述及，联合体各方应当就中标项目向招标人承担连带责任。也就是说，联合体中标后，联合体各成员共同与招标人签订中标合同，并各自按照合同约定履行相应的合同义务，就招标投标过程对招标人产生的缔约过失责任或合同履行过程中产生的违约责任，由联合体各成员共同向招标人承担连带责任，该连带责任针对的是招标投标行为中的双方当事人。

在本案例中，H 公司与 D 公司组成投标联合体并中标、共同订立合同，在履约过程中，联合体成员一方提出变更合同付款条件被招标人拒绝，从而导致合同未能履行，被招标人依法解除合同并要求承担违约责任，对此，根据《招标投标法》第三十一条规定，联合体成员另一方应就该违约行为承担连带责任。

启　示

（1）虽然联合体成员共同从事投标行为且承担连带责任，但并非只要与招标投标活动相关，无论涉及什么法律责任，联合体成员都应当共同承担，这种理解是对法律条文中"连带责任"的泛化和误解，比如联合体成员独自对第三人实施的侵权行为，既不是招标投标包含的行为，也不是各成员共同实施的侵权行为，其他成员没有法律义务对此承担连带责任。

（2）联合体内部之间关于权利、义务、责任承担等问题，以联合体协议为依据，但该联合体协议对外只能向招标人证明联合体各成员的职责分工，而不能以"内部订立的权利义务关系"为由而拒绝履行其义务，不能以内部约定限制联合体成员对外承担的连带责任。

90 两公司串通谋取中标协议被判无效

案 情

技术服务公司（代理方）与阀门生产公司（生产方）签订《阀门代理销售协议》，主要内容为：阀门生产公司同意技术服务公司代理销售其生产的全部阀门产品，投标采用阀门生产公司北京办事处的名义，合同签订以阀门生产公司的名义。中标后，技术服务公司加成部分，由阀门生产公司在收到买方的每笔款项后一周内支付加成部分给技术服务公司指定账户。

技术服务公司参与石油化工公司新建项目，向阀门生产公司支付投标保证金 20000 元，由其投标并被石油化工公司确定为 20 万吨/年丁辛醇项目阀门框架采购项目的中标单位。之后，阀门生产公司（供方）与石油化工公司（需方）先行签订了一份标的总价为 26276 元的《产品购销合同》。该合同履行过程中，技术服务公司与阀门生产公司因阀门产品由谁垫付生产成本产生争议，导致阀门生产公司最终未与石油化工公司签订正式的 20 万吨/年丁辛醇项目阀门框架采购合同。石油化工公司向阀门生产公司退还投标保证金 20000 元，阀门生产公司将该款项也退还技术服务公司。

技术服务公司起诉，请求法院判令阀门生产公司赔偿投标期间的公关费用 67602 元、补偿已签合同收益 4556 元并解除《阀门代理销售协议》。

技术服务公司自述石油化工公司作为招标方，要求投标方必须系阀门生产企业，因其不是阀门生产企业，没有投标资格，故不能以自己的名义投标；阀门生产公司具有投标资格，故技术服务公司与阀门生产公司合作，最终中标，共同取得商业机会。阀门生产公司认可是技术服务公司撮合石油化工公司与阀门生产公司合作，使得阀门生产公司最终中标；阀门生产公司没有参与具体投标过程，都是技术服务公司与石油化工公司直接沟通。

法院认为，根据双方当事人在诉讼中的陈述，技术服务公司明知招标单位有关于投标资质的要求，在其自身并不具备投标资质的情况下，利用阀门生产公司的资质，并以阀门生产公司的名义投标；在投标过程中，技术服务公司采取请客、吃饭、娱乐、联谊活动等商业贿赂手段谋取中标。双方还在《阀门代理销售协议》中约定阀门生产公司同意技术服务公司代理销售其生产的全部阀门产品，中标后，阀门生产公司要向技术服务公司支付加成收益。由上可知，技术服务公司和阀门生产公司双方名义上是阀门产品代理销售关系，实际上是双方相互配合，以不正当手段谋取中标，争取销售阀门产品的市场交易机会并分享利益。其行为损害了其他经营者的合法权益，扰乱了国家正常的市场竞争秩序，损害了国家利益和社会公共利益。案涉《阀门代理销售协议》应为无效。对于技术服务公司关于赔偿的诉讼请求不予支持，驳回技术服务公司的全部诉讼请求。

分　析

"法治是最好的营商环境"。经营者应当在其市场经营活动中，通过公平竞争行为获取交易机会，自觉维护正常的竞争秩序。而正常的市场竞争秩序，是保证社会经济良性发展的基础，对于国家利益和社会公共利益具有重大影响。如果串通起来以他人名义投标损害招标人的利益，双方当事人从事的民事法律行为无效，本案就反映这样一个问题。

《民法典》第一百四十三条规定了民事法律行为有效的条件，即："具备下列条件的民事法律行为有效：（一）行为人具有相应的民事行为能力；（二）意思表示真实；（三）不违反法律、行政法规的强制性规定，不违背公序良俗。"中标合同必须符合上述条件，才可能是有效的合同。经过招标投标程序订立合同，合同是否有效还要符合《招标投标法》的规定。一般来说，经过招标投标订立的中标合同，只要符合上述条件的，都是有效合同。

但是也有一些合同不符合上述条件，可能导致无效。比如依据《民法典》第一百五十四条规定，"行为人与相对人恶意串通，损害他人合法权益"，合同无效（民事法律行为无效）。所谓恶意串通，是指行为人与相对人互相勾结，为谋取私利而实施的损害他人合法权益的民事法律行为。本条规定了恶意串通损害他人的民事法律行为无效，因此签订的合同也就无效。其理由在于，法律不保护非法的利益，因合同双方当事人相互勾结损害他人合法权益的行为，具有明显的不法性，应当给予否定性评价，也就是法律应当否定该合同的法律效力，从而保护受到侵害的第三人的合法权益，维持正常的市场经济秩序。

恶意串通的民事法律行为在主观上要求双方有互相串通、为满足私利而损害他人合法权益的目的，客观上表现为实施了一定形式的行为来达到这一目的。该类行为具有以下特点：一是各方当事人都出于恶意。恶意是指当事人明知其所实施的民事法律行为将造成他人的损害而故意为之。所谓"恶意"，指行为人不仅明知相关的客观事实，而且在实施行为时主观上有侵害他人的故意，即行为人具有加害他人的不良动机，且主观上具有损害第三人合法权益的故意。二是当事人之间互相串通。所谓互相串通，首先是指当事人之间存在着意思联络或者沟通，都希望通过实施某种民事法律行为而损害特定第三人的合法权益。其次，当事人之间在客观上相互配合或者共同实施了该非法的民事法律行为。三是损害了特定第三人的合法权益，这里说的特定第三人，包括国家、特定集体或者特定第三人。

本案例中，技术服务公司与阀门生产公司，以不正当竞争手段谋取中标，签订《阀门代理销售协议》只是用来掩人耳目，技术服务公司并没有生产制造投标产品的能力，不符合投标人的资格条件，就与阀门生产公司恶意串通以其名义投标谋求中标，技术服务公司实际上是借用他人名义投标，违反《招标投标法》第三十三条"投标人不得以低于成本的报价竞标，也不得以他人名义投标或者以其他方式弄虚作假，骗取中标"的规定，阀门生产公司与其勾结同意代替他人投标，为违法行为提供帮助，双方串通侵害的是招标人的利益。因合作分歧产生合同纠纷，法院依据《民法典》的上述规定认定案涉协议无效，使其非法意图并未得逞，法院积极发挥司法审判职能，努力维护正常的市场竞争秩序，为经济社会发展提供强有力的司法服务和保障，助力市场经济迈入良性的发展轨道。

启 示

投标人应当诚信参与投标，不得与他人串通借用他人名义投标或者以其他方式弄虚作假，骗取中标，该行为不受法律保护。供应商也不得将自身的资质、业绩借用给他人投标，更不能与其他供应商串通代替其投标，为他人违法行为提供帮助。

91 中标合同约定不明确可否作为不履行合同的抗辩理由

案 情

被告某县教育局就中小学校舍安全工程钢材采购项目对外招标，《招标文件》明确了采购货物的名称、数量、规格、单价等信息。原告某物资公司参与投标并中标。同年 2 月，原被告双方签订《采购合同》。但《采购合同》仅约定了合同金额，未对采购货物的名称、数量、单价、规格和标准作出约定，亦未载明交货时间、运输要求、验收事项等信息。而后被告将案涉工程发包给某建筑公司，且约定发包人不提供材料、设备。因此被告一直未按合同约定向物资公司采购钢材。

原告诉至法院，认为县中小学校舍安全工程已经竣工，但被告未按照合同约定向物资公司采购钢材，也未履行合同约定的任何义务，请求解除《采购合同》，要求被告赔偿物资公司经济损失。被告同意解除合同，但认为《采购合同》未对采购货物的名称、数量、单价、规格、标准、交货时间等进行明确约定，不存在违约情形，不应承担赔偿责任。

法院审理认为，首先，本案《采购合同》虽然只约定了合同金额，但根据《招标文件》、中标通知书和《采购合同》的内容可知采购项目为钢材，数量为 906.458 吨，合同金额为 3639429 元，故原被告双方签订的《采购合同》成立。其次，被告某县教育局作为发包人，将相关工程分包给了某建筑公司，且约定其不提供材料、设备，导致物资公司与县教育局所签订的《采购合同》事实上不能履行，被告县教育局应承担不履行合同的违约责任。

综上，根据《民法典》第五百六十六条"合同解除后，尚未履行的，终止履行；已经履行的，根据履行情况和合同性质，当事人可以请求恢复原状或者采取其他补救措施，并有权请求赔偿损失。合同因违约解除的，解除权人可以请求违约方承担违约责任，但是当事人另有约定的除外。……"之规定，判决：解除物资公司与县教育局签订的《采购合同》；县教育局支付物资公司相关损失 39000 元；驳回物资公司的其他诉讼请求。

分 析

1. 招投标过程中，招标文件、中标人的投标文件内容可作为合同条款的意思补充

依据招标结果签订合同，是招标投标活动的重要环节，其合同文本不应认为独立于招标文件、投标文件。根据《政府采购法》第四条、第四十三条规定，政府采购工程进行招标投标的，适用《招标投标法》；政府采购合同适用《合同法》。当前《合同法》已废止，代之以《民法典》相关条款。《民法典》第一百四十二条第一款规定："有相对人的意思表示的解释，应当按照所使用的词句，结合相关条款、行为的性质和目的、习惯以及诚信原则，确定意思表示的含义。"第四百六十六条规定："当事人对合同条款的理解有争议的，应当依据本法第一百四十二条第一款的规定，确定争议条款的含义。"《招标投标法》第四十六条规定："招标人和中标人应当自中标通知书发出之日起三十日内，按照招标文件和中标人的投标文件订立书面合同。招标人和中标人不得再行订立背离合同实质性内容的其他协议。"《招标投标法实施条例》第七十五条规定："招标人和中标人不按照招标文件和中标人的投标文件订立合同，合同的主要条款与招标文件、中标人的投标文件的内容不一致，或者招标人、中标人订立背离合同实质性内容的协议的，由有关行政监督部门责令改正，可以处中标项目金额 5‰以上 10‰以下的罚款。"

根据上述关于合同意思表示的规定，招标人和中标人应按照招标文件和中标人的投标文件订立合同，其实质性内容应与招标文件和中标人的投标文件内容相符，不应互相背离。当合同约定不明时，根据诚信原则，可以将招标文件和中标人的投标文件的内容作为合同约定不明的意思补充。本案中虽然《采购合同》只约定了合同金额，但结合《招标文件》、中标通知书和《采购合同》的内容显然可知采购项目、数量及合同价款等内容，故原被告双方签订的《采购合同》已经成立且合同内容相对完备。

2. 政府采购活动中，招标人未按招标文件及合同约定履行合同，应承担赔偿责任

政府采购活动中的招标人根据招标结果与中标人签订合同，根据招标文件和合同的内容具有法律约束力。本案中招标人不能按照约定履行合同，违背了诚实信用原则，根据《政府采购法》第五十条"政府采购合同的双方当事人不得擅自变更、中止或者终止合同"、《政府采购法实施条例》第六十七条"采购人有下列情形之一的，由财政部门责令限期改正，给予警告，对直接负责的主管人员和其他直接责任人员依法给予处分，并予以通报：……（六）擅自变更、中止或者终止政府采购合同"的规定，招标人未履行合同义务的，除承担违约责任外，还应承担相应的行政处罚责任。

启 示

（1）招标人在制定招标文件时，应慎重审查合同条款与招标文件的完整性与一致性。招标投标活动中，招标文件、投标文件、中标通知书、合同等内容互为补充，均为合同文件的组成部分，实质性内容不得相互背离。合同条款应根据招标文件和中标人的

投标文件的约定，明确货物的名称、数量、单价、规格和标准等必要内容，也可以在合同中约定，当合同条款、招标文件、投标文件内容出现不一致时，各个文本之间适用的优先顺序，避免出现不必要的纠纷。

（2）招标人、中标人不履行合同的，应承担违约责任。招标人如果因客观情况导致不能履行合同，应及时与中标人协商解决，并就中标人因此产生的损失协商赔偿。

第七部分 投诉处理

92　国有资产监管机构是否有权监督国有企业招标投标活动

案　情

某机场二号航站区商业招商项目公开招标。原告某管理有限公司以项目招标文件中响应人资格要求违反《招标投标法》，以不合理的条件限制或排斥潜在投标人，对潜在投标人实行歧视待遇为由向某民航招标有限公司递交《异议书》。之后就相同事项向被告某省人民政府国有资产监督管理委员会递交《投诉书》，并要求对相应内容作出修改、暂停该次招投标活动。被告将该投诉转至某省机场管理集团有限公司处理，某省机场管理集团有限公司又将该投诉转至某机场股份有限公司处理。原告不服，诉至法院，请求判令确认被告对投诉不履行法定职责行为违法，判令对其《投诉书》作出书面处理决定。

某铁路运输第一法院审理认为，根据法律法规授权，被告所履行的出资人职责，系省级人民政府对国家出资企业国有资本投资运营、防止国有资产流失等国有资产保值增值问题上所负有的监督管理职权。本案中，原告投诉的公司在运营管理过程中招投标违法违规行为，并不属于前述监督管理范围。因此，被告并非原告投诉事项的行政主管部门，原告投诉事项可根据《民用机场管理条例》的相关规定向有关部门主张。原告诉讼要求被告履行相应法定职责，无事实根据，对其起诉应予以驳回，裁定驳回原告某管理有限公司的起诉。

某管理有限公司不服一审裁定，提起上诉称：原审法院未能厘清案涉单位的行政隶属关系，导致原审事实认定错误。作为某省政府直属特设机构的被上诉人设立后，即将国有企业机场集团纳入旗下实施监管，成为其行政主管部门，对案涉的招投标事项应负有行政管理职责，原审法院适用法律错误。

某省人民政府国有资产监督管理委员会答辩称，监督管理企业招商行为是否违反《招标投标法》一事并非被上诉人的职责范围，被上诉人无权对此作出处理。将上诉人的投诉以"信访转送"方式处理符合相关规定，并无不当。

二审法院认为，二审争议焦点系上诉人投诉事项是否明显不属于被上诉人的权限范围。根据《企业国有资产法》第四条第一款、第十一条第一款、第十四条的规定，被上诉人系依法律法规规定设立的国有资产监督管理机构，其根据省级人民政府的授权，代表省级人民政府对国家出资企业履行出资人职责。而上诉人所投诉的某机场二号航站区管理有限公司对外招商行为存在违法性的问题，明显不属于法律法规或同级政府赋予被上诉人的出资人职责范围，故原审法院对其起诉请求依法裁定驳回的处理正确。裁定驳回上诉，维持原裁定。

分　析

1. 国有资产监管机构不具有对国有企业招标投标活动进行监督的行政职权

《企业国有资产法》第四条第一款规定："国务院和地方人民政府依照法律、行政法规的规定，分别代表国家对国家出资企业履行出资人职责，享有出资人权益。"第六条规定："国务院和地方人民政府应当按照政企分开、社会公共管理职能与国有资产出资人职能分开、不干预企业依法自主经营的原则，依法履行出资人职责。"第十一条第一款规定："国务院国有资产监督管理机构和地方人民政府按照国务院的规定设立的国有资产监督管理机构，根据本级人民政府的授权，代表本级人民政府对国家出资企业履行出资人职责。"第十四条第一款规定："履行出资人职责的机构应当依照法律、行政法规以及企业章程履行出资人职责，保障出资人权益，防止国有资产损失。"《企业国有资产监督管理暂行条例》第七条第一款规定："各级人民政府应当严格执行国有资产管理法律、法规，坚持政府的社会公共管理职能与国有资产出资人职能分开，坚持政企分开，实行所有权与经营权分离。"由此可见，根据法律法规授权，某省人民政府国有资产监督管理委员会所履行的出资人职责，系省级人民政府对国家出资企业国有资本投资运营、防止国有资产流失等国有资产保值增值问题上所负有的监督管理职权。本案例中，某管理有限公司投诉的公司在运营管理过程中从事招标投标违法违规行为，不属于国有资产监管机构监督管理范围。

2. 国有企业招标活动的具体监督部门依据具体招标项目所属行业的行政主管部门来确定

《招标投标法》第七条规定："……有关行政监督部门依法对招标投标活动实施监督，依法查处招标投标活动中的违法行为。对招标投标活动的行政监督及有关部门的具体职权划分，由国务院规定。"《招标投标法实施条例》第四条规定："国务院发展改革部门指导和协调全国招标投标工作，对国家重大建设项目的工程招标投标活动实施监督检查。国务院工业和信息化、住房城乡建设、交通运输、铁道、水利、商务等部门，按照规定的职责分工对有关招标投标活动实施监督。县级以上地方人民政府发展改革部门指导和协调本行政区域的招标投标工作。县级以上地方人民政府有关部门按照规定的职责分工，对招标投标活动实施监督，依法查处招标投标活动中的违法行为。县级以上地方人民政府对其所属部门有关招标投标活动的监督职责分工另有规定的，从其规定。……"《国务院办公厅印发国务院有关部门实施招标投标活动行政监督的职责分工意见的通知》(国办发〔2000〕34 号)第三条规定"对于招投标过程(包括招标、投标、开标、评标、中标)中泄露保密资料、泄露标底、串通招标、串通投标、歧视排斥投标等违法活动的监督执法，按现行的职责分工，分别由有关行政主管部门负责并受理投标人和其他利害关系人的投诉。按照这一原则，工业(含内贸)、水利、交通、铁道、民航、信息产业等行业和产业项目的招投标活动的监督执法，分别由经贸、水利、交通、铁道、民航、信息产业等行政主管部门负责；各类房屋建筑及其附属设施的建造和与其配套的线路、管道、设备的安装项目和市政工程项目的招投标活动的监督执法，由建设行政主管部门负责；进口机电设备采购项目的招投标活动的监督执法，由外经贸行政主管部门负责。" 根据上述规定，如果是国有企业的房屋建筑工程项目招标投标活动，其监督部门就是属地住房建设管理部门；如果是水利工程项目招标投标活动，监督部门就是属地的水利管理部门；如果是重点工程建设项目招标投标活动，监督部门就是属地的发展改革部门。上述文件并没有授权国有资产监督管理部门对国有企业的招标投标活动进行监督管理。本案例中，某管理有限公司投诉事项可根据《民用机场管理条例》及上述规定，向有关民用航空行政主管部门主张。

启　示

（1）对于国有企业招投标过程中的违法活动进行投诉，应根据招标投标项目所属行业，向有权行政主管部门提出。国有资产监管机构对于所监管企业的招投标活动没有行政监督权，对相关投诉无权受理。

（2）应注意区分《招标投标法》所指的投诉与企业内部受理的投诉。《招标投标法》所指的投诉，是指由有关行政机关受理并处理的投诉。一些央企或国企集团公司接受对其所属企业的招标投标活动进行的"投诉"，是企业内部监督程序，其处理按照企业内部规章制度规定办理，不适用《招标投标法》规定的投诉处理程序。

93　招标人能否同时担任招投标活动的行政监督人

案　情

某市交通运输局与某招标代理有限公司签订《招标委托代理协议》，双方约定：市交通运输局委托该招标代理有限公司就"某市 2020 年到期出租汽车特许经营权重新授予"项目实行招标。后二者联合在报纸上刊登了《某市 2020 年到期出租汽车特许经营权重新授予招标公告》，拟通过公开招标的方式对该市 2020 年度到期出租汽车的特许经营权进行重新授予，评标办法为综合评分法。

A 联合汽车出租有限公司（简称"A 公司"）根据该公告的要求报名参加投标并购得《招标文件》一套。后 A 公司向市交通运输局和招标代理有限公司提交了《关于"某市 2020 年到期出租汽车特许经营权重新授予招标公告"的异议书》，就招标文件中有关评分表、投标邀请函及总则部分的内容提出异议。对此，招标代理有限公司作出《招标答疑》予以澄清和回复，并将书面材料送达给全部投标单位。A 公司以《招标答疑》中并未对《招标文件》关于评分表部分内容作出明确解释为由，再次向市交通运输局和招标代理有限公司提交《关于对〈招标答疑〉的意见》。市交通运输局未再就此作出书面回复，而是向 A 公司提供了一份附有评分细则的《评分表》，说明了评标过程中涉及的运营方案、服务质量状况或者服务质量承诺、车辆设备和安全保障措施等因素。后招标代理有限公司随机抽取综合评标专家 4 人与市交通运输局委派的代表 1 人共同组成评标委员会，对项目进行评审得出评标结论后，在中国采购与招标网、当地报纸上予以公布并向中标单位发出《中标通知书》。市发展改革委员会担任该项目的监督机关。

A 公司认为，市交通运输局此次招标，存在错误将出租车特许经营权认定为行政许可事项、设定歧视性规则、招标主体不适格等情形，适用法律错误、违反法定程序，严重侵犯其公平竞争的合法权益，遂向法院提起诉讼，请求确认行政行为违法并确认中标公告无效。

法院经审理认为，出租汽车特许经营权属于法定的行政许可事项范畴，市交通运输局基于出租车特许经营权配置的法定职权而启动招投标程序成为招标人，主体适格。在职权竞合的情况下，由市发展改革委员会担任项目监督机关符合法律规定。另外，市交通运输局工作人员作为代表参与评标符合法律规定，且项目评分设置合理，并未违反法定程序，未侵害 A 公司的公平竞争权益。因此，法院判决驳回 A 公司诉讼请求。

分　析

1. 市交通运输局在案涉招投标项目中的角色与地位

第一，关于本案的招标主体问题。《行政许可法》第五十三条规定："实施本法第十二条第二项所列事项（编者注：即"有限自然资源开发利用、公共资源配置以及直接关系公共利益的特定行业的市场准入等，需要赋予特定权利的事项"）的行政许可的，行政机关应当通过招标、拍卖等公平竞争的方式作出决定。但是，法律、行政法规另有规定的，依照其规定。行政机关通过招标、拍卖等方式作出行政许可决定的具体程序，依照有关法律、行政法规的规定。行政机关按照招标、拍卖程序确定中标人、买受人后，应当作出准予行政许可的决定，并依法向中标人、买受人颁发行政许可证件，行政机关违反本条规定，不采用招标、拍卖方式，或者违反招标、拍卖程序，损害申请人合法权益的，申请人可以依法申请行政复议或者提起行政诉讼。"《巡游出租汽车经营服务管理规定》第十三条第二款规定："县级以上地方人民政府出租汽车行政主管部门应当根据投标人提供的运营方案、服务质量状况或者服务质量承诺、车辆设备和安全保障措施等因素，择优配置巡游出租汽车的车辆经营权，向中标人发放车辆经营权证明，并与中标人签订经营协议。"据此，市交通运输局具备合法的招标主体资格，其启动招投标程序是在履行出租车特许经营权配置之法定职权。

第二，关于本案的监督主体问题。《招标投标法》第七条规定，招标投标活动及其当事人应当接受依法实施的监督。有关行政监督部门依法对招标投标活动实施监督，依法查处招标投标活动中的违法行为。对招标投标活动的行政监督及有关部门的具体职权划分，由国务院规定。《招标投标实施条例》第四条第二款规定，县级以上地方人民政府发展改革部门指导和协调本行政区域的招标投标工作。县级以上地方人民政府有关部门按照规定的职责分工，对招标投标活动实施监督，依法查处招标投标活动中的违法行为。县级以上地方人民政府对其所属部门有关招标投标活动的监督职责分工另有规定的，从其规定。综合上述规定，县级以上地方人民政府下属的各个行政部门应当分别就其行使职权范围内的相关招投标活动实施监督，但应以行政机关与招投标活动没有法律上的利害关系为前提。在本案例中，市交通运输局因履行法定职权而启动招投标程序，若其再作为城市公共客运主管部门对招投标程序实行监督则有悖公正原则，明显不当。此种职权竞合情形下，由作为指导、协调机关的市发展改革委员会担任本案所涉招投标项目的监督部门合理亦合法。

综上，本案中市交通运输局仅作为出租汽车特许经营权重新授予招投标项目的招标人参与相关活动，不宜担任案涉招标项目的行政监督人。

2. 案涉招标活动是否违反法定程序、是否侵害 A 公司的公平竞争权益

第一，关于市交通运输局委派的工作人员是否需回避的问题。《招标投标法》第三十七条规定，评标由招标人依法组建的评标委员会负责。……与投标人有利害关系的人不得进入相关项目的评标委员会；已经进入的应当更换。评标委员会成员的名单在中标结果确定前应当保密。《招标投标法实施条例》第四十六条第三款规定，评标委员会成员与投标人有利害关系的，应当主动回避。行政监督部门的工作人员不得担任本部门负责监督项目的评标委员会成员。综合上述规定，评标委员会成员只有在与投标人有利害关系的情形下方适用回避制度。本案例中，市交通运输局作为本案所涉招投标项目的招标人，其派遣本单位工作人员作为代表参与评标委员会进行评标，符合法律法规对评标委员会成员的相关规定，并未违反法定程序。

第二，关于招标活动是否侵害 A 公司的公平竞争权问题。为了增强行政机关作出行政许可决定程序的规范性、透明度，很有必要引进招投标程序，建立公平竞争的秩序，防范暗箱操作、权力寻租，增强行政行为的公信力，促进资源配置的效益，确保出租汽车经营这一具有公益性的服务行业引入竞争机制，提高服务质量，保障社会公众利益。本案例中，市交通运输局在招投标这一具有竞争性的行政许可活动中，针对投标人的运营方案、服务质量状况或者服务质量承诺、车辆设备和安全保障措施等因素设置评分细则，进而对符合条件的投标人进行评分后择优准入，合理合法，并非对某一投标人的准入限制或排斥，没有侵害当事人的公平竞争权益。

因此，本案中市交通运输局并不存在违反法定程序、侵害 A 公司公平竞争权益的行为。

启示

招投标行政监督由不同部门按专业分工处理，但一些行政机关本身可能既是某行业招标投标活动的行政监督部门，又作为招标人进行本行业管理项目的招标，如本案中的市交通运输局，既是出租汽车特许经营权授予项目的招标人，按照法律规定又是该招标项目的行政监督部门。此时如果让其既担当"运动员"，又担当"裁判员"，自己监督自己，则招标投标活动的合法性、合规性、公正性等都难以保证，监督效果也很难令人信服。为防止同体监督，应当禁止行政机关对自己组织的招标项目进行监督，上级政府部门可依法指定其他部门担任招投标项目的监督机关。如本案市人民政府指定市发展改革委担任该招投标项目的监督机关，符合立法和司法精神，有利于保障第三方行使监督权的客观性、独立性。

94 未履行异议前置程序直接投诉行政监督部门不予受理

案情

某古建筑工程公司及某园林仿古建筑公司都参与了某县古城墙保护南门延伸工程的

投标活动。评标委员会经评标,向招标人某县路堤办正式推荐园林仿古建筑公司为第一中标排序人。县发改委收到古建筑工程公司提交的《投诉书》,以园林仿古建筑公司参与工程投标技术负责人徐某非该公司单位人员且社保证明由省文物保护中心出具,应属未响应招标文件要求为由,要求取消该公司第一中标排序人的资格。

县发改委立案受理,并会同县住建局招标办、文物局、公共资源交易中心组成联合调查组进行调查。在联合调查组监督下,评标委员会复核维持原评标结果。招标人公示第一中标排序人为园林仿古建筑公司。古建筑工程公司在公示期间没有向招标人就评标结果提出异议。县发改委针对古建筑工程公司提出的投诉,经审查作出投诉处理决定,认定园林仿古建筑公司投标提出的项目技术负责人的社保由省文保中心缴纳,而不是按招标文件要求由投标单位缴纳,没有响应招标文件,根据《招标投标法实施条例》第五十一条第(六)项的规定,决定取消该公司的第一中标候选人资格。

园林仿古建筑公司不服该处理决定,向某市政府申请行政复议。市政府作出行政复议决定书,认为古建筑工程公司对评标结果进行投诉,按照《招标投标法实施条例》第五十四条第二款、第六十条第二款的规定,应当在中标候选人公示期间先向招标人提出异议,由招标人对异议作出答复后,再向县发改委投诉。县发改委未经招标人异议答复程序,即受理古建筑工程公司投诉并作出投诉处理决定,属程序违法。且根据《招标投标法实施条例》第五十一条的规定,否决投标人的投诉应由评标委员会作出。由此市政府撤销了县发改委作出的投诉处理决定。古建筑工程公司不服该行政复议决定,向法院提起行政诉讼。

法院审理认为,根据《招标投标法实施条例》第五十四条、第六十条第二款,《工程建设项目招标投标投诉处理办法》第七条第二款的规定,投标人或者其他利害关系人对依法必须进行招标的项目的评标结果有异议的,应当在中标候选人公示期间提出;就《招标投标法实施条例》第五十四条规定事项投诉的,应当先向招标人提出异议;对《招标投标法实施条例》规定应先提出异议的事项进行投诉的,应当附提出异议的证明文件。古建筑工程公司投诉早于中标候选人公示,未在投诉前向招标人提出异议,市政府认定县发改委受理该投诉违反法定程序符合上述规定。古建筑工程公司以其投诉后,县发改委组建的联合调查组成员包含了招标人,招标人参加联合调查后未对其投诉行为提出异议,表明招标人同意由联合调查组代表招标人履行职责为理由,否认县发改委受理其投诉违反法定程序缺乏法律上的依据。判决驳回古建筑工程公司的诉讼请求。

📝 分 析

1. 对三类事项投诉实行异议前置程序

《招标投标法》第六十五条规定:"投标人和其他利害关系人认为招标投标活动不符合本法有关规定的,有权向招标人提出异议或者依法向有关行政监督部门投诉。"该条确立了异议和投诉制度。《招标投标法实施条例》在此基础上进一步作出具体规定,而且针对资格预审文件、招标文件内容及开标活动和评标结果的投诉,实行异议前置程序,法律依据是《招标投标法实施条例》第六十条规定:"投标人或者其他利害关系人认为招标投标活动不符合法律、行政法规规定的，可以自知道或者应当知道之日起 10 日内向有关行政监督部门投诉。投诉应当有明确的请求和必要的证明材料。就本条例第二十二条、第四十四条、第五十四条规定事项投诉的，应当先向招标人提出异议，异议答复期间不计算在前款规定的期限内。"

根据该规定，投标人或者其他利害关系人认为招标投标活动违法要投诉的，应当自知道或者应当知道之日起 10 日内提出，但是对于资格预审文件和招标文件、开标以及评标结果进行投诉的，仅仅提交了合格的投诉书还不够，在程序上还有一个条件，就是应当先向招标人提出异议，对异议处理结果不满意或者招标人未在规定时间内对异议进行答复的，投诉人才可以向招标投标行政监督部门投诉。除了上述三种异议情形外，只要投标人或者其他利害关系人认为招标投标行为违法侵害其合法权益的，即可直接提起投诉，无需先行提起异议。

2. 对三类事项未经异议直接提起投诉不予受理

前述规定的异议前置程序制度，属于法律的强制性规定，不能规避或豁免，不得就对于资格预审文件和招标文件、开标以及评标结果三类事项越过异议程序直接投诉。因为处理投诉属于行政行为行政监督部门必须依法行政，做出行政行为时必须履行法律规定的程序，不符合法律规定条件的投诉事项不得受理。如《工程建设项目招标投标活动投诉处理办法》第十二条规定："有下列情形之一的投诉，不予受理：……（六）投诉事项应先提出异议没有提出异议、已进入行政复议或行政诉讼程序的。"行政监督部门如果违反前述法律的强制性规定受理投诉，属程序违法，根据《行政诉讼法》第七十条"行政行为有下列情形之一的，人民法院判决撤销或者部分撤销，并可以判决被告重新作出行政行为：……（三）违反法定程序的"规定，其作出的行政行为因此无效。根据《行政复议法》第二十八条规定，具体行政行为违反法定程序的，决定撤销、变更或者确认该具体行政行为违法；决定撤销或者确认该具体行政行为违法的，可以责令被申请人在一定期限内重新作出具体行政行为。

本案例中，古建筑工程公司对中标公示结果有不同意见进行投诉，须遵循异议前置程序，其应当先向招标人提出异议，由招标人对异议作出答复后，再向行政监督部门投诉。但古建筑工程公司并没有依法先行提出异议，而径行向招标投标行政监督部门提出投诉，该投诉事项程序违规，县发改委未对其进行把关而直接受理其投诉并作出投诉处理决定，这一具体行政行为也缺乏合法性。由此，市政府受理行政复议申请，决定撤销县发改委作出的投诉处理决定，符合《行政复议法》第二十八条的规定，人民法院也因此依据《行政诉讼法》第七十条的规定维持行政复议决定，驳回了古建筑工程公司的诉讼请求。

启示

（1）根据《招标投标法实施条例》第二十二条、第四十四条、第五十四条规定，资格预审文件和招标文件发出后、开标现场或中标候选人公示后，投标人或利害关系人根据招标文件规定，作出资格预审文件和招标文件内容、开标程序或评标结果是否符合法律法规和招标文件规定的判断，如认为不符合招标文件的规定，应当在提交资格预审申请文件截止时间 2 日前或投标截止时间 10 日前、在开标现场或中标候选人公示期间向招标人提出异议。如果招标人不受理、在开标现场当场或收到其他两类异议后 3 日内未答复或者对答复的意见不满意，其可根据《招标投标法实施条例》第六十条规定向行政监督部门投诉。对其他情形提出投诉，并无异议前置程序的规定，当事人可以直接投诉。

（2）当事人对于上述三类事项提起投诉时，应当附提出异议的证明文件，接受行政监督部门的审查。行政监督部门收到投诉书后，应当在三个工作日内进行审查，发现未执行异议前置程序的，视为不符合投诉处理条件，应当决定不予受理，并将不予受理的理由书面告知投诉人。

95　不是所有投诉都需履行异议前置程序

案　情

招标人某自来水公司对某生态环境综合治理施工项目进行公开招标，公示第一中标候选人为某建设发展公司，第二中标候选人为某建设工程公司。第二中标候选人以第一中标候选人在电子交易平台上传的《在职个人养老缴费历史明细》与该明细表下附二维码查询的缴费明细内容不同为由投诉，请求依法取消某建设发展公司为第一中标候选人的评标结果。

某县水利局查明：某建设发展公司在电子交易平台上传的施工员潘某、质检员陈某、安全员施某、材料员张某的《在职个人养老缴费历史明细》内容，与该明细表下附二维码查询的缴费明细内容不同，认为第一中标候选人于电子交易平台提供的社保证明材料为瑕疵证明材料，不属于伪造、变造资格、资质证书或者其他许可证件骗取中标，驳回第二中标候选人的投诉要求。

某建设工程公司不服，向某市水利局申请行政复议。经某市水利局查明，某建设发展公司在招投标过程中变造项目施工现场管理人员社保缴纳凭证，属于虚假的劳动关系证明，决定撤销某县水利局作出的投诉处理决定，责令某县水利局依法重新作出处理决定。

某建设发展公司不服，向法院起诉，请求撤销某市水利局作出的《行政复议决定书》。理由是：某县水利局在所谓的投诉人某建设工程公司没有依法向招标人提出异议，且招标人也没有作出异议答复前，就违法受理了第三人某建设工程公司关于请求依法取消某建设发展公司为第一中标候选人的评标结果的投诉，违反了《招标投标法实施条例》第五十四条第二款和第六十条以及《工程建设项目招标投标活动投诉处理办法》第七条第二款的规定，应根据《工程建设项目招标投标活动投诉处理办法》第十二条关于"投诉事项应先提出异议没有提出异议、已进入行政复议或行政诉讼程序的"规定，依法不予受理案涉投诉。

法院经审理认为，《招标投标法实施条例》第五十四条第二款规定："投标人或者其他利害关系人对依法必须进行招标的项目的评标结果有异议的，应当在中标候选人公示期间提出。招标人应当自收到异议之日起 3 日内作出答复；作出答复前，应当暂停招标投标活动。"第六十条规定："投标人或者其他利害关系人认为招标投标活动不符合法律、行政法规规定的，可以自知道或者应当知道之日起 10 日内向有关行政监督部门投诉。"某建设工程公司的投诉请求虽然是"恳请依法取消某建设发展公司为第一中标候选人的评标结果"，但其投诉事项主要是某建设发展公司在电子交易平台上传的施工员潘某、质检员陈某、安全员施某、材料员张某的《在职个人养老缴费历史明细》内容的真实性问题，实质不仅仅是对评标结果提出质疑，还对招标投标活动的真实性、合法性及公正性提出了异议，符合《招标投标法实施条例》第六十条关于"投诉"的规定，该投诉并不以先提出异议为前置程序。判决驳回原告某建设发展公司的诉讼请求。

分析

1. 投标人和其他利害关系人认为招标投标活动不合法的可以投诉

根据《招标投标法实施条例》第六十条第一款关于"投标人或者其他利害关系人认为招标投标活动不符合法律、行政法规规定的，可以自知道或者应当知道之日起 10 日内向有关行政监督部门投诉。投诉应当有明确的请求和必要的证明材料"的规定，投诉的主体是投标人和其他利害关系人，投诉应当有明确的请求和必要的证明材料，投诉应当在投诉人知道或者应当知道之日起 10 日内提出，受理投诉的机关为有管辖权的行政监督部门，可以投诉的情形为"认为招标投标活动不符合法律、行政法规规定"，如投标人串通投标、弄虚作假，资格审查委员会未严格按照资格预审文件规定的标准和方法评审，评标委员会未严格按照招标文件规定的标准和方法评标等情形。

2. 特定事项投诉前应先向招标人提出异议

根据《招标投标法实施条例》第六十条第二款关于"就本条例第二十二条、第四十四条、第五十四条规定事项投诉的，应当先向招标人提出异议，异议答复期间不计算在前款规定的期限内"的规定，投诉前应先向招标人提出异议的事项有以下三项：①对资格预审文件有异议，根据《招标投标法实施条例》第二十二条规定，潜在投标人或者其他利害关系人应当在提交资格预审申请文件截止时间 2 日前或投标截止时间 10 日前提出。②对开标有异议，根据《招标投标法实施条例》第四十四条规定，投标人应当在开标现场提出。③对依法必须招标项目的评标结果有异议，根据《招标投标法实施条例》第五十四条第二款的规定，投标人或者其他利害关系人应当在中标候选人公示期间提出。根据《工程建设项目招标投标活动投诉处理办法》第七条第二款、第十二条的规定，对招标投标法实施条例规定应先提出异议的事项进行投诉的，应当附提出异议的证明文件；已向有关行政监督部门投诉的，应当一并说明；投诉事项应先提出异议没有提出异议的，不予受理。

本案例中，如果单从某建设工程公司"恳请依法取消某建设发展公司为第一中标候选人的评标结果"的投诉请求来看，其投诉属于对依法必须进行招标的项目评标结果有异议的，应当先向招标人提出异议的情形。但某建设工程公司不仅仅是对评标结果提出质疑，其投诉事项主要是某建设发展公司在电子交易平台上传的《在职个人养老缴费历史明细》内容的真实性问题，是对招标投标活动的真实性、合法性及公正性提出了异议，该事项不属于异议前置情形，故某建设工程公司未经异议直接向某县水利局投诉并无不当。

启　示

异议作为投诉的前置程序，其适用范围是有限制的。异议前置仅限于对资格预审文件、开标以及依法必须招标项目的评标结果提出异议三类情形。除此之外，投标人或者其他利害关系人认为其他招标投标活动不符合法律、行政法规规定而进行投诉的，可以按规定直接向有关行政监督部门提出，无需履行异议前置程序。

96　招标投标行政监督部门不受理关于合同的投诉

案　情

在某房屋建筑工程供暖设备采购项目招投标过程中，B 制造公司提起投诉，主张：D 房地产公司单方解除与我司签订的《采购合同》，在我司对解除《采购合同》有异议的情况下，重新发布招标公告。D 房地产公司的上述行为违反了相关法律法规规定。要求D 房地产公司解除原采购合同并承担违约责任。

现查明：某房屋建筑工程供暖设备采购招标，B 制造公司等 5 家投标人参与投标。经评审，B 制造公司被推荐为中标候选人。招标人发布中标结果公告，确定 B 制造公司为中标人，并与其签订了《采购合同》。

后来，招标人向 B 制造公司发出《关于终止采购合同的函》，解除了本《采购合同》，并同时启动重新招标。投诉人就 D 房地产公司解除采购合同提出异议，后因不满意 D 房地产公司作出的答复，通过电子交易平台向省行政监督部门提出投诉。

某房屋建筑工程供暖设备采购项目，B 制造公司已供货约 60%，剩余 60% 未供货。D 房地产公司以"B 制造公司的交货行为已构成合同违约"为由，向 B 制造公司发出《关于终止采购合同的函》，告知 B 制造公司终止双方货物采购合同。B 制造公司向某仲裁委员会提出仲裁申请，其中有一项请求解除《采购合同》。

某市住建局认为：投诉人投诉主张不属于《工程建设项目招标投标活动投诉处理办法》第二条、第三条规定的可以提起投诉事项的范围，该局根据《工程建设项目招标投标活动投诉处理办法》第十一条"行政监督部门收到投诉书后，应当在三个工作日内进行审查，视情况分别做出以下处理决定：（一）不符合投诉处理条件的，决定不予受理，并将不予受理的理由书面告知投诉人……"的规定，作出《招标投标活动投诉不予受理通知书》，决定对此投诉不予受理。

📝 **分 析**

本案例的焦点是招标投标行政监督部门有无权限处理招标人和中标人就合同履行过程中的违约行为提起的投诉。行政监督部门处理投诉，属于一种行政监督行为，分析本案例，就需要从行政监督机关依法履行行政监督职权说起。

1. 招标投标行政监督

行政监督，就是行政机关基于行政职权依法对公民、法人或者其他组织等行政相对人是否遵守行政法规范和执行行政决定等情况进行的监督检查，通过行政命令、行政检查、行政处罚、行政强制等行政行为来体现监督功能。招标投标活动也是行政监督的重要领域。

《招标投标法》第七条规定："招标投标活动及其当事人应当接受依法实施的监督。有关行政监督部门依法对招标投标活动实施监督，依法查处招标投标活动中的违法行为，以维护和规范招标投标市场秩序，保护招标投标当事人的合法权益。对招标投标活动的行政监督及有关部门的具体职权划分，由国务院规定。"该条规定了行政监督部门对招标投标活动的监督管理职责，纵观《招标投标法》，政府有关部门主要通过核准招标方案和自行招标备案，受理投诉举报、违法行为记录公告、检查、稽查、审计、查处违法行为以及招标投标情况书面报告等方式对招标投标过程和结果进行行政监督。

行政监督的程序性、时效性强，发起较为主动，程序较为便捷，能够高效地发挥招投标监管职能，已成为招标投标交易秩序的基本保障手段。国务院办公厅印发《关于国务院有关部门实施招标投标行政监督的职责分工的意见》，确立了国家发展改革委总体指导协调、各行业和专业部门分工协作的行政监管体制，使招标投标行政监督有法可依。

招标投标行政监督应坚持职权法定、合理行政、程序高效、便民正当等基本原则，其中职权法定原则要求行政机关对招标投标活动实施行政监督，应当在法定职责范围内依法实行，不得超越职权行使行政权力。所谓超越职权，是指行政机关行使了法律、法规所未赋予的权力，对不属于其职权范围内的人和事进行了处理，或者逾越了法律、法规所设定的必要限度等情况，简言之，是指行政机关的行为没有法律根据。行政监督行为如果超过法律的规定，事实上是行使了法律所没有规定的职权，该行政行为违法，根据《行政诉讼法》第七十条"行政行为有下列情形之一的，人民法院判决撤销或者部分撤销，并可以判决被告重新作出行政行为：……（四）超越职权的"规定，应当予以撤销。对招标投标活动的行政监督行为也是如此，如依据目前的法律规定，国有资产监督管理机构就无权对国有企业建设工程招标活动进行监督。

2. 招标投标投诉事项范围

《招标投标法》结合招标投标活动的特点，本着快速处理争议，确保招投标活动效率的原则，规定了招标投标投诉制度。投诉是指投标人或者其他利害关系人认为招标投标活动不符合法律、法规和规章规定，或者其自身合法权益受到侵害，以及异议人对招标人的异议答复不服，依法在规定的期限内向行政监督部门提出要求制止违法行为或者保护其合法权益的行为。处理投诉是招标投标行政监督部门进行行政监督的重要渠道。该法第六十五条规定:"投标人和其他利害关系人认为招标投标活动不符合本法有关规定的,有权向招标人提出异议或者依法向有关行政监督部门投诉。"

根据前述依法行政要求,行政机关可以受理投诉事项范围也是有限制的,超出此范围受理投诉,即为超越职权的行为。如《招标投标法》规定行政监督部门受理对不符合招标投标法的招标投标活动提起的投诉。《工程建设项目招标投标活动投诉处理办法》第二条将"招标投标活动"界定为"包括招标、投标、开标、评标、中标以及签订合同等各阶段。"第三条第一款进一步规定:"投标人或者其他利害关系人认为招标投标活动不符合法律、法规和规章规定的,有权依法向有关行政监督部门投诉。"也就是说,对于从招标到签订合同的招标投标各个阶段提出的投诉,行政监督部门都可以提起投诉,那么超出此范围投标人及利害关系人即不能依据招标投标法提起投诉,对该类"投诉"行政监督部门也就无权受理,否则属于超越职权的违法行政行为,该行为无效,依法应被撤销。

正如本案例,B制造公司投诉的事由是D房地产公司经中标与其订立合同,但在合同履行过程中单方解除合同,双方由此产生纠纷,B制造公司请求行政监督部门认定双方解除合同并要求D房地产公司承担违约责任,但投诉事项实质上是合同订立之后在履约阶段产生的争议,已经超出《工程建设项目招标投标活动投诉处理办法》第二条、第三条所述"招标投标活动"的范围,对于违约行为的投诉,行政监督部门没有监督职权,因此,某市住建局以投诉人投诉主张不属于《工程建设项目招标投标活动投诉处理办法》规定的可以提起投诉事项的范围为由决定对此投诉不予受理。

⚖ 启 示

(1)《招标投标法》并没有像《民事诉讼法》那样作出关于投诉受理条件的规定。但结合投诉人、投诉书的相关规定以及不予受理的相关规定,可以得知受理投诉的基本条件是:第一,投诉人是潜在投标人、投标人或者其他利害关系人;第二,投诉人必须提交投诉书和必要的证明材料,投诉书经有效签字盖章;第三,投诉事项必须是认为招标投标活动违反招标投标法规定;第四,本行政监督部门对该招标投标活动具有监督职责;第五,在投诉时效内投诉。

(2)在合同履行过程中,一方当事人未按合同约定履行合同,构成违约行为的,双方可以协商解决,对方当事人也可以按照合同约定申请仲裁,或者向人民法院提起诉讼解决合同纠纷。

97 行政监督部门未经调查取证不得作出投诉处理决定

⚒ 案 情

城发公司将某县保障性住房电梯设备供货及安装进行公开招标,招标文件第64页评分细则第（2）规定在城区设有售后服务点的，需提供质量技术监督部门备案表、房屋租赁合同、维修点具备专业人员名单等，得2分。投标人L设备公司以第一中标候选人R电梯公司在本县没有服务网点，所提供的房屋租赁合同主体是西×电梯公司，并非R电梯公司，而向招标人提出质疑。招标人答复L设备公司应为第一中标候选人。R电梯公司对此不满意提出投诉，县住建局未要求招标人答复，只要求评标委员会复评，在未对评标委员会与事实不符的复评结果进行复核及调查取证的情况下，作出《招投标投诉处理决定书》，维持评标委员会的结果。R电梯公司不服，遂起诉到法院，请求撤销《招投标投诉处理决定书》，重新作出投诉处理决定。

法院认为，从县住建局所作的《招投标投诉处理决定书》内容看，该局针对投诉人R电梯公司提出的投诉，只对评标委员会的复评结果进行了审查，而未体现其依据《工程建设项目招标投标活动投诉处理办法》第十四条的规定对招标人的答复书进行过调查、核实有关情况的工作。在诉讼中，虽然县住建局提供了其在行政程序中向县市场监督管理局进行调查及召开过会议等证据，但上述证据尚不能证明其作出的行政行为有充分的证据。且从行政管理应当遵从公平、公正的原则出发考虑，在投标人对中标结果存在较大争议的情况下，应当对中标结果进行全面、客观的审查再行作出行政决定。故认定行政行为未尽调查之责，违反法定程序。

法院判决县住建局撤销《招投标投诉处理决定书》，重新作出行政行为。

分 析

依法对招标投标活动实施监督，依法处理招投标投诉案件，查处招标投标活动中的违法行为，是招标投标行政监督部门的法定职责。处理招标投标投诉的行政程序应当符合法律、行政法规的规定，这也是依法行政的应有之义。行政监督部门处理投诉事项时是否必须履行调查、听证和质证程序，也是招投标行政案件中的常见争议焦点，本文结合上述案例来阐释这一问题。

依据《招标投标法实施条例》第四条规定，县级以上地方人民政府有关部门按照规定的职责分工，对招标投标活动实施监督，依法查处招标投标活动中的违法行为。处理投诉是行政监督部门履行行政监督职责的主要工作，处理投诉的行政程序必须符合法律规定。对此，《工程建设项目招标投标活动投诉处理办法》第十四条规定："行政监督部门受理投诉后，应当调取、查阅有关文件，调查、核实有关情况。对情况复杂、涉及面广的重大投诉事项，有权受理投诉的行政监督部门可以会同其他有关的行政监督部门进行联合调查，共同研究后由受理部门做出处理决定。"第十五条规定："行政监督部门调查取证时，应当由两名以上行政执法人员进行，并做笔录，交被调查人签字确认。"第十六条规定："在投诉处理过程中，行政监督部门应当听取被投诉人的陈述和申辩，必要时可通知投诉人和被投诉人进行质证。"也就是说，行政监督部门受理投诉后，应当调取、查阅有关文件，调查、核实有关情况。行政监督部门调查取证时，应当由两名以上行政执法人员进行，并做笔录，交被调查人签字确认。在投诉处理过程中，行政监督部门应当听取被投诉人的陈述和申辩，必要时可通知投诉人和被投诉人进行质证。这些规定属于行政程序法，行政程序合规是行政行为的基本要求，是确保行政处理结果合法的基本保障，只有经过周密的调查取证，行政监督部门才能查清事实，依法作出正确的投诉处理决定。如果程序上违规，则该具体行政行为违反法定程序，作出的行政投诉处理决定也就无效。

本案例中，被告县住建局对工程建设项目招投标活动投诉处理具有法定职责。而被告受理投诉后，未对评标委员会评标认定 R 电梯公司在本县城区设有售后服务点及提供质量技术监督部门备案表、房屋租赁合同、维修点具备专业人员名单等事实进行调查取证，就直接作出行政处理决定，主要证据不足；被告只对评标委员会的结果、评标报告及复评进行审核，维持评标委员会的结果，违反法定程序。对评标委员会不应加分而错误加分的行为未履行监督职责，明显不当。因此，被告县住建局作出的《投诉处理决定书》认定事实不清、证据不足。根据《行政诉讼法》第七十条"行政行为有下列情形之一的，人民法院判决撤销或者部分撤销，并可以判决被告重新作出行政行为：（一）主要证据不足的；（二）适用法律、法规错误的；（三）违反法定程序的；（四）超越职权的；（五）滥用职权的；（六）明显不当的"规定，法院判决撤销已经作出的投诉处理决定，并对该投诉重新调查核实、作出新的投诉处理决定。

⚖ 启 示

行政监督部门受理投诉后，应当调取、查阅有关文件，调查、核实有关情况。对情况复杂、涉及面广的重大投诉事项，有权受理投诉的行政监督部门可以会同其他有关的行政监督部门进行联合调查，共同研究后由受理部门作出处理决定。

98 投诉处理决定中应直接认定投诉事项是否成立

案 情

招标人 C 区保障房建设公司发布的 C 区城北商务区安置房工程招标文件要求，投标人所确定的项目经理不得在其他在建工程中任职。

评标结束，招标人公示中标候选人，拟中标人为 H 建工集团。Y 建设公司以 H 建工集团拟指派的案涉项目之项目经理许某有在建工程为由，向 C 区城建局投诉，要求根据招标文件认定 H 建工集团投标文件无效。

投诉处理过程中，某市公共资源交易平台公告中标结果，确定中标人为 H 建工集团，项目经理为许某。

受理投诉后，C 区招标办、城建局先后三次作出投诉处理决定。前两次投诉处理决定均认定投诉事项成立，但均在 H 建工集团启动的行政复议程序中，被市建委复议撤销并要求重新处理。第三次投诉处理决定认定投诉事项不成立，但因 Y 建设公司启动复议程序，又被 C 区政府复议决定撤销并要求重新处理。就此，C 区城建局作出第四次《投诉处理决定》，责令招标人依法重新招标或者评标，并向 H 建工集团送达。H 建工集团不服提起行政诉讼，请求撤销 C 区城建局作出的投诉处理决定。

法院认为：首先，C 区城建局作出的投诉处理决定，未明确案涉招标投标活动是否存在违法行为。在 H 建工集团已被公示为中标人的情况下，其以"现有证据无法直接认定被投诉人负责的某县养老中心工程在投标前已经完成竣工验收"这一含糊且不确定的描述作为投诉处理调查认定的基本事实，不符合行政机关作出行政行为时必须满足法律所确定的事实要件的要求。同时，C 区城建局在投诉处理决定中认为"根据行政复议决定书认定的事实及我局在重新作出处理决过程中收集的新证据，与评标委员会评审时的证据存在差异，新证据证明的事实对中标结果造成实质性影响"，但在投诉处理决定书中既未对"新证据证明的事实"和"实质性影响"进行进一步说明，亦未对"H 建工集团项目经理许某有在建工程"这一投诉事项是否成立、H 建工集团项目经理是否符合招标文件关于投标人资格要求等事实作出认定。据此，应当认定被诉投诉处理决定认定事实不清。

其次，《招标投标法》第五十条、第五十二条至第五十五条、第五十七条明确规定了导致中标无效的六种违法情形以及中标无效的法律责任。《招标投标法》第六十四条和《招标投标法实施条例》第八十一条是关于强制招标项目中标无效后应当如何处理的规定。适用上述规定监督执法时应遵循的逻辑顺序关系为：认定违法情形、确定中标无效、重新招标或者评标。因此，C 区城建局如认为投诉事项属实，案涉招标投标活动确有违法行为，则应当在投诉处理决定书中列明该违法行为所对应的中标无效情形的具体条款。而其在没有认定导致中标无效的具体违法情形的情况下，即按照《招标投标法》第六十四条和《招标投标法实施条例》第八十一条关于中标无效后的处理的规定，径行作出重新招标或者评标的处理决定，缺乏认定违法情形的前提，属适用法律不当。

另外，《工程建设项目招标投标活动投诉处理办法》第十六条规定了投诉处理程序中被投诉人的知情权、陈述申辩权和质证权等正当程序权利。本案中，C 区城建局即使是依据复议决定要求重新作出处理决定，也应当遵循上述程序原则。但 C 区城建局并无证据反映其在自行收集新证据后，已告知 H 建工集团并听取其陈述和申辩意见。因此，C 区城建局既未告知 H 建工集团新证据内容，也未听取 H 建工集团的陈述申辩，而是根据收集的新证据改变原事实认定，径行作出处理决定，属于程序违法。即便部分证据在行政复议听证程序中经各方当事人质证，但 H 建工集团的行政复议质证意见不能等同或替代其在案涉行政处理程序中的陈述和申辩。

综上，法院判决撤销投诉处理决定，责令 C 区住建局限期对 Y 建设公司的投诉事项重新作出处理决定。

分 析

1. 立法规定及司法实践都要求招标投标监管机关应当准确认定投诉事项并对投诉事项是否成立给予清晰明了的回应

首先，从立法层面看。《招标投标法》第六十五条赋予了投标人及利害关系人对招投标活动违法的异议及投诉权。《招标投标法实施条例》第六十条、第六十一条进一步要求投诉人的投诉应当有明确的请求，以及行政监督部门应当对投诉事项作出书面的投诉处理决定。《工程建设项目招标投标活动投诉处理办法》第二十条进一步明确，行政监督部门应当对投诉事项进行审查，并根据投诉事项是否属实区分进行不同的后续处理。由此可见，从法律、行政法规到规章，已经明确了招标投标监管机关处理投诉的重点即是确认投诉事项内容并判断投诉事项是否属实。

其次，从司法层面看。投标人之所以提起投诉，系认为在招投标活动中发生了违法违规行为，导致其本应具有的投标或中标可能被剥夺，因此要求监督管理部门调查核实并纠正。这一诉求，实际是要求招投标监管部门履行法定职责，而招投标监管部门对这一诉求的回复，则构成履责行为，属于应受法院审查的行政行为范畴。《行政诉讼法》第六十九条明确，法院对行政行为合法性的审查包括该行为证据是否确凿，适用法律法规是否正确以及是否符合法定程序等几方面。至于履责行为，则落在审查该行为是否准确回应了履责请求事项以及这一回应是否具有法律依据、是否依照法定程序。由此可见，在行政诉讼中，只有招投标监管机关在准确认定并回应投诉事项的基础上所作出的投诉处理决定，方符合法院合法性审查的要求。

2. 招投标监管机关准确认定和回应投诉事项的要点

基于当前立法规定及司法实践，在投诉处理决定中，招投标监管机关认定和回应投诉事项的要点包括以下四项：

（1）招标投标监管机关应当基于投诉书准确认定投诉事项。

《工程建设项目招标投标活动投诉处理办法》第七条第一款第（三）项规定，投诉书中应当包括"投诉事项的基本事实"。因此，招投标监管机关应当以投诉书为基础认定投诉事项。需要注意的是，投诉事项应对应招投标违法违规行为，即适格的投诉事项应同时包括行为内容（发生了什么事）和行为违法性（违反了什么规定或要求）。因此，投诉事项仅指出违法性而不具体说明被投诉的行为内容，或者仅说明被投诉的行为内容而不指出其违法性，均会导致认定上的错误，招投标监管机关应要求投诉人予以补正。

（2）招标投标监管机关应当在投诉处理决定中明确说明投诉事项是否成立并列示证明投诉事项是否成立的事实。

《工程建设项目招标投标活动投诉处理办法》第二十条规定，行政监督部门应在对投诉事项进行审查后，根据投诉事项是否属实作出不同的后续处理。首先，关于投诉事项是否成立的认定，应当清晰且明确，即应直接以文字形式载明"投诉事项成立"或"投诉事项不成立"，至少也应确认投诉事项中的行为违法性是否成立。其次，对于认定投诉事项是否成立的事实，也应当在投诉处理决定中予以记载，因为这些事实是后续发生司法审查时，法院判断投诉处理决定是否合法的关键。最后，对在投诉处理过程中发现但是不属于投诉事项范畴的违法行为，不应在投诉处理决定中予以认定或处理，而是应另行启动监督检查程序或行政处罚程序。

（3）若认定投诉事项成立，招标投标监管机关应当在投诉处理决定中具体列明被投诉行为构成违法以及应承担法律责任的条款。

《招标投标法》第五十条、第五十二条至第五十五条及第五十七条明确规定了导致中标无效的六种违法情形，以及中标无效的法律责任。《招标投标法实施条例》第八十一条则对前述规定之外的中标无效情形进行了兜底规定。前述规定，确定了招投标监督执法应遵循的逻辑顺序：认定违法情形、确定中标无效、重新招标或者评标。因此，"被投诉行为违反《招标投标法》及其实施条例的限制规定"构成了投诉事项成立的前提。此种情况下，则必然要求招投标监管机关在认定投诉事项成立的投诉处理决定中，应明确说明被投诉行为违反了哪一条法律规定。否则，后续的逻辑推论将会中断，法律风险也由此发生。

（4）招标投标监管机关作出对中标人不利的投诉处理决定时，应当保障其正当程序权利。

行政机关作出对行政管理相对人不利的行政决定之前，应当告知行政管理相对人拟作出该行政决定的内容、事实、理由及法律依据，并给予行政管理相对人陈述和申辩的机会。《工程建设项目招标投标活动投诉处理办法》第十六条也明确要求"在投诉处理过程中，行政监督部门应当听取被投诉人的陈述和申辩"。因此，基于行政诉讼中正当程序原则的要求，招标投标监管机关作出对中标人不利的投诉处理决定前，应当告知其拟作出之投诉处理决定的事实、理由、法律依据及处理结论，并听取其陈述申辩意见。

3. 本案例中，作为招投标监管机关的 C 区城建局的败诉原因分析

结合前述分析，本案中 C 区城建局所作出的投诉处理决定明显存在以下问题，而遭致法院的否定性评价：

其一，从投诉事项认定角度，C 区城建局错误认定投诉事项。Y 建设公司的投诉书，是以 H 建工集团项目经理许某有在建工程为由，要求根据招标文件，认定 H 建工集团投标文件无效。基于该投诉书内容，Y 建设公司的投诉事项应为"中标人应标内容不符合招标文件实质要求"。但 C 区城建局在投诉处理决定中，并未对投诉事项内容予以确认，而是将本案争议焦点转化为了"H 建工集团将参加验收单位不全、验收范围不能覆盖全部工程的竣工验收报告用以证明项目经理无在建工程，是否属于以其他方式弄虚作假骗取中标的招标投标违法行为"。两相对比，"应标内容不符合招标文件实质要求"与"以其他方式弄虚作假骗取中标"在投诉事项角度方面差别明显。

其二，从投诉事项是否成立的明确说明角度，C 区城建局并未尽到相应义务。在投诉处理决定中，C 区城建局并未明确案涉招标投标活动是否存在违法行为，既未对"H 建工集团项目经理许某有在建工程"这一事实是否成立予以确认，也未对 H 建工集团项目经理是否符合招标文件关于投标人资质要求这一投诉事项作出认定。

其三，从法条援引角度，C 区城建局未列明违法行为成立的条款。C 区城建局在被诉投诉处理决定中仅引用了《招标投标法》第六十四条和《招标投标法实施条例》第八十一条，但这两条仅系关于违法行为成立后应如何处理的规定，而并不涉及违法行为的认定。因此，在未列明违法行为成立之条款的情况下，却认定中标无效，逻辑前提并不具备。

其四，从正当程序原则角度，C 区城建局未保障 H 建工集团的知情权和陈述申辩权。

C 区城建局认为"根据行政复议决定书认定的事实及我局在重新作出处理决定过程中收集的新证据，与评标委员会评审时的证据存在差异，新证据证明的事实对中标结果造成实质性影响"，从而作出被诉投诉处理决定。但其在自行收集新证据后，既未告知 H 建工集团新证据内容，也未听取 H 建工集团的陈述申辩。

⚖ 启 示

（1）行政监督部门受理招投标投诉后，应当针对投诉事项进行调查，在查明事实的基础上，依据法律规定明确认定被投诉人的行为违法与否，并据此作出相应的投诉处理决定。

（2）行政监督部门处理招标投标投诉，应当紧紧围绕投诉人的投诉事项进行调查处理；对于在处理投诉过程中发现的投诉事项范围之外的违法行为，应依法另案启动检查监督程序或行政处罚程序予以查处、纠正。

99 财政局是否有权决定评审专家的评审意见无效

⚒ 案 情

某县城棚户区改造政府购买服务项目公开招标，A 公司、B 公司、C 公司、D 公司、E 公司共 5 家投标人，均为联合体投标。进行资格性检查时，评标委员会全体评审专家确定 B 公司、C 公司、D 公司、E 公司为合格投标人，A 公司因没有《社保证明》，被认定为不合格投标人，没有参与之后的评标。评标委员会最后评定 B 公司为该项目第一中标候选人。

该县居民邓某某、冷某某与蒋某某一同向上级纪检部门进行实名举报，举报该项目参与招标的五个投标人中有三个资格不合格。纪检部门将举报材料批转给某县财政局查处。

某县财政局受理该案，组成调查组对反映的问题立案调查，向被检查单位和个人送达了检查通知书。虽然举报人后撤回了举报，但某县财政局在调查中发现该项目采购活动确有违法违规行为，继续调查终结，根据《政府采购法》第十三条、《政府采购法实施条例》第七十五条规定，作出《投诉处理决定》，认定：

（1）对该项目招标文件作实质响应的供应商不足法定的三家。C 公司联合体成员单位中×公司在其投标文件中无《社保证明》；D 公司联合体成员单位方×设计公司在其投标文件中无《社保证明》和《书面声明》、人×建设公司在其投标文件（副本）中无《社保证明》《书面声明》及法人授权委托书原件和授权代表身份证复印件、南×建设集团其投标文件（副本）中无《社保证明》和《书面声明》及法人授权委托书原件和授权代表身份证复印件。

根据本项目招标文件第六章前附表第二章（评分方法及标准）2.1.2 无效投标的规定，

上列投标单位应依法评定为不合格投标人，其投标为无效投标。因 A 公司社保不合格已被评审专家评定为不合格投标人，本项目对采购文件作实质响应的供应商，也就是合格的投标人只有两家，即 B 公司和 E 公司，但评审报告显示合格的投标人为四家。

（2）本项目评审专家在评审活动中存在"未按采购文件规定的评审程序、评标方法和评标标准进行评标"的违法违规行为。本项目采购活动因对招标文件作实质响应的供应商不足三家依法应予废标，终止采购活动。评审小组却评定 C 公司、D 公司资格性审查合格，并作出了本项目的最终评审结果。

某县财政局处理决定：①本项目采购活动中评审专家的评审意见无效，建议本项目重新开展采购活动；②涉及评审专家的违规违法评审行为另行处理。

分 析

1. 某县财政局有权决定评审专家的评审意见无效

行政监督的主要功能是维护正常的行政管理秩序，及时制止和纠正行政违法违规行为。根据《政府采购法》第十三条"各级人民政府财政部门是负责政府采购监督管理的部门，依法履行对政府采购活动的监督管理职责"及《政府采购法实施条例》第七十五条"政府采购评审专家未按照采购文件规定的评审程序、评审方法和评审标准进行独立评审或者泄露评审文件、评审情况的，由财政部门给予警告……政府采购评审专家有上述违法行为的，其评审意见无效，不得获取评审费……"的规定，县级以上人民政府财政部门对本级政府采购法律、法规、规章和政策的执行情况，有监督管理职权，有权查处评审专家的违法违规行为。评审专家未按照采购文件规定的评审标准进行独立评审，其评审意见无效。

本案被告系县级财政部门，是同级财政预算资金和政府采购活动监督管理机关，在对政府采购活动依法进行监督时，有权根据评审专家的评审情况，对专家的评审意见作出有效或无效的评判决定。

2. 某县财政局处理控告检举和投诉行政行为适用不同法律规定

根据《政府采购法》第七十条"任何单位和个人对政府采购活动中的违法行为，有权控告和检举，有关部门、机关应当依照各自职责及时处理"的规定，作为政府采购监督管理部门的县级财政部门，对检举政府采购活动中的违法行为，有适用财政监督程序及时处理的职责。

而《政府采购法》第六章"质疑与投诉的内容"，是针对供应商对政府采购活动事项提出质疑与投诉的特别规定和程序要求。该案系他人对政府采购活动存在违法行为的举报而启动的行政监督程序，并不是供应商提出的质疑与投诉，不受质疑与投诉特别规定及程序要求的约束。

3. 案涉项目因对招标文件作实质响应的供应商不足三家依法应予废标

根据《政府采购法》第二十二条"供应商参加政府采购活动应当具备下列条件：……（四）有依法缴纳税收和社会保障资金的良好记录；（五）参加政府采购活动前三年内，在经营活动中没有重大违法记录"，第二十四条"两个以上的自然人、法人或者其他组织可以组成一个联合体，以一个供应商的身份共同参加政府采购。以联合体形式进行政府采购的，参加联合体的供应商均应当具备本法第二十二条规定的条件……"，第三十六条"在招标采购中，出现下列情形之一的，应予废标：（一）符合专业条件的供应商或者对招标文件作实质响应的供应商不足三家的……"，《政府采购法实施条例》第四十一条"评标委员会、竞争性谈判小组或者询价小组成员应当按照客观、公正、审慎的原则，根据采购文件规定的评审程序、评审方法和评审标准进行独立评审"及本案招标文件的相关规定，评标委员会成员应当根据采购文件规定的评审程序、评审方法和评审标准进行评审；供应商包括联合体必须符合法定和招标文件规定的资格要求；对招标文件作实质响应的供应商不足三家的，应予废标。

本案五家投标人的投标文件中，A公司、C公司、D公司三家供应商均存在没有《社保证明》等问题，不符合法律及招标文件规定的投标人资格条件，即该项目对招标文件作实质响应的供应商不足三家，应予废标。而评标委员会全体专家在发现上列问题后，却将不合格投标人C公司、D公司评定为合格投标人，继续进行评审。评审专家明显未按照法律规定及招标文件规定的评审标准进行独立评审，其评审意见违法的事实客观存在。

启 示

（1）评审专家应严格按照法律和招标文件中的规定进行评审，对不合格的投标人，应认定投标无效。

（2）对于政府采购项目，经过评审判定无效投标以后，通过符合性审查对招标文件作实质响应的供应商不足三家的，应予废标，重新采购。

100 行政机关未履行法定程序作出的行政处罚决定应予撤销

案 情

某县教育局委托某工程建设咨询公司"班班通采购"项目开标过程中，发现报名系统清单中显示A公司、B公司、C公司报名的IP地址一致，因怀疑存在围标串标嫌疑，此项目招标作暂停处理。随后，A公司、B公司、C公司分别作出书面说明，分别以响应项目的及时性、信息较为不畅、避免报名差错为由，委托州教育局电教科某机构代为办理投标报名相关事宜，该机构也书面证明该情况。

某县财政局作出行政处罚预先告知书，拟对A公司、B公司、C公司分别处以罚款，列入不良行为记录名单，在一年内禁止参加政府采购活动，并告知了三家公司有陈述、申辩及要求听证的权利。案涉三家公司均要求进行听证，某县财政局举行了听证会。会后，某县财政局作出1号行政处理决定，对案涉三家公司委托某机构报名，IP地址一致的行为，不予处罚，并责令招标人取消本次招标活动，对某县教育局"班班通"项目重新组织招标投标，并告知案涉三家公司有申请复议及提起诉讼的权利。三家公司对本次处理无异议。

之后，某县财政局作出 2 号处罚决定，撤销了 1 号处理决定，拟重新作出处理决定，该处理决定上载明了申请复议及提起诉讼的权利。在该决定未送达 B 公司前，某县财政局即于次日作出 3 号处罚决定，认定案涉三家公司报名 IP 地址均一致，系案涉三家公司都委托某机构报名所致，案涉三家公司构成投标人相互串通投标，对案涉三家公司作出如下处理决定：①此项目作废标处理；②对 A 公司、B 公司、C 公司分别处以 192000 元整罚款；③将 A 公司、B 公司、C 公司列入不良行为记录名单，在一年内禁止参加政府采购活动。该处罚决定同时告知了申请复议及提起诉讼的权利。某县财政局以 QQ 邮箱方式送达 2 号处罚决定、3 号处罚决定，B 公司向某人民政府申请行政复议，请求撤销某县财政局作出的 2 号处罚决定和 3 号处罚决定。某县人民政府受理后经审查，维持 2 号处罚决定和 3 号处罚决定，该复议决定书载明原告享有的诉权，B 公司不服，向法院提起行政诉讼。

法院认为：某县财政局对 B 公司作出的 2 号处罚决定、3 号处罚决定，程序违法，应予撤销。某县人民政府在某县财政局未履行法定程序即对原告作出行政处罚的情况下，维持其作出的行政处罚决定，应一并予以撤销。据此，判决如下：撤销某县财政局作出的 2 号和 3 号行政处罚决定书；撤销某县人民政府作出的行政复议决定书。

分　析

1. 政府采购活动行政监督部门

财政部门有权监督检查政府采购活动。《政府采购法》第五十九条规定："政府采购监督管理部门应当加强对政府采购活动及集中采购机构的监督检查。监督检查的主要内容是：（一）有关政府采购的法律、行政法规和规章的执行情况；（二）采购范围、采购方式和采购程序的执行情况；（三）政府采购人员的职业素质和专业技能。"《招标投标法实施条例》第四条第三款规定："财政部门依法对实行招标投标的政府采购工程建设项目的政府采购政策执行情况实施监督。"据此，某县财政局作为政府采购监督管理部门具有对本行政区域内政府采购活动行使监督检查的职权，对投标单位的违法行为有权查处和作出处罚，并依照《行政处罚法》规定的程序实施。

2. 政府采购活动行政处罚程序

行政监督部门作出行政处罚，应严格按照法定程序进行。《行政处罚法》第四十条规定："公民、法人或者其他组织违反行政管理秩序的行为，依法应当给予行政处罚的，行政机关必须查明事实；违法事实不清、证据不足的，不得给予行政处罚。"第四十四条规定："行政机关在作出行政处罚决定之前，应当告知当事人拟作出的行政处罚内容及事实、理由依据，并告知当事人依法享有的陈述、申辩、要求听证等权利。"第四十五条规定："当事人有权进行陈述和申辩。行政机关必须充分听取当事人的意见，对当事人提出的事实、理由和证据，应当进行复核；当事人提出的事实、理由或者证据成立的，行政机关应当采纳。行政机关不得因当事人陈述、申辩而给予更重的处罚。"第六十一条规定："行政处罚决定书应当在宣告后当场交付当事人；当事人不在场的，行政机关应当在七日内依照《中华人民共和国民事诉讼法》的有关规定，将行政处罚决定书送达当事人。当事人同意并签订确认书的，行政机关可以采用传真、电子邮件等方式，将行政处罚决定书等送达当事人。"第六十三条规定："行政机关拟作出下列行政处罚决定，应当告知当事人有要求听证的权利，当事人要求听证的，行政机关应当组织听证：（一）较大数额罚款；（二）没收较大数额违法所得、没收较大价值非法财物；（三）降低资质等级、吊销许可证件；（四）责令停产停业、责令关闭、限制从业；（五）其他较重的行政处罚；（六）法律、法规、规章规定的其他情形。当事人不承担行政机关组织听证的费用。"

根据上述分析，行政处罚程序法定，未经法定程序不得作出行政处罚。在本案例中，某县财政局的行政处罚行为存在三个程序违法问题：

一是某县财政局对事件调查处理后作出 1 号处理决定，自作出之日起即具有公信力，对行政机关及行政相对人均产生约束，已不能再对其进行处罚。

二是作出的行政处罚行为，未能依照上述法律规定，保障当事人陈述、申辩、听证的权利。作出 2 号处罚决定径行撤销 1 号处理决定，在 2 号处罚决定未送达 B 公司即于次日作出 3 号处罚决定，且某县财政局在作出该处罚决定前未告知当事人，未通知当事人参与到程序中，未保障当事人陈述、申辩的权利和处以较大数额罚款申请听证的权利，损害了当事人的知情权及参与权。

三是行政处罚决定书送达方式不符合法律规定。某县财政局以 QQ 邮件方式将 2 号处罚决定、3 号处罚决定送达原告。行政机关在进行行政处罚过程中的文书送达，《行政处罚法》没有规定的，应适用《民事诉讼法》关于送达的规定送达。

综上，法院认定某县财政局的处罚决定，程序违法，判决应予撤销。

⚖ 启 示

（1）对招标投标活动的行政监督的行政处罚决定，由国务院规定的有关行政监督部门决定，行政监督部门根据《国务院办公厅印发国务院有关部门实施招标投标活动行政监督的职责分工意见的通知》（国办发〔2000〕34 号）和《招标投标法实施条例》第四条规定的职责分工来确定。

（2）在招投标活动监督中若产生违法行为，行政机关作出行政处罚前要依法告知当事人，作出行政处罚决定后应依法赋予并保障当事人陈述、申辩的权利和处以较大数额罚款申请听证的权利。若侵犯当事人的知情权，当事人就行政机关未履行法定程序作出的行政处罚可依法提起行政复议或行政诉讼，要求撤销该行政行为。

（3）作出行政行为的法律文书或者招标投标过程涉及的法律文书应依法送达，行政法律法规没有特殊规定的，根据《民事诉讼法》关于送达的规定送达，其中对于电子送达等特殊送达方式，需征求当事人书面同意或者在招标公告中作出明确送达要求，避免行政行为或招标投标过程处置行为因送达方式不合法导致无效的风险。